「生命と性」の教育

Education for
Human Sexuality

Yoko Kondo
近藤洋子 編著

はじめに

人間の「生命」や「性」を考えるにあたっては、地球誕生以来、40億年以上の歴史や進化の過程があり、その間、生殖によって生命が継承されてきたということをふまえる必要がある。また、人間の一生においても、受精卵という1つの細胞が発生・分化を繰り返し1個体となり、誕生後に成長・成熟し、やがて老化の過程をたどることになる。系統発生や個体発生、いずれの過程を理解する上でも、新しい知見が累積されており、あらためて「生命」や「性」とは何か、人間にとって生きることはどのような意味を持つのか、その対極にある死とは何かについて、科学的な情報をもとに、生命の存在や存続のあり方を考える時代になっている。

また、健康寿命という言葉が使われるようになって久しいが、人生100年時代を迎えた現代では、たんに寿命を存えるだけでなく、健康であるとともに、前向きかつ主体的に長生きをすることが求められている。さらに、Society5.0やポスト・コロナ社会に向けて、人工知能やビッグデータなどを活用したサイバー社会の実現が前提となるなかで、一人ひとりの心のありようや人権を尊重すること、人と人が直接的にかかわり合うことの重要性についても再確認する必要がある。

このような社会的な背景の変化にともない、次世代を担う子供たちが育つ環境も激変している。とりわけ「生命」や「性」に関しては、日進月歩の科学的な研究成果によりその概念が書き換えられ、さらにインターネット社会においては玉石混淆の情報が氾濫している。教育現場では、今後の予測不可能な社会を生き抜くために、子供たち自らが主体的に正しい情報を取得し、適切な行動選択や意思決定ができること、すなわち「生きる力」を身につけることが課題となっている。

玉川大学では、教職課程科目のひとつとして「生命と性の教育」を開講している。ここでは、「生命」や「性」について、エビデンスをもとに新たな知識としてとらえ直し、正しく理解し、受講生自らが判断し、意思決定できるライフスキルを身につけることや、人間にとって「生命」や「性」はどのような意味を持つのかについて深く考えることができるようになることをねらいとしている。さらには、教員あるいは社会人として、次世代を担う子供たちに「生命」や「性」について適切に伝えていくための力を涵養することが究極的な目的でもある。

科目名となっている「生命と性の教育」については、一般的な名称として「性教育」とも置き換えることができるが、その場合の「性教育」とは、ユネスコ等が提唱している包括的性教育（Comprehensive Sexuality Education）と同義になる。包括的性教育の目的は、自らの健康と幸福（well-being）および尊厳を実現すること、尊重された社会的、性的関係を育てること、個々人の選択が自己や他者の幸福にどのような影響を与えるかについて考えられること、生涯を通じて自らの権利を守ることを理解することである。そして、これらの目的達成のために、科学的根拠に基づいた知識やスキル、態度や価値観を、年齢的な段階を踏んで身につけることになる。換言すると、人間の性について、生理学・生物学的な次元だけでなく、社会文化的な文脈のなかでのジェンダーや性の多様性を捉え、自他の尊厳や人権をふまえた性のあり方や人間としての生き方について考えるという幅広い教育といえる。そういった意味で「生命と性の教育」はEducation for Human Sexualityとして、人格的な側面も含めたセクシュアリティの教育として捉えたいと考えている。

本書は「生命と性の教育」の教科書として使用するために企画されたものであり、通信教育課程で学ぶ方も対象としている。さらに、受講生だけでなく、大学生や教員志望者、そして教育について学びを深めたい方々に読んでいただき、人間の生命や性について、改めて考えるための一助としてほしいと願っている。本書は、「生命と性とは何か」「生命と性の現状」「人間の性を考える」「現代人の生命と性」「生命と性の教育のあり方」の5部、17章によっており、各章の執筆は当該分野の専門家にお願いした。現代社会に求められる「生命」や「性」に関する課題を多面的・多角的に取り上げた上で、教育のあり方やその内容・方法等について、理論と実践の両面から基本的に理解し学べるとともに、コラムや課題を通して発展的な考察も深めることができるような構成としたことが特徴である。

結びにあたって、本書の原典となった『新 生と性の教育学』（玉川大学出版部）の編者である三井善止先生および、出版に際してお世話になった玉川大学出版部編集課 林志保様はじめ関係の皆さまに心より謝意を表します。

令和３年如月

近藤 洋子

目　次

第1部　生命と性とは何か

生命と性の教育を考えるためには、まず、生命とは何か、性に関する概念について基本的な理解が必要である。そのために、生命の意味を確認し、性の概念には、生物学的、心理学的、社会・文化的な視点があること、また、人格的な次元から性を捉えるセクシュアリティという概念についても理解を深めたい。さらに、なぜ人の命は尊いのかという命題について生命観や死生観を通して考えるとともに、科学・医療技術が生命の誕生や死に介入することについて教育のなかでどのように取り扱うべきか、生命倫理の観点から考察を深める。そして、日本人の性観念の特徴について、歴史的な背景とともに現代社会における諸調査の結果をもとに考えてみたい。

Keywords
セックス、ジェンダー、セクシュアリティ、生命観、死生観、生命尊重、性役割分業意識、男女共同参画

第1章　生命と性の概念

第1節　生命とは

「生命」とは何だろうか？　「生命」やその言い換えである「命」という言葉は日常でも使うし、生命を持っているものは何かと問われると「生物（動物・植物）」であると簡単に答えることができるだろう。また、「生命体」「生命現象」「生命保険」「生命科学」などさまざまな「生命」の用例も我々は知っている。英語で「生命、命」に該当する単語は「life」であるが、「life」には「生命体、生物」の意味もある[1)]。この他に「生命、生物」を意味する接頭語の「bio-」を用いた、「bioethics（生命倫理学）」「biology（生物学）」「biography（伝記）」などの言葉にもある程度なじみがあるだろう。

しかし、では生命とはそもそも何か？　と改めて問われると口ごもってしまうだろう。「生命とは何か？」という問いは哲学、生物学などにおける難問であり、哲学の分野だけでも諸説繰り広げられてきた。それぞれの分野における辞書では、「生物を生物として特徴づける本質的属性」（『岩波　哲学・思想事典』）、「生物の本質的属性として抽象されるもの」（『岩波　生物学辞典（第5版）』）と「生命」が定義づけられている。では、生物の本質的属性とは何か？　簡単に説明できることがらでないことがわかるだろう。

それゆえここでは、この問いに対する明確な答えを導き出すのではなく、「生命とは何か」についてさまざまな角度から考えることで、この問いそのものの意味について確認することを目的とする。

「生命」を用いた日本語の表現を考えてみると、(1)「生命である」、(2)「生命を持っている」などの表現がある。(1)「生命である」とは、「生命体である」の言い換え、「生物である」として理解できるだろう。これに対して、(2)「生命を持っている」は、生命が生物のなかにある何かというニュアンスを持つ表現か、もしくは (3)「生きている」の言い換えだろう。

このような微妙な言い回しの違いにも「生命」に関する考え方の違いを読み取ることができるが、まずは、(1)「生命（生命体）であるもの」すなわち「生物」としての生命からアプローチしよう。

(1) 生物としての生命

地球が誕生したのは46億年前であり、人類（ホモ＝サピエンス）としての生物の誕生はおよそ20万年ほど前、そして地球上で生物（生命）が発生したのはおよそ38億年前といわれている。

生命現象を営むものを「生物（有機体）」という。それは生命現象を営まないもの、すなわち非生命である「無生物」と対比される概念である。この意味で生物と無生物が区別されるが、「生物」が持つ性質として、生物学ではこれまで、細胞構造を持つ、成長する、自分と同じ種の新たな個体を増殖できる、環境に対する適応力・調整力を持つ、食物などを外界から採り入れ不要物を排出する物質代謝を営む、などが考えられてきたが、包括的な説明としては不完全だという指摘もある。

「生命とは何か」をめぐる説は「生命論」といわれるが、上記のような生物に特徴的な現象を抽象化した観念的なものとして「生命」を捉え、生命の本源を魂のような自然科学を超えたものとする考えを否定する立場がある。このような「生命現象はすべて物質世界の法則、すなわち物理化学的な現象として説明される」（『岩波　哲学・思想事典』「生命」の項目）とする立場を「機械論」といい、科学の発達に伴って現在では機械論が有力とされている。

(2) 非物質的な原理としての生命

しかし、生物が上記のような性質を持つのは何によってだろうか？　「これが生命を持っているものです」と個々の生物を指さしてみせることは可能でも、「これが生命です」と生命の本源そのもの指し示すことはできない。もし指さすことができたらそれは物体になってしまう。ここから生命の本源を物体とは異なる何かとする考えが生じるが、そのようなものは単なる虚構なのだろうか？

今、この本を読んでいるあなたは生物であるが、あなたに読まれている本は無生物としての単なる物質（モノ）である。しかし、我々人間などの生物の身体の構成要素それ自体は水分・タンパク質・脂質などの物質、つまり単なるモノの集まりである。このような物質から構成される存在者が、無生物ではなく生物であるのは何によってだろうか？　このように考えると物質的なものに還元できない、生物を生物たらしめる原理を想定することも必ずしも奇妙とはいえなくなるだろう。

つまり、物理・化学などの自然科学の対象としての物質に還元できない、物質とは別の原理としても「生命」を考えることができる。この立場は「生気論」とも呼ばれる立場である。我々人間を単なる物質と区別する、生物を生物たらしめている原理（生命）として「心」や「魂」（ラテン語「アニマ（anima）」、ギリシャ語「プシュケー（psychē）」）などの言葉があてられてきた。「アニマ」という言葉は「動物（animal）」「アニメーション（animation）」や、「魂を持たないもの」を意味する「無生物（inanimate object）」などの語源であり、「プシュケー（psychē）」という言葉は「心理学（psychology）」の語源である。現代においても物質と「生命あるもの」の決定的な違いとして、このような「魂」「心」の存在を考える者も多くいるだろう。

(3) 生きているものとしての生命

無生物（物質）との対比で生命について考えてきたが、今度は別の角度から生命について考えてみよう。生命を「生きているもの」という観点から見た場合、その対比は、生命現象を営まなくなるもの、「死んでいるもの」である。我々などの生命を持つもの（生きているもの）には避けられない運命として、生命の終わりとしての死が待っている。

個体としての生命の始まりについては、異論はないだろう。細胞分裂（無性生殖）によって個体を増やす単細胞生物などにおいては分裂の瞬間が、そして有性生殖においては精子や卵子などの受精の瞬間が、新たな個体としての生命の始まりである。では生命の終わりとしての「死」とは何だろうか？

「死とは（もはや）生きていないこと」。これが「死」の基本的な定義であるが、では「生きている」とは何か？　「（まだ）死んでないこと」という答えでは循環に陥ってしまう。「死」とは何かについて答えようとすると、結局「生きている」とは具体的に何か、という問いに突きあたるのである。個体としての、とりわけ人間の生命の終わりについては、「脳死は人の死か？」「三徴候死（心臓停止、呼吸停止、瞳孔散大）は人の死か？」などの問いをめぐる生命倫理学上の問題でもあるが、この問いは人間が生きているとは何か？という生命をめぐる問題でもある。そして、この問いが医学・生物学などの自然科学によって明らかとなる問いなのか、それとも我々の思想に属することがらなのかについてもまだまだ検討の余地がある。「生命とは何か？」、この問いは、自然科学（医学・生物学）、人文科学（哲学）を含めこれからも探究すべき課題である。

第2節　性とは

「性」とは何だろうか？『広辞苑（第7版）』の「性」の項目には次のように書かれている。「①生まれつき。さが。②（多く接尾辞的に）物事のたち・傾向。（中略）③（sex）男女、雌雄の区別。④〔言〕（gender）名詞を分類する文法範疇の一つ。ラテン語・ドイツ語・ロシア語などでは男性・中性・女性に分ける。（中略）⑤〔社〕ジェンダーに同じ」。本節が扱うのは③、⑤の意味だが、「セックス（sex）」「ジェンダー（gender）」いずれも「性別・性差」を表す言葉であり、日本語の「性」は基本的にこの意味を持つ。

「男女、雌雄の区別」を意味する「セックス」は医学的・生物学的な意味での「性」を表す言葉である。そして、「ジェンダー」という言葉は社会的・文化的な意味での「性・性差」を意味する言葉である。ところが、「性」にあたる「セックス」を辞書で引くと、「性別」に加えて、「性交」や「性欲」の意味を持つことがわかる（これは英和辞典、国語辞典いずれにおいても同様である）。主にこれらの意味を持つ「セクシュアリティ（sexuality）」も、現在では「性」と表現されることが多い。

このように「性」という言葉は多様な意味を持っている。それゆえ、たとえば単に「性の多様性」という表現を用いても漠然としていて、それがどの「性」を、そしてどのような側面を指しているかによって意味が変わってしまうだろう。「性」に関連する言葉を現在の学問領域における主な使われ方

表 1-1　性にかかわる 3 つの言葉

「セックス（sex）」：生物学的な意味での性別・性差にかかわる言葉
「ジェンダー（gender）」：社会的・文化的な意味での性別・性差にかかわる言葉
「セクシュアリティ（sexuality）」：性欲・性交などを始めとする、性に関する身体的・心理的特性にかかわる言葉

出典：筆者作成

をふまえて整理すると**表 1-1** のようになる。

この分類をふまえ、「性」にかかわる 3 つの概念、セックス、ジェンダー、セクシュアリティについて、それぞれの意味、関係、現代における位置づけなどについて整理しつつ確認しよう。

(1) セックス（sex）としての性

「性」というと、男女の区別を意味する「セックス」がまず始めに思い浮かぶだろう。まずは、この意味から確認しよう。「セックス」とは生物学的な意味、生物学的に規定されるという意味での、「男／女」「雄（male）／雌（female）」として区別される性別・性差である。人間で具体例を挙げると、男女の性器の違い、二次性徴やそれを経た後の身体の特徴的な違い、などがそれにあたる[2)]。

セックスとしての性と生物との関係について確認しておこう。地球上のほとんどの生物は、雄と雌が精子や卵子などの配偶子による交配によって受精卵などの接合体（接合子）をつくる有性生殖によって新たな個体をつくる。しかし、すべての生命体が性を持っているわけではない。たとえば、アメーバやゾウリムシなどは、配偶子によらず、分裂などの無性生殖によって個体を増やす。有性生殖によって初めてセックスとしての性が我々人間を含む生命体に導入されるのである。

ではなぜ生物に有性生殖が導入されたのか？　有性生殖には雄と雌が出会えなければ子孫を残すことができないなどのデメリットがある。にもかかわらず有性生殖がはじまったのはそれを上回るメリットがあるからだと考えられている。無性生殖では子孫はすべて親と同じ遺伝子を持つのに対して、有性生殖は、たとえば精子と卵子の受精によって配偶子をつくる。それによっ

て親の遺伝子を半分ずつ受け継ぐ個体がそのつど生まれ、同じ種のなかに多様な組み合わせの遺伝子を持つ個体が生まれる。その結果、気候変動や感染症の流行などの環境の変化が起こったとき、それに対応できない個体がいる一方、対応できて生き残る個体も同時に存在することとなり、種のすべてが同一の遺伝子を持つ無性生殖に比べ、種としての絶滅のリスクが軽減される。これが有性生殖のメリットであり、有性生殖が導入された理由と考えられている。

(2) ジェンダー（gender）としての性

では、「性別・性差」を意味するもうひとつの言葉、「ジェンダー」とは何だろうか？ 『広辞苑（第七版）』の「性」の項目における「④〔言〕(gender) 名詞を分類する文法範疇の一つ。ラテン語・ドイツ語・ロシア語などでは男性・中性・女性に分ける。(中略) ⑤〔社〕ジェンダーに同じ」がこれに該当する。

「名詞を分類する文法範疇の一つ」とは次の意味である。たとえば、ドイツ語では、der Hund（犬)、der Berg（山）などは「男性名詞」、die Katze（猫)、die Blume（花）などは「女性名詞」というように、名詞ごとに性が割りあてられている。このように、ジェンダーはもともと言語学において名詞の性別を意味する用語であった。その後、この言葉は、生物学的に規定されるセックスとは異なる意味で、つまり社会的・文化的に構築された性・性差を意味する言葉として用いられるようになった。その経緯について確認しておこう。

それは「女性解放」を目指す思想・運動としての「フェミニズム（feminism)」と密接に関係している。1880年代以降に男女同権などを訴えたフェミニズム運動の源流は「第一波フェミニズム（リベラル・フェミニズム)」と呼ばれる。第一波フェミニズムが自由や平等に訴える運動を起こしたことで、女性参政権、雇用機会の均等などの制度上の女性の権利が次々と保障されるに至った。ところが、法による制度的な男女平等の権利が保障されても、議員や企業の役員、家事・育児をおこなう者など、男女の実質的な差は一向に埋まらなかった[3)]。

問題はこのような現実に対してどのような態度をとるかである。ひとつは、男女に格差があるとしても制度上の男女平等が保障されていて、各自が自由に選んだ結果なので問題はないとする考え方であり、もうひとつは、男女に関する伝統や文化的な背景が自由な選択を阻害しているため、制度上の形式的な男女平等の規定だけでは男女の実質的な格差は縮まらないとする考え方である。1960 年代に登場した「第二波フェミニズム」が採ったのは後者の立場であった。つまり、女性は私的領域（家庭など）において「男は外で仕事／女は内で家事育児」「男は強く／女はおしとやかに」などの「男らしさ／女らしさ」に関する社会的・文化的な習慣や意識を幼いころから刷り込まれて育った影響によって、選んでいるつもりでも実は選ばされていると考えた[4)]。

ここで、従来の生物学的な意味での性を表す「セックス」と区別された、社会的・文化的な意味での性別・性差・生のあり方を指す言葉、平たくいえば社会や文化によって形成された「女らしさ／男らしさ」を表す言葉として「ジェンダー」が用いられるようになる。

このことについて、生物学的な性（sex）との関係でもう少し具体的に考えてみよう。たとえば、染色体、性腺、内性器・外性器などにおける男女の違い、二次性徴やそれを経た後の身体の特徴的な違い（出産や授乳の能力など）は、身体の性として生物的に規定される違いである。では、子育てや炊事・掃除などの家事についてはどうだろうか？　あるいは、男性は外で働く／女性は家事・育児をするといった役割分担は？　男性はズボン／女性はスカート、男性は素顔／女性は化粧、などについてはどうだろうか？　我々の社会でそのような違いが多くみられるからといって、これらの区別が生物学的に規定されていないことは明らかだろう。

ジェンダー・ジェンダーフリー・ジェンダーレス

このように、「ジェンダー」概念はもともと、生物学的に規定されない、社会的・文化的な性差を表す言葉として導入されたが、現在では別の使われ方も加わっている。「性別や性差についての観念や知識すべてをジェンダーとして把握する」（江原 2009：22）使われ方、つまりもともとの意味でのセックスと区別された意味でのジェンダーではなく、性別に関する知識や考え方の総称として「ジェンダー」という言葉を使う用例である。「ジェンダー」という言葉はこのように複数の意味で使われているため、内容・文脈などによって、どの意味で使われているかを判断しなければならないので注意が必要である。

また、「ジェンダー」概念が使われるときのニュアンスにも変化がみられる。第二波フェミニズムが現れた当初は、「女性の社会参加を阻む、押しつけられた社会的・文化的性差」といった意味合いで、「ジェンダー」概念自体が否定的な意味合いを帯びていた。しかし、現代では、過去の悪しき男女の文化や差別的な文化といったネガティブな意味は薄れ、価値中立的な意味で使われることも多くなっている。

さらに、ジェンダーに対する価値判断を特徴づけるものとして、「ジェンダーフリー」と「ジェンダーレス」という似て非なる言葉もある。ひとつは「ジェンダーフリー」であり、「男らしさ／女らしさ」というジェンダーそのものを否定するのではなく、「男は男らしく／女は女らしく」と、セックス（男／女）とジェンダー（男らしさ／女らしさ）を固定的に結びつける「(固定的）性別役割分業（ジェンダーロール：gender role)」や、それに基づく偏見（ジェンダーバイアス：gender bias）を否定する考え方である。ジェンダーそのものに対してではなく、「男は外で仕事／女は家で家事育児」「男なんだからたくましく／女なんだからおしとやかに」などの考え方を批判する考え方がこれにあたる。もうひとつが「ジェンダーレス」であり、「男らしさ／女らしさ」という社会的・文化的な性差としてのジェンダーそのものを否定する考え方である。

ジェンダーフリーとジェンダーレスの混同はこれまでも随所で多くみられた。あなたが自分が望ましいと考える具体的な男女のあり方はどのようなものか？　旧来の「男は男らしく／女は女らしくあるべき」という（固定的）性別役割分業なのか、それとも「男が女らしく／女が男らしい部分があっても良い」と考えるジェンダーフリーなのか、それとも「男らしさ／女らしさ」それ自体をなくすべきだと考えるジェンダーレスなのか、一度考えてみて欲しい。

(3) セクシュアリティ（sexuality）としての性

次に「セクシュアリティ」概念について確認しておこう。「sexuality」は日本語訳が難しい言葉であり、性欲、性衝動、性的関心、性的指向などの性現象を指す言葉として「セクシュアリティ」とカタカナ表記されることが多い。また、その定義についても、「性にかかわる欲望と観念の集合」「人間の性行動に関わる心理と欲望、観念と意識、性的指向と対象選択、慣習と規範などの集合」（『岩波　女性学事典』）、「性欲や性衝動をめぐる諸現象」（田中 2005：2）など、抽象度の高い定義が用いられている。

セクシュアリティに関することがらの例として、近年頻繁に耳にするようになった言葉「LGBT」が挙げられるだろう（**表 1-2**）。さらに現在では、LGBT に収まらない性的指向・性自認を持つ人がいることも考慮され、性自認や性的指向が確定しない・できない人を指す「クエスチョニング（Questioning）」、男女どちらかの性という区別になじまない人を指す「X ジェンダー（X-gender）」、性的欲求が誰にも向かない人を指す「無性愛（アセクシュアル：Asexual）」など、多様なセクシュアリティに対応する言葉が登場している[5)]。しかし、このように規定されるそれぞれの観点についても現実にはさらなる多様性があるため、これらの言葉で一括りにすることの危険性なども指摘されており、言葉の使用自体について当事者の間でも賛否両論ある（二宮 2017：3-4）。

表 1-2　LGBT の意味

性的指向（sexual orientation）
「L」：Lesbian（レズビアン、女性同性愛者） 「G」：Gay（ゲイ、男性同性愛者） 「B」：Bisexual（バイセクシュアル、両性愛者）
性自認（ジェンダーアイデンティティ：gender identity）
「T」：Transgender（トランスジェンダー、生まれたときに割りあてられた生物学的性と、自分で自覚する性が合致していない人）

出典：筆者作成

セクシュアリティにおける人格の視点

しかし、ここで注目したいのは、セクシュアリティそのものに対する新たな考え方、セクシュアリティを「人格の次元」「人間らしい生の次元」から捉える考え方である。「性の健康世界学会」（World Association of Sexology：WAS）が提唱している「性の権利宣言」の一部を引用しよう。

> セクシュアリティは、あらゆる人間の人格（personality）に不可分である。その完全な発展は、接触、親交、感情表現、快楽、愛情や愛の願望などの基本的な人間の欲求の満足に左右される。
>
> セクシュアリティは、個人と社会構造の相互作用を通じて構成される。セクシュアリティの完全な発展は、個人の、個人間の、そして社会の幸福（well-being）にとって必要不可欠である（World Association of Sexology：WAS 1999）。

ここにみられる考え方のポイントは、人間において、単に子孫を残すという種の存続のための生殖という生物学的営みを超えた次元でセクシュアリティを捉えることにある。セクシュアリティは、性的快楽に対する欲求に加え、他人と触れ合いたい・かかわりたい欲求、愛し愛されたい欲求などの我々人間の基本的な欲求にかかわることとして捉えられる。これらの欲求を満たすことは個人や個々人間の幸福であり、社会全体の幸福にもつながるだろう。このような理解は、セクシュアリティを人間の人格に関する次元で捉えることでもある。

さらに、他者との触れ合いは、コミュニケーションとしての人間関係の構築という意味や、人間として他者から承認されるという意味を持ち、他者と尊重し合うという視点ももたらすだろう。このような見方は、生殖機能を失った高齢者の性を肯定的に捉えることにもつながる。このように考えると、セクシュアリティは、人間らしい生き方や、性欲・性交を人間らしい生の次元で捉えることと密接にかかわるのである。

(4) 生物学的・社会文化的・人格的次元

「セックス」「ジェンダー」「セクシュアリティ」という3つの概念について確認してきたが、最後にそれらの関係についてまとめよう。「ジェンダー」は、従来の生物学的性とは異なる、社会や文化といった次元で「性」を捉えた概念であり、「セクシュアリティ」についても、単に生物学的な視点ではなく、人格としての次元で捉え直されるようになっている。「ジェンダー」「セクシュアリティ」に共通するのは、生物学的な性（セックス）という自然科学の側面とは異なる、社会・文化や人格などの「人間らしい生」といった側面で「性」を捉え直すことである。

とはいえ、現実の男女の違い、たとえばさまざまな能力、好み、性格などのどこまでが生物学的に規定された性差（セックス）であり、どこまでが社会的・文化的に作られた性差（ジェンダー）なのかは現在でも完全に解明されたわけではない。それゆえ、研究が盛んになった1970年代当初は心理学や社会学が中心であったジェンダー研究[6)]に、現代ではさらに、セックスとジェンダーの境界線を含む研究として医学・生物学・認知科学などの自然科学の領域も加わってきている。さらには、文化や社会とジェンダーのかかわりに関する研究として文化人類学や文学、社会規範やその背景にある思想や男女平等に関する研究として法学・哲学・倫理学、「隠れたカリキュラム」を含む学校教育における男女の平等に関する研究として教育学など、人文科学や社会科学のさまざまな学問分野にも拡がり学際的な研究も行われている。

セクシュアリティが何によって形成されるかについてもこのことはあてはまるだろう。性的指向については、生得的であることが多い（二宮 2017：3）といわれるが、性欲や性交のあり方・考え方などについては文化的・社会的に規定されるという見方もある（上野 2009：2-5、宮岡 2016：6-7）。このように、我々のセクシュアリティが生物学的要因、文化的・社会的要因のいずれによって規定されるかについては、セクシュアリティのどの点・側面ついて論じるかによっても異なり、セックス／ジェンダーの境界線と同様、研究はいまだ途上にあるといえるだろう。

注

1）「life」には「人生、生活」の意味もある。また、「生物」を指す英語としては「living thing」「creature」もある。

2）しかし、後述するように、現在では生物学的な性も単純な男／女二分法で分けられないことが指摘されている。

3）世界各国の具体的な男女差については世界経済フォーラムが「Global Gender Gap Report」のなかで2006年以降毎年公表している「Global Gender Gap Index」を、日本国内の状況については内閣府が毎年公表している「男女共同参画白書」を参照されたし（第3章「性観念の歴史と現在」でも取り上げている）。

4）このような考え方の先駆けとして、文化人類学者マーガレット・ミードが1930年代におこなった、教育やしつけの違いによって生じるニューギニアの3つの社会の男女気質の違いに関する研究（Mead 2001）がしばしば挙げられる（『フェミニズム理論辞典』「Gender ジェンダー」の項目）。他には、フランスの作家、哲学者シモーヌ・ド・ボーヴォワールの『第二の性』第二部「体験編」（1949年）の冒頭の言葉が有名である。「人は女に生まれるのではない、女になるのだ。……文明全体が、男と去勢者の中間物、つまり女と呼ばれるものを作りあげるのである」（ボーヴォワール 1997：11）。

5）この他にも、「インターセックス（Intersex）」という概念があり、これをLGBTに加えてLGBTIと表記する場合もあるが、これは発達の段階で染色体、生殖器、性ホルモンの分泌などが典型的な男性・女性と一致しない部分を持つケースを指す言葉である（二宮 2017：1）。これは身体の性としての生物学的性（sex）に関する概念であり、セクシュアリティの領域には属さないので注意が必要である。

6）「1970年代、英語圏の心理学や社会学で、生物学的性別（「セックス」）から、性別についての自己認識や社会意識として共有された性別特性を「ジェンダー」として区別する研究が相次いで発表された」（江原・山田 2008：3-4）。

引用・参考文献

シモーヌ・ド・ボーヴォワール『決定版　第二の性　Ⅱ　体験』中嶋公子・加藤康子監訳、新潮社、1997年

江原由美子「ジェンダーとは何か」第二東京弁護士会両性の平等に関する委員会・司法におけるジェンダー問題諮問会議編『事例で学ぶ　司法におけるジェンダーバイアス　改訂版』明石書店、2009年、pp. 17-23

江原由美子・山田昌弘『ジェンダーの社会学　入門』岩波書店、2008年

Mead, M., *Sex and Temperament in Three Primitive Societies*, Perennial, 2001

宮岡真央子「固有の身体・多様な性を生きる——文化人類学の視点から」藤田尚志・宮野真生子編『性——自分の身体ってなんだろう？』ナカニシヤ出版、2016年、pp. 2-32

二宮周平「性のあり方の多様性」二宮周平編『性のあり方の多様性——一人ひとりのセクシュアリティが大切にされる社会を目指して』日本評論社、2017年、pp. 1-4

田中雅一「ジェンダーとセクシュアリティの文化人類学」田中雅一・中谷文美編『ジェンダーで学ぶ文化人類学』世界思想社、2005年、pp. 1-19

上野千鶴子「「セクシュアリティの近代」を超えて」天野正子他編集委員『新編　日本のフェミニズム6　セクシュアリティ』岩波書店、2009年、pp. 1-46

World Association of Sexology：WAS *Declaration of Sexual Rights*, 1999（https://worldsexualhealth.net/wp-content/uploads/2013/08/declaration-of-sexual-rights.pdf、2020年12月13日確認）

課題

(1)「生命とは何か？」という問いに対する、対立する2つの考え方について自分の言葉で説明しよう。

(2)「性」をめぐる3つの概念「セックス」「ジェンダー」「セクシュアリティ」、それぞれの関係について自分の言葉で説明しよう。

(3)「セックス」「ジェンダー」「セクシュアリティ」という言葉に与えられた特徴的な次元について、自分の言葉で説明しよう。

参考図書

天野正子他編集委員『新編　日本のフェミニズム』岩波書店、全12巻、2009-2011年

マギー・ハム『フェミニズム理論辞典』木本喜美子・髙橋準監訳、明石書店、1999年

藤田尚志・宮野真生子編『性——自分の身体ってなんだろう？』ナカニシヤ出版、2016年

金森修『動物に魂はあるのか——生命をみつめる哲学』中央公論新社、2012年

大森荘蔵他編集委員『新・岩波講座哲学6　物質生命人間』岩波書店、1986年

篠原駿一郎・浅田淳一編『男と女の倫理学——よく生きるための共生学入門』ナカニシヤ出版、2005年

リサ・タトル『新版　フェミニズム事典』渡辺和子監訳、明石書店、1998年

辻村みよ子『ジェンダーと法（第2版）』不磨書房、2010年

第2章　生と死を考える

第1節　生と死をどのように教育するか

教育現場において生と死の問題は、通常、道徳教育のなかで扱われる。小・中学校の学習指導要領には道徳の4つの視点が示されているが、その4番目すなわち「D．主として生命や自然、崇高なものとのかかわりに関すること」に該当する。そしてこの「生命」に関する部分では、「生命の尊さ」として次のように記されている。「生命の尊さについて、その連続性や有限性なども含めて理解し、かけがえのない生命を尊重すること」(『中学校学習指導要領（平成29年告示)』 第3章　特別の教科　道徳、p. 156)。

そこで本章では、生と死という観点から生命の連続性、有限性、かけがえのなさなどを子供たちに示すため教員側はどのようなことを意識しておくべきか、具体的に論じていきたい。まず押さえておかねばならないことは、生命観、死生観、生命倫理という内容は、真偽が明確になるような自然科学的な事実判断に基づくのではなく、きわめて主観的な、かつ文化的、宗教的な価値判断に基づく要素が強いという点である。価値判断に基づく以上、個々人、地域、国々のみならず時代によっても考え方が異なってくる。戦争を前提とした戦前の生命観・死生観と、平和を前提とした戦後のそれとはまったく異なっているのは周知のことであり、こんにちの生命観も後の時代になれば当然変わってくるだろう。生と死に関し、その場限りの主観的な価値判断に基づく教育内容にならないように、不変的かつ普遍的な問題として扱うにはどのようなことを意識しておけば良いのか。そのために生と死にかかわる次のような疑問を示しながら扱っていきたい。①人は生きているのか、それとも生かされているのか。②なぜ人の命は尊いのか。③生を操作することに問題はないのか。④ドナーの死を前提とする臓器移植推進教育は正しいのか。

第２節　人は生きているのか、それとも生かされているのか

まずはこの問いを、それなりの根拠を意識しながら自身で考えてみるとどうなるだろうか。再度確認するが、これは価値判断に基づくものなので「これが正解」というものはない。だがそれでもそこに普遍的な観点から考えることができるか否か、その点がポイントとなる。

宗教的な環境のもとにいる人はほぼ間違いなく「神によって生かされている」と答えるだろう。神の意志によってこの世に生を受け、神の意志によって生を召される、という考えである。他方で宗教的な環境に無縁な人も、「生かされている」と考える人は多い。そこでそのように考える大学生相手に「何によって人は生かされているのか」と尋ねてみると「多くの人びとによって生かされている」という社会性を意識した答えが大半である。そこで、「では無人島に１人でいる場合にも生かされているといえるのか」と畳み掛けると、ウッと言葉につまり、色々と考えたあげく、「自然環境によって生かされている」と答えてくる。

他方、「生きている」と答える人の根拠は、「毎日、自分の意志で行動している以上、何かによって生かされているという意識はない」という答えが大半である。そこで「では重病により意識がなくなった場合、それでも自分の意志で生きているといえるのか」と問いかければ、「自分で呼吸をしている限り生きているといえるのではないか」と返答がくる。むろんこれは人工呼吸器装着の場合には「医療機器によって生かされている」という点を意識した答えである。

さて「人は生きているのか、生かされているのか」論争は、各人の生命観に基づくものであるが、定立（テーゼ）と反定立（アンチテーゼ）という二項対立として論じるだけでは水掛け論に終わり、そこに普遍性を見出すことは困難となる。そこでひとつの解決策として、両者を総合する形の弁証論（法）的な立場もあることを意識しておくことが必要である。人は誰もが自分の意志で産まれたわけではないし、いつ死が訪れるかもわからない。そう考える

と「生誕」と「死」は人智の及ばないところにあると考えることができるだろう。だがこの世に生を受け、物心ついた後は自身の意志で自らの行動を選択できる。このように考えてみると、生誕と死に関しては、「人智の及ばない何らかの力によって生かされた」「生かされていた」と考えることもでき、そして生誕から死へと向かう人生の期間は「自分の意志で生きている」という形で総合的に考えることも可能となる。

いずれにせよ、「生誕」と「死」を人智の及ばない領域、「生誕から死までの人生」を人智の及ぶ領域として両者を区別することがポイントである。だが、近年の科学技術の進歩は人智の及ばない領域であるはずの「生誕と死」に人為的介在を可能にした。生誕に関していえば「産み分け」「不妊治療」「クローン人間製造」など、死に関しては「死の定義変更」と「臓器移植」などがあるが、児童生徒が将来直面するであろう「産み分け」を生の問題として、また学校現場でも論じられている「臓器移植推進教育」を死の問題と絡めて論じていきたい。だが、その前にまずは「生命の尊さ」という根本問題について考えておこう。

第3節　なぜ人の命は尊いのか

「なぜ人の命は尊いのか」という問いは、正確にいえば「なぜ人の命は尊いと言われているのか」という形で考えておく必要があるだろう。戦後の生命尊重教育を受けた人びとからすれば、「あたりまえのこと」だが、戦前は「義は山嶽《さんがく》よりも重く死は鴻毛《こうもう》よりも軽しと覚悟せよ」（「軍人勅諭」）に記されるように、命は軽くみられていたのである。その反動で戦後は「人の命は地球よりも重い」というように、生命に至上の価値を与えるようになったのだが、次の点を考えてみるとそう単純なわけではないことに気づかされる。

交通事故による死者数を考えてみると、日本だけでも毎年約 3,500 人が亡くなっている。そこで「人の命は地球よりも重い」と信じている人びとに問うてみたい。「車を全廃すれば毎年 3,500 人の命は助かりますが、なぜそれを言い出さないのですか？」と。

ここには本音と建前が共存している。もし車を全廃すると利便性が失われ大きな経済的損失を被ることになる。「この利便性は人の命を犠牲にしてまでも守るべきものなのか」と改めて問われると、建前上すぐに首を縦に振ることはできないだろう。だが同時に、人の命よりも社会全体の利便性が優先されるという無意識の本音にも気づくことになる。こうした無意識の本音を引き出した上で児童生徒への生命尊重教育をしないと、単なる美辞麗句を並べただけの空虚な教育になってしまうだろう。では、社会的な利便性が人の命よりも優先される現実があるのに、なぜ「人の命は地球よりも重い」というようなことが声高にいわれるようになったのだろうか。

「なぜ人の命は尊いのか」という問いは、事実判断ではなく価値判断である。それゆえその根拠もさまざまなものとなり、自然科学のような「正解」を見出すことができるわけではない。だがそれらの根拠のどれにもっとも普遍性があるかを自身で考えてみることは必要である。この問いは主に3つの観点から考えることができると思われる。

1つ目には「かけがえのなさ（代替不能）」という点である。人は誰一人として同じものではない。たとえ同じDNAを有する一卵性双生児であったとしてもその人の精神は唯一無二のものであり、代替不能であるという点である。これは死刑廃止論者がよく口にする論法だが、明治大学名誉教授の菊田幸一は次のように言う。「人の生命は絶対である。絶対ということは他をもっておき換えることのできないものであるということである。（中略）人の生命は一回限りのものであり、何をもってしてもおき換えることのできないものであるということである」（菊田 1994：141）。

人が代替不能であることは、生命の継続を考えてみても理解できることである。「私が存在するのは両親がいたからであり、両親が存在するのは祖父母が存在したからである。そして祖父母が存在するのは曾祖父母が……」という形で先祖を遡及していけば自分の先祖はこれこそ膨大な数になるのだが、そのどれかひとつが欠けていても自分は存在しなかったことになる。事実、もし祖父母が別の人と結婚していたら、親は産まれておらず、当然、自身も産まれなかったことになる。また精子と卵子の結合においても、数億の精子のこのひとつが結合したから自分が産まれたのである。そう考えると自身の生命は偶然が重なった、きわめて天文学的な確率による存在であることが明らかとなる。こうした観点から「人は代替不能」という命題が生じ、これを根拠として人はかけがえのないものであり、その命は尊重すべきと語られる。

２つ目は、これも死刑廃止論者が語る生命尊重理論のひとつであるが、人はたとえ罪を犯したとしても更生の可能性がある、すなわち改善の心を有している、という点である。元最高裁判所判事の団藤重光は「正常人であるかぎり、よほど性格の偏した人でも、私は人格形成の可能性は無限であると信じたいのであります」と言う（団藤 1995：250）。これは特に、西洋哲学において人間を自然本能から切り離すことのできる理性的存在者と規定する点から考えるとわかりやすい。人間は他の動物と異なり自然本能のみによって生きているのではなく、本能を制御する理性を有している。それゆえどれだけ悪人であろうと人には理性（人格）が存する。このように理性や人格を有するという点において「人の命は尊い」と結論づけるものである。

このように考えた場合、最初の「人は代替不能である」という命題はおおむね誰もが認めることのできる普遍的な「事実命題」であると考えて良いだろう。だがここで押さえておかねばならないことは、事実命題から直接に価値命題は導出されないという点である[1)]。つまり、「人は代替不能である」という事実命題から、「人の命は尊い（尊重すべき）」という価値命題は直接には出てこない。たとえば、ヒットラーのような大量虐殺者は歴史上類を見ない人物であり、まさに唯一無二の代替不能な人物であろう。だがそこからヒットラーの命は尊いという命題は出てこないことを理解すれば自ずと明らかとなる。

同様に、「人は理性的存在者である（人は人格を有する）」という命題も事実命題ではあろうが、そこから直接に生命の尊さが出てくるわけではない。仮に「犬畜生にも劣る奴」というがごとき凶悪殺人犯がいることを想定すれば、「理性的な善良な人の命は尊いが、理性を使用しているとはとても思えない、非理性的凶悪殺人犯の命は尊くない」という価値判断が生じることも十分に考えられる。いずれにせよ「人は代替不能である」「人は理性的存在者である」という事実命題を示したところで、それが生命の尊さの論理的根拠にはなり得ないということである。

そこで３つ目の根拠が生じてくる。おそらくこれが１番の根拠になると思われるが、それは「社会的な取り決め」である。つまり「人の命は尊いことにしよう」という社会的な合意形成である。それゆえ、この取り決めは時代によって変化し、戦前は「人の命よりも義の方が重かった」のである。社会的な取り決めとしての「人の命は尊い」という命題は原則論、建前論であるから、利便性追求という社会的本音とバッティングすることもある。その場合、どちらが優先されるのか。いうまでもなく本音の方である。つまり建前論に基づいた「人の命を守るために車を全廃しよう」というような命題よりも、「人の命よりも利便性が優先される」という社会的な本音が、現実的には優先されることになる。ここには同時に「人の命を守るために車を全廃しようと言ってはいけない、そうではなく安全な車を作ろうと言わねばならない」というような社会的合意も潜在的なものとして隠されている。

このように生命の尊さは社会的な取り決めによって規定されている以上、本来、人智の及ばなかった生と死にかかわる問題は社会的な取り決めによって左右されることになる。この問題を次に論じていこう。

第4節　生を操作することに問題はないのか

もともと生誕は産まれた本人のみならず親にとっても人智の及ばないものであったがゆえに、「健康な子が欲しい」あるいは「男の子（女の子）が欲しい」というようなごく自然な願いがあったとしても、産まれるまではわからず運命に委ねるしかなかった。ところが科学・医療技術の発達によりこんにちでは人為による介在が可能となり、親の願いをかなえることができるようになった。胎児の健康状態は産まれる前に知り得ることができ、その情報と親の願いが合致すれば特に問題は生じない。だが、親の願いと合致しない場合、すなわち胎児に障害があることがわかった場合、新たな問題が生じてくる。それが「生の操作」という問題である。人智が及ばなかったはずの生誕に科学技術が介入するとどうなるか。障害を有する赤ちゃんはいらないというような命の選別が生じることになる。これに関しては後の第11章「生命の操作」で詳細に論じられるのでそちらに譲るが、ここでは児童生徒が将来直面する可能性のある「男女産み分け」を例にとって考えてみよう。

男女を産み分けるためには、ピンク／グリーンゼリーの使用、リン酸カルシウムの服用、パーコール法[2)]による人工授精などがあるが、このなかでも１番精度が高いとされている人工授精でも５万円前後で受けることができるものであり、むろん一般の産科医院で可能な合法的な生殖補助医療である。合法的であるということは、「社会的な取り決め」によって可能とされている補助医療である。親の願いを叶えてくれる技術があり、特に大きな副作用が生じるわけでもなく、合法的なものなので、こうした技術に一抹の「不自然さ」を感じても、それを否定するだけの論拠が出てこないのも事実である。それゆえ「男女産み分け」を積極的におこなってもかまわないという考えが出てきてもおかしくはない。だが実はここに「生」に関する大きな問題が隠されていることに教師側が気づき、さらに子供たちに気づかせることが必要となる。

男女の性別は、X、Yいずれの精子が卵子と受精するかによって変わってくる。X精子が受精すれば女の子、Y精子が受精すれば男の子が誕生する。産み分け法は、X・Yの精子選別を人為的におこなうものである。そこで考えてみよう。もし「あなた」の親が、今のあなたの性とは異なる性を望み男女産み分けをおこなっていたらどうなるだろうか。

大学生にこの問いを出すと、男子学生（女子学生）であれば「自分が女性（男性）として産まれていたかもしれない」とニタニタして空想に耽り出すようである。だがよく考えてみるとそうでないことに気づくだろう。つまり自分とは異なった精子が受精することになるわけだから、自分はこの世に生を受けることなく、異なった性別の兄弟姉妹が産まれたことになる。そう考えると精子選別による男女産み分けは、本来産まれてくるはずの人を、生前にまでさかのぼって「抹殺」することになる。

先述したように、自身がこの世に生を受けたということは天文学的な確率に基づいたものであった。そう考えると、本来産まれてくるはずの人を親の欲望によって抹殺し、変更して良いのか、また、別の性別が産まれてくる以上、それ以後の子孫の系譜すら変えてしまうことになるが、果たしてそれが許されるのかという問題が生じてくる。さらに当人が物心ついた後、自身の性別は親の意思により決められたと知った場合にどのように感じるだろうか。

科学技術の発展により生命の操作が社会的取り決めによって合法的に可能であったとしても、それを実際におこなうか否かは各個々人の価値判断に委ねられている。功利主義に基づき欲望の価値観のままに行動する前に、生の操作をおこなわず自然に委ねるという価値観が存在することも子供たちに示す必要がありはしないか。違法性がないからといって欲望のまま行動するか、それとも一歩留まって自身の欲望を顧みるか、ここに自身にとっての生命倫理の問題が生じることになる。

第5節　臓器移植推進教育は正しいのか

臓器移植推進教育は学校現場でも扱われているので「死」の問題とからめて少し詳しく論じてみよう。臓器移植は「ドナー（臓器を与える側）」と「レシピエント（貰う患者側）」の両方がいて初めて成立するものであり、ドナー不足を補うために日本臓器移植ネットワークでは以前から「いのちの贈りもの」と題して全国民向けのキャンペーンをおこなっている。さらに教育現場を対象に、臓器移植をテーマとした「つながるいのち」という道徳教材も配信している[3)]。そして、それに呼応するかのごとく道徳科の教科書でも「生命の尊さ」を示すために「つながる命」というタイトルで臓器移植を題材にしている[4)]。

同ネットワークによる生徒用の道徳教材では「臓器提供を決断した家族の話」として、脳死した妻の臓器提供の賛否が家族内で分かれるが、結果的に臓器を提供したいという妻の生前の意思を尊重する形で妻の両親や子供たちの同意が形成される。さらに「臓器移植を受けた人の話」として深い感謝の気持ちが示されている[5)]。この冊子では臓器移植に関して「臓器を提供する／しない」「臓器移植を受ける／受けない」の4つの権利が等しく尊重されると記されてはいるものの、臓器移植推進の側面が強調されそのマイナスの側面が示されていないのも事実である。これは同ネットワークが臓器移植を推進する団体である以上致し方ないことではあるが、これを教育としておこなうのであれば感情に訴えかけてそれを推進する教育ではなく、そのマイナス面も子供たちに示しておく必要があるだろう。これは臓器移植の正・負の両側面を理解した上で最終的にどれを選択するかを自律的に判断させる能力を子供たちに身につけさせることを意味する。

(1) 脳死への違和感

臓器移植を論じるには、それが死と密接な関連を持つ以上、死の定義についてまず理解しておく必要がある。「死」を論じるにあたりまず押さえておかねばならないことは、「不可逆性」という点である。これは文字通り、「逆」が「不可」であることであり、戻ることがないという意味である。それゆえ「生き返る（意識が戻った）」ということは定義上あり得ない。もし「生き返った」としたらそもそも死んでいなかった、つまり死の判定が間違っていたということである。

臓器移植を可能にするためには、従来から続いてきた死の定義を一部変更しなければならないことになる。臓器を移植するには新鮮な臓器を確保しなければならない。新鮮な臓器を確保するためには、血流停止後ではなく血流のあるうちに臓器を摘出しなければならない[6]。そのためには心臓が動いている状態を死と判定する必要がある。

そこでまずは通常の死（心臓死）と脳死について確認しておこう。脳死とは臓器移植を前提とした死であり、従来の三兆候死（心臓停止、呼吸停止、瞳孔散大）とは異なって新たに作られた死の定義である。その判定では脳機能がすべて不可逆的な停止状態に陥っているかどうかが問われることになる。その際、重要なことは脳死と植物状態の相違についてである。両者はどちらも体温があり寝ているような状態ではあるが、日本における脳死は大脳・小脳・脳幹などすべての脳機能が消失した全脳死であるのに対し、植物状態とは脳幹が生きており自発呼吸が可能となる。むろん植物状態からの臓器摘出は不可である[7]。

脳死と判定され家族が同意すればドナーから臓器が摘出されるが、このことはいうまでもなく家族がドナーを自然死させずに人為的な死に至らしめることを意味する。「脳死」と判定されたとはいえ、体温もあり胸郭が上下している身体から臓器を取り出され死期を早めることに同意するドナー家族には想像を超える精神的葛藤が生じることになる[8]。さらに臓器移植推進教育の成果として、児童生徒が15歳になったのを期に臓器提供の意思を表示し、もし交通事故で脳死になったとしたら、その子の親は愛する子を失う悲しみとともにその意思を実現させるか否かを決定する苦悩も背負わされることになる。このように脳死者からの臓器摘出を前提とする移植医療は、脳死という死の再定義ばかりでなく、ドナー家族の精神的苦悩なくしては成立しないという事実を理解しておく必要がある。

(2) 日本で臓器移植が少ないのはなぜか

日本臓器移植ネットワークの2018（平成30）年のデータによれば、人口100万人あたりの臓器提供者はアメリカでは33.32人、イギリスでは23.25人であるのに対し、日本では0.77人と極端に少ない[9)]。また2020（令和2）年6月の小冊子「いのちの贈りもの」に記されたデータでは日本には移植希望者が約1万4,000人いるものの移植を受けられる人は年間400人と非常に少ないのが現状であることが示されている[10)]。

このように日本では患者に比べてドナーが極端に少ないが、その理由はどこにあるのだろうか。その理由を探るべく、次のような問いかけがなされたとして考えてみよう。「現代はリサイクル時代です。多くの人がドナー登録して臓器のリサイクル運動をもっと推進しましょう！」。

このような発言がなされたら恐らく多くの日本人は眉をひそめるに違いない。「人の身体を単なるモノ（物）のようにリサイクルという言葉で扱うのは不謹慎だ。人の身体には魂が宿っており単なるモノではない。臓器はリサイクル品ではない」。こうした非難を受けるのは必定であろう。

然り、である。身体を単なるモノとして扱うことに違和感を感じるこの考え方、これが実は日本で臓器移植が発展しない理由でもある。臓器移植が積極的におこなわれる欧米とそうではない日本の文化的な違いを次に考えてみよう。

臓器移植が積極的におこなわれる欧米と消極的な日本の文化的な違いとして一般的に論じられることは、欧米には「心身二元論」や「プラグマティズム」が背景にあるのに対し、日本の場合にはそれとは異なった文化があるというものである。心身二元論とは、一言でいえば、「心」こそが思惟する我の主体であり、「身体」は単なるメカニカルな機械であるというデカルトの考え方である。それゆえ、思惟することができなくなった場合（脳死の場合）には、身体は単なる機械の部品に過ぎないことが帰結される。そしてこれにプラグマティズムという米国の文化が加わってくる。これは実用主義と訳され「有効な結果を生み出すもの」に重きが置かれる。すなわち有用性が問われるのである。したがって、脳死後の身体はそのまま心臓死へと進んで腐敗させるよりも、新鮮なうちにそれを必要とする人に使った方が有用性が高いという考えである（梅原 1999：288-290）。

他方で日本人の死生観は神道・アニミズムさらには仏教・武士道・儒教などの影響を受け、心身を二元論として捉えるのではない。神道やアニミズムでは「死によって肉体を離れた魂はその肉体とともに大地に還る」という自然との同一思想が背景にある。そこには死後の身体は単なる物質ではなく、そこにも魂が宿っているという魂の偏在性という考え方である。また仏教・武士道・儒教などの考えからすれば、生への執着を嫌う思想があり、他人の臓器を貰ってまでも生き延びたいとする発想を嫌う傾向が強くなる。また先祖から代々と続く、魂の宿った身体を毀傷して臓器を他人に渡すということに潜在的な拒否感を有する（須藤他 1999：192-206）。こうした死生観に関する文化的な違いが存することを児童・生徒に示すことも必要となる。

(3) 臓器移植の問題点とは

こうした点を押さえつつ、臓器移植の問題点を示すと以下のようになる。①臓器移植は、つねに他人（ドナー）の死とその家族の苦悩のもとに成り立った医療である。②臓器移植はレシピエントとドナーの数の大幅な非対称性がある以上、望む人誰もが受けることのできる医療ではない。③臓器移植は日本の伝統的死生観にはなじまない。

こうした点を考えると、臓器移植は不完全な医療であると判断することもできるのである[11)]。これらの問題を解決するためには他人の死をあてにしなくて良い医療、すなわち他人の身体ではなく自身の身体（細胞）を利用する方向へとシフトする必要がある。つまり臓器移植は不完全な医療であるがゆえにこれは一時的、過渡的なもので、これを補うべく自身の細胞を使った

ES細胞やiPS細胞による再生医療という方向へと進んでいるのが現状であることを知っておかねばならない。生命の尊さを示す教育を「臓器移植」を通しておこなうのであれば、こうした一連の流れのなかで臓器移植の不完全性を示す教育も必要となる。

第6節　生と死を自律的に考える教育の必要性

人は本能的に自身の健康な身体を取り戻したい、死にたくないという願いがあり、愛する人を死なせたくないという願いもある。また産まれてくる自分の子供はこうあって欲しいという願いもある。現代の科学・医療技術は、こうした生と死にかかわる本能的欲望を可能にしたが、その欲望実現はどこまで許されるのだろうか？　死の定義が社会的に変えられ、また生の操作が技術的合法的に可能になったとして、それをおこなうか否かは各個々人の価値判断に委ねられている。科学技術の発達と功利主義に基づきその実現が可能となったにせよ、その欲望を実現させることが正しいのか否かを一度立ち止まって自律的に判定させることが教育における生死を論じる際の課題ではないのか。そのためには、こうした合法的な医療を肯定的に論じるだけでなくその問題点をも意識した教育の必要性があるのである。

注

1）これはヒュームが示した「～である」（事実判断）から「～であるべき」（価値判断）は導き出せないということであり、ときにこの導出は自然主義的誤謬（G.E.ムーア）と称される。詳細は、ヒューム、D.，木曾好能訳『人間本性論（第1巻）』法政大学出版局、2019年、ムーア，G.E.，泉谷周三郎訳『倫理学原理』三和書籍、2010年を参照されたし。

2）精子をパーコール液に入れ、遠心分離機にかけ、X精子とY精子に分離する方法。日本産婦人科学会は、重篤な伴性劣性遺伝疾患（たとえば血友病など）の回避に限ってパーコール法を認めているが、産科医院では希望すれば受けられる場合が多い。

3）HP上では右記サイト。（https://www.jotnw.or.jp/forteacher/teacher/、2020年11月27日確認。HPの確認日は以下同じ）

4）たとえば『中学道徳２――きみがいちばんひかるとき』光村図書、2018年、p. 70など。

5）公益社団法人日本臓器移植ネットワーク「つながるいのち」（生徒用冊子）p. 15、HPでは https://www.jotnw.or.jp/files/page/forteacher/teacher/student.pdf。

6）心停止前に摘出される臓器は、心臓、肺、肝臓、小腸である。

7）臓器移植を児童生徒に論じる以上、心臓死、脳死、植物状態、この３者の違いをまず理解させた上で、脳死は人の死と言えるのかという根本的な疑問から始める必要があるのだが、「つながるいのち」生徒用冊子では臓器移植のすばらしさが全面的に強調されて、心臓死と脳死の違いが示されるだけで植物状態については記されていない（同 p. 10）。

8）ドナー家族の精神的な負担については、以下の書を参照されたし。川野雅資『臓器移植のメンタルヘルス』中央法規出版、2001年、pp. 135-147。

9）公益社団法人日本臓器移植ネットワーク「世界の臓器提供数（100万人当たりのドナー数）」（https://www.jotnw.or.jp/explanation/07/06/）を参照。

10）HPでは https://www.jotnw.or.jp/files/import/goods/pdf/give20_pamphlet.pdf。

11）これは死を前提としない生体間の肝・腎移植においても、ドナーの精神的苦悩、肉体的毀傷を伴う以上、不完全な医療と言えるだろう。

引用・参考文献

団藤重光『死刑廃止論（第４版）』有斐閣、1995年

菊田幸一『いま、なぜ死刑廃止か』丸善出版、1994年

公益社団法人日本臓器移植ネットワーク編「いのちの贈りもの」2020年

須藤正親・池田良彦・高月義照『なぜ日本では臓器移植がむずかしいのか――経済・法律・倫理の側面から』東海大学出版会、1999年

梅原猛『「脳死」と臓器移植』朝日新聞社、1999年

課題

⑴ 性を操作する男女産み分けの是非について自身で考え、その現況をインターネットで調べてみよう。

⑵ 臓器移植の問題点とES細胞・iPS細胞研究がどのようにつながっているかをインターネットで調べてみよう。

参考図書

小松美彦・市野川容孝・田中智彦編『いのちの選択――今、考えたい脳死・臓器移

植』岩波書店、2010 年
森岡正博『生命観を問い直す——エコロジーから脳死まで』筑摩書房、1994 年
新名隆志・林大悟『エシックス・センス——倫理学の目を開け』ナカニシヤ出版、2013 年

第3章　性観念の歴史と現在

第1節　歴史的背景

現代における性観念には、これまでの宗教や風俗、習慣、文化、道徳、さらには社会・政治制度などの歴史的な要因が影響を与えている。ここでは、仏教と儒教、そして民衆の性観念を中心に、歴史的な背景をまとめてみたい。

(1) 仏教における性

仏教は飛鳥時代に中国を経て朝鮮半島の百済《くだら》から伝来したが、一般庶民に広まったのは奈良から平安時代とされる。仏教の教えの基本には「煩悩《ぼんのう》否定」および「涅槃《ねはん》解脱《げだつ》」があり、性欲などのさまざまな煩悩を絶つことにより、この世の悩みや束縛から解放され、やすらかな心境に達することがその教義である。仏教の戒律[1)]のなかには不邪淫があり、禁欲や性行動に関する厳しい制限が定められていた。

さらに、仏教のもうひとつの特徴として「女人禁制」がある。女性は罪深く永久に成仏できない存在であり、月経の経血による穢れを赤不浄、出産の穢れを白不浄として、このような穢れをともなう女性は寺への立ち入りを禁じられ、修行の上の禁忌とされていた。「血の穢れ」を忌み嫌う習慣は、日本古来の神道においてもみられ、神社や霊場あるいは神事などへの女人禁制があった。

仏教の厳しい性の戒律について庶民の立場から捉え直したのが、浄土宗を開いた法然であった。法然は「結婚生活をする方が念仏をしやすければ、そうすれば良いし、それでは念仏を申せない人は出家すれば良い」と説いた。さらに、法然の弟子であり浄土真宗の開宗者である親鸞は、自ら公然と妻帯し、結婚生活をとる道を選んだとしても仏教により救われることを示し、一般庶民への布教につとめた。

(2) 儒教における性

儒教は中国で誕生した孔子を祖とする思想であるが、仏教と同じころに百済から日本に伝来し中国文化を日本に伝えるとともに、飛鳥時代から始まった律令政治やその後の武家社会における為政制度の根幹となった思想である。儒教の考え方のなかには、仏教と同様に「性否定」「女性蔑視」の思想があるとともに「男女の別（けじめ）」が重視されている。たとえば、儒教の経典のひとつである『論語』には「唯《た》だ女子と小人《しょうじん》とは養いがたしと為す。これを近づくれば則ち不遜なり。これを遠ざくれば則ち怨む[2]」「少《わか》き時は血気未だ定まらず、これを戒むること色に在り[3]」などが、また、『礼記《らいき》』には「七年にして男女は席を同じうせず、食を共にせず」と記されている。

儒教の考え方は、鎌倉、室町時代の武士が支配した封建社会を経て、一般の間に浸透し、江戸時代になると朱子学として学問としても奨励され、徳川幕府による幕藩体制の構築のために、より強固なものとなった。特に、先祖代々長男が家督を継承する家父長制度の維持のために、後継者である男子が優遇され、女子はこれに従うという考え方が尊重された。また、家の血統を絶やさないために、一夫多妻制も一般化した。

江戸時代の儒学者である貝原益軒《かいはらえきけん》は、儒教思想を『女大学』にまとめ、「三《さん》従《じゅう》七去《しちきょ》」などの婦女子の守るべきことがらについて記した。「三従七去」のうち、三従とは、婦人が従うべき３つの道を示し、家にあっては父に従い、嫁しては夫に従い、夫の死後は子に従うとしている。七去とは、妻を離縁できる７つの事由であり、父母（舅姑）に従順でないこと、子のないこと、多言なこと、窃盗すること、淫乱なこと、嫉妬すること、悪疾《あくしつ》のあることである。この『女大学』は、武家の子女だけでなく町人の間でも女子の教訓書として広く使われた。

儒教は、もともとは人間の徳や生き方について広く示した思想であるが、日本ではその考え方が中央集権的な社会・政治制度のための理念として取り入れられ、さらに家族や夫婦、あるいは男女のあり方についての規範となり、日本人の倫理観に大きく影響を与えている。現代における「男は外で仕事、女は家を守る」「男性は経済的に自立し、妻子を養う義務がある」「女性は家事や子育てに責任を負うべき」といった性別役割分担意識のもとにもなっていると考えられる。

(3) 民衆の性観念

仏教や儒教が性に対して否定的であり、日常生活のなかから性を遠ざける方向にあったのに対して、日本古来の民衆の性観念は肯定的であり、おおらかでオープンであった。人間にとって性は生殖であり、子孫繁栄につながる重要な事象であった。また、生命誕生の神秘性は、人びとの信仰の対象になった。現在でも各地で名所旧跡として残っている陰陽石、夫婦岩、男体山などのように、自然物を男女にみたてたり、男女の性器をご神体として祀り、これらを崇拝することで、五穀豊穣や縁結び、子授け、安産などを祈願した。

さらに、江戸時代までの庶民の間には、「若者組」「娘組」や「若衆宿」「夜這い」などの風習があった。褌祝いや腰巻祝いといわれるような、一人前になる儀式を終えた若者は、「若者組」や「娘組」に入り、そこでの生活のなかで村社会のしきたりや礼儀作法を学びながら、「若衆宿」や「夜這い」における未婚の男女の性的関係を通し、性教育を受け、村のしきたりに沿った配偶者選びがおこなわれていた。

第2節　性役割観の現状

現代における性観念をみるために、国内の意識調査をとりあげてみたい。内閣府では1992（平成4）年の「男女平等に関する世論調査」にはじまり、社会や家庭生活における男女の平等観・役割観などについての意識調査を継続して実施している。直近の調査は2019（令和元）年の「男女共同参画社会に関する世論調査」であり、全国の18歳以上を対象に実施され、有効回答数は2,645人となっている。この調査の項目に「夫は外で働き、妻は家庭を守るべきである」という考え方への賛否を問う設問がある。**図 3-1** に年次推移を示した。

賛成の割合は1979（昭和54）年には7割を越えていたが、年を追って減少し、2002（平成14）年には47.0%と半数を切り、2009（平成21）年には41.3%

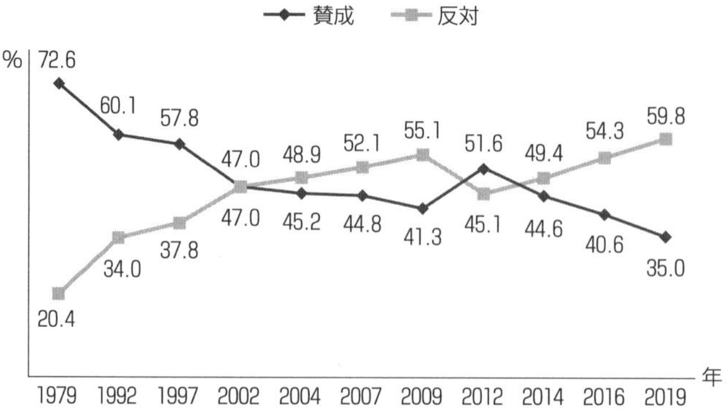

図 3-1　「夫は外で働き、妻は家庭を守るべきである」に賛成・反対*の割合の推移

注：*賛成＝賛成＋どちらかといえば賛成、反対＝反対＋どちらかといえば反対
2016 年以降は 18 歳以上、それ以前は 20 歳以上を対象
2014 年は「女性の活躍推進に関する世論調査」
1979 年は「婦人（I 部）に関する世論調査」より抽出
出典：内閣府「男女共同参画社会に関する世論調査」2019 年より筆者作成

となった。2012（平成 24）年には 51.6%と増加が認められたものの、その後は再度減少に転じ、2019 年には 35.0%となり、賛成の割合はほぼ 40 年間で半減している。反対の割合は賛成に相対した動向であり、1979（昭和 54）年には 2 割程度であったが、2019 年には 6 割となり、約 3 倍に増加している。次に賛成者の性別の動向を**図 3-2** に示したが、1979 年は男女いずれも 7 割が賛成としていたが、その後の調査では、どの年次も男性が女性を上回っていることが特徴である。また、2019 年の賛成者のデータを世代別・性別に比較をすると（**図 3-3**）、賛成の割合がもっとも高いのは男女とも 70 歳以上であり、伝統的な性役割観を持つものが多いことがわかる。70 歳以上に次いで、女性では、30 代が 32.3%と賛成の割合がもっとも高く、60 代が 26.2%ともっとも低い。一方、男性の場合は、賛成の割合が 30 代が 28.2%でもっとも低くなっている（内閣府 2019）。

性役割観に関する意識調査としては、国立社会保障・人口問題研究所「全国家庭動向調査」による有配偶女性を対象とした同様の調査があるが、「結婚後は、夫は外で働き、妻は主婦業に専念すべきだ」への賛成割合は、1993（平成 5）年の調査開始 54.5%から、調査回数を追うごとに減少し、2018（平

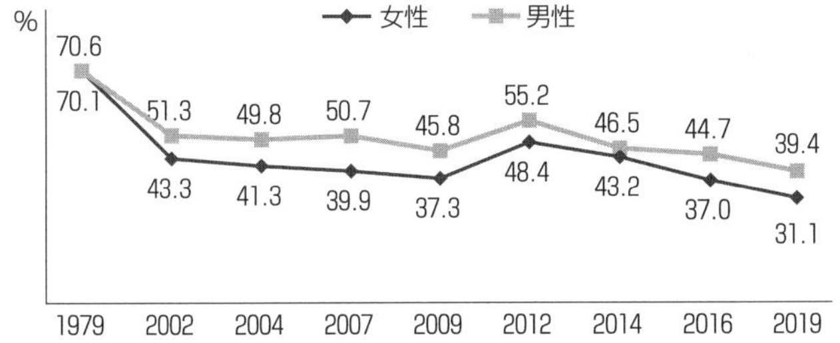

図 3-2　「夫は外で働き、妻は家庭を守るべきである」に賛成*の割合の推移（性別）

注：＊賛成＝賛成＋どちらかといえば賛成

出典：内閣府「男女共同参画社会に関する世論調査」2019 年より筆者作成

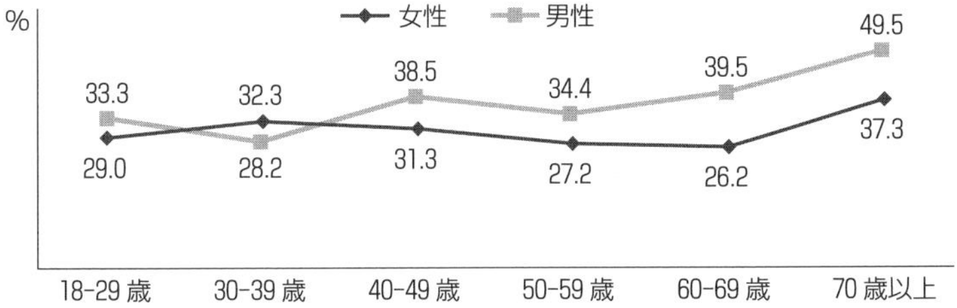

図 3-3　「夫は外で働き、妻は家庭を守るべきである」に賛成*の割合の推移（年齢別・性別・2019 年）

注：*賛成＝賛成＋どちらかといえば賛成

出典：内閣府「男女共同参画社会に関する世論調査」2019 年より筆者作成

成 30）年調査では 38.1％となっている。他の設問で賛成が減少している項目は「子どもが 3 歳くらいまでは、母親は仕事を持たず育児に専念したほうがよい」「家庭で重要なことがあったときは、父親が最終的に決定すべきだ」であり、「夫も家事や育児を平等に分担すべきだ」は増加傾向である（国立社会保障・人口問題研究所 2020）。

このように、全国規模の世論調査からは「夫は外で働き、妻は家庭を守るべきである」に代表される固定的性別役割分担意識に対して賛成が減少し、反対が増加している。実際、女性の就業率は上昇し、共働き世帯が増加しており、夫婦とも「外で働く」家庭が多くなっている。しかしながら、家庭内での役割分担に関しては、仕事に費やす時間は男性が長く、家事・育児・介護に費やす時間は妻が圧倒的に長いこと、特に子育て期の男性の労働時間が長いことが現状であり、性役割に関する意識は変わってきているものの、依然として夫が稼得役割を担い、妻が家庭を守るという役割分担は変わっていない。

第3節　性役割観の国際比較

性役割観について、ISSP（International Social Survey Programme）がおこなった調査から国際比較をすることができる。ISSP には世界約 50 の国や地域の調査機関が加盟しており、毎年テーマを設定して共通の質問で国際的な世論調査を実施している。日本からは NHK 放送文化研究所が代表機関となっている。「家庭と男女の役割」をテーマとした 2012（平成 24）年調査結果から「男性の仕事は収入を得ること、女性の仕事は家庭と家族の面倒をみること」についての各国の結果を**図 3-4** に示した。

「とてもそう思う」と「そう思う」を合計した割合を「賛成」とすると、日本は 23.9%であり 40 か国中 22 番目となっている。数値がもっとも低いのは、ノルウェー、スウェーデン、アイスランド、デンマーク、フィンランドであ

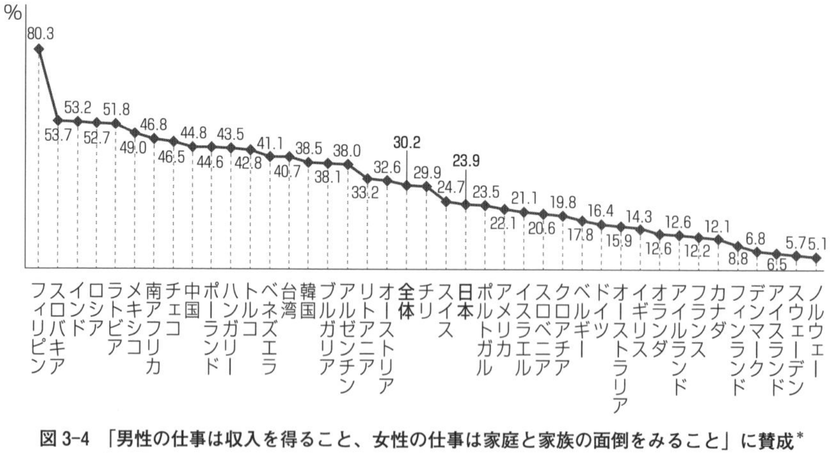

図 3-4　「男性の仕事は収入を得ること、女性の仕事は家庭と家族の面倒をみること」に賛成＊

注：賛成＊＝「とてもそう思う」＋「そう思う」

出典：International Social Survey Programme, *ISSP 2012 - Family and Changing Gender Roles IV-*, 2016 より筆者作成

り、もっとも高いのはフィリピン、スロバキア、インド、ロシア、ラトビアとなっている。欧米のなかでも特に北欧諸国は性別役割分担意識を持つものが少なく、アジアや東欧諸国において伝統的性役割観が強いといえる。同じ儒教国とされる韓国や台湾と比較すると日本は伝統的性役割観の解消が進んでいるものの、西欧先進諸国に比較すると性別役割分担意識が根強い国といえる（International Social Survey Programme 2016）。

つぎに、男女格差について客観的な指標から比較をおこなってみたい。世界経済フォーラム（World Economic Forum）では、グローバル・ジェンダー・ギャップ・レポート（Global Gender Gap Report：GGGR）を毎年公表している。ここで使われているジェンダー・ギャップ指数（Gender Gap Index：GGI）は、経済的平等、教育、健康・医療、政治参加の4つの分野のデータから作成されていて、0が完全不平等、1が完全平等を示している。すなわち、スコアが1に近いほど男女格差がないことになる。2019年の結果を**表3-1**に示したが、日本の総合スコアは0.652、順位は153か国中121位、主要7か国（G7）のなかでは最下位であり、2018年調査の149か国中110位よりも順位を下げたことが報告されている。アイスランド、ノルウエー、フィンランド、スウェーデ

表3-1　GGI上位・下位国と主要国

順位	国名	スコア
1	アイスランド	0.877
2	ノルウェー	0.842
3	フィンランド	0.832
4	スウェーデン	0.820
5	ニカラグア	0.804
6	ニュージーランド	0.799
7	アイルランド	0.798
8	スペイン	0.795
9	ルワンダ	0.791
10	ドイツ	0.787
15	フランス	0.781
21	イギリス	0.767
53	アメリカ	0.724
106	中国	0.676
108	韓国	0.672
121	日本	0.652
149	コンゴ	0.578
150	シリア	0.567
151	パキスタン	0.564
152	イラク	0.530
153	イエメン	0.494

出典：World Economic Forum, *Global Gender Gap Report 2020*, 2019より筆者作成

表 3-2　GGI 日本の状況

		2020 年		2006 年	
		順　位	スコア	順　位	スコア
グローバルギャップ指数		121	0.652	80	0.645
指　標	経済的平等	115	0.598	83	0.545
	教育	91	0.983	60	0.986
	健康・医療	40	0.979	1	0.980
	政治参加	144	0.049	83	0.067

出典：World Economic Forum, *Global Gender Gap Report 2020*, 2019 より筆者作成

ンなどの北欧諸国が上位を占めており、下位は中東やアフリカなどの内戦による社会・経済への影響を大きく受けている国々となっている。日本の分析結果の詳細をみると（**表 3-2**）、教育や健康・医療指標では 1 に近いスコアであるのに対し、経済的平等スコアは 0.598 と低く、さらに政治参加においては 0.049 であり、これらの数値により総合スコアや順位が低くなっている。男女の賃金格差や、閣僚や国会・地方議員、管理職、専門職などいわゆる指導的立場における女性の割合が低いことなどが要因とされている（World Economic Forum 2019）。

第 4 節　次世代の意識改革に向けて

歴史的背景をふまえると、わが国では仏教や儒教における女性観や家族観に基づく性別役割分業による社会・政治制度が長きにわたって続き、現代の性役割観にも影響を与えていることが考えられる。国際的な比較からは、日本の固定的性別役割分業意識は、先進国のなかでは根強い傾向が認められる。近年では、意識については解消傾向があるものの、現実の家庭生活では性別役割分業が依然として実在しており、男女それぞれの負担感は重いという現状である。

国際的には、女性の地位向上からジェンダー平等（Gender Equality）への潮流があり、日本もその流れに応じて、男女平等や男女共同参画の視点から、

表 3-3　男女共同参画関連施策

年	国内	世界
1975（昭和 50）年	婦人問題企画推進本部設置	国際婦人年 国際婦人年世界会議・世界行動計画
1979（昭和 54）年		女子差別撤廃条約採択
1985（昭和 60）年	女子差別撤廃条約を批准 男女雇用機会均等法（略称）成立	
1991（平成 3 ）年	育児休業法成立	
1995（平成 7 ）年	育児・介護休業法成立 （育児休業法を改正）	第 4 回世界女性会議（北京） 北京宣言及び行動綱領
1999（平成 11）年	男女共同参画社会基本法成立	
2005（平成 17）年		第 49 回国連婦人の地位委員会（「北京＋10」閣僚級会合）（ニューヨーク）
2007（平成 19）年	仕事と生活の調和（ワーク・ライフ・バランス）憲章 仕事と生活の調和推進のための行動指針策定	
2015（平成 27）年	女性活躍推進法（略称）成立	国連「北京＋20」婦人の地位委員会（ニューヨーク）
2016（平成 28）年	ニッポン一億総活躍プラン決定	
2018（平成 30）年	働き方改革を推進するための関係法律の整備に関する法律成立 政治分野における男女共同参画の推進に関する法律成立	

出典：筆者作成

国レベルでさまざまな施策を講じてきている（**表 3-3**）。2015（平成 27）年に公布された「女性の職業生活における活躍の推進に関する法律」（女性活躍推進法）の基本原則には、男女が性別を問わず、その職業生活と家庭生活との円滑かつ継続的な両立が可能となることを旨として、女性の職業生活の推進がおこなわれなければならないことが謳われている。すなわち、性別にとらわれず誰もが仕事と育児・介護などの二者択一を迫られることなく、経済的に自立しながら働き続けることができるような環境の整備が求められている。そのためには、働き方や子育て家庭支援、あるいはワーク・ライフ・バランスのための制度の充実はいうまでもない。さらには、次世代に焦点をあてて意識改革を進めるためには、家庭や学校教育において、子供たちに性別役割について固定的な価値観を与えてしまう、いわゆる無意識の思い込み（アンコンシャス・バイアス）を醸成しないことが重要である。そのためには、保護者や教師は自らの性役割観について、偏りや思い込みがないかどうかを見直し、「隠れたカリキュラム」を点検しながら生命や性に関する教育をおこなっていく必要がある。

注

1）修行者が守るべき戒めとして、十戒があり、在家（一般の信者）にもその内の五種の戒めが五戒として定められていた。十戒とは、五戒すなわち不殺生《ふせっしょう》・不偸《ふちゅう》盗《とう》・不邪淫《ふじゃいん》・不妄語《ふもうご》・不飲酒《ふおんじゅ》に、不塗飾香鬘《ふずじきこうまん》・不歌舞観聴《ふかぶかんちょう》・不坐高広大牀《ふざこうこうだいしょう》・不《ふ》非時食《ひじじき》・不蓄金銀宝《ふちくこんごんほう》をくわえたもの。

2）女と下々《しもじも》の者とだけは扱いにくいものだ。近づけると無遠慮になり、遠ざけると怨む（金谷訳注 1990：250）。

3）若いときは血気が未だ落ちつかないから、戒めは女色にある（金谷訳注 1990：230）。

引用・参考文献

International Social Survey Programme, *ISSP 2012 - Family and Changing Gender Roles* IV-, 2016, doi:10.4232/1.12661（https://zacat.gesis.org/webview/index.jsp?object=http://zacat.gesis.org/obj/fStudy/ZA5900、2020 年 10 月 14 日確認）

金谷治訳注『論語』岩波書店、1990 年

国立社会保障・人口問題研究所「2018 年社会保障・人口問題基本調査　第 6 回全国家庭動向調査報告書」2020 年（http://www.ipss.go.jp/ps-katei/j/NSFJ6/Mhoukoku/Mhoukoku.pdf、2020 年 10 月 14 日確認）

三井善止編著『新　生と性の教育学』玉川大学出版部、2005 年

内閣府「男女共同参画社会に関する世論調査　世論調査報告書令和元年 9 月調査」2019 年（https://survey.gov-online.go.jp/r01/r01-danjo/index.html、2020 年 10 月 14 日確認）

World Economic Forum, *Grobal Gender Gap Report 2020*, 2019（http://www3.weforum.org/docs/WEF_GGGR_2020.pdf、2020 年 10 月 14 日確認）

課題

(1)「男女共同参画社会に関する世論調査」など、最新の調査報告の原典を参照し、性別役割分担意識の時代的な変化や年齢による違いを確認した上で、変化や違いの要因について考えてみよう。

(2) 固定的性別役割分担意識は、現代社会において男女の生き方にどのような影響を及ぼしているか考えてみよう。

(3) 教育現場で性に対する考え方について無意識の思い込み（アンコンシャス・バイアス）を子供たちに刷り込んでいる可能性のある場面や環境を考えてみよう。

参考図書

内閣府男女共同参画局「『男性にとっての男女共同参画』に関する意識調査報告書」2012 年（http://www.gender.go.jp/research/kenkyu/dansei_ishiki/index.html、2020 年 10 月 14 日確認）

内閣府男女共同参画局「男女共同参画社会白書令和 2 年版」2020 年（http://www.gender.go.jp/about_danjo/whitepaper/r02/zentai/index.html、2020 年 10 月 14 日確認）

内閣府すべての女性が輝く社会づくり本部「女性活躍加速のための重点方針 2020」2020 年（http://www.gender.go.jp/policy/sokushin/pdf/jyuten2020_honbun.pdf、2020 年 10 月 14 日確認）

第2部　生命と性の現状

生命と性の教育について考えるためには、生命や性に関する現状を把握し、さらには性や生殖の健康を阻害する要因について科学的・医学的に理解することが重要である。第2部では、まず、思春期から青年期にかけての、身体発育や二次性徴、性意識や性行動の時代的な変化や現状について、全国的な調査結果をもとに理解する。続いて、性感染症について主な疾患の特徴や予防法について学ぶ。さらにHIV感染症であるエイズについても取り上げ、感染状況や感染経路などの特性をふまえ、予防策について考察する。

Keywords

発育加速現象、二次性徴、性行動の活発化・消極化・二極化、STI、性器クラミジア感染症、梅素、淋菌感染症、HIV/AIDS、無症候期、多剤併用療法、90-90-90 目標

第4章　青少年の性意識・性行動

第1節　発育加速現象

(1) 身体発育

人間の生命や性を考えるにあたっては、身体的あるいは精神的な成長・成熟の過程は欠くことのできない要素である。特に、成長の著しい子供たちを対象に生命と性の教育をおこなうにあたっては、心身の発達の現状を把握した上で、発達段階に即した教育を実施することが重要である。戦前から戦後を通した発育研究によって、社会環境の変化にともない、成長・成熟時期が低年齢化してきていることが明らかになってきている。いわゆる発育加速現象あるいは思春期促進現象などといわれており、このことは、現代における人間の生命や性のあり方と密接に関連しているものと考えられる。

発育加速現象としては、まず、体位[1)]の向上があげられる。1900（明治 33）年から実施されている文部科学省の「学校保健統計調査」によれば、日本の児童・生徒の体位は、明治・大正から戦前にかけて徐々に上昇の傾向がみられたが、戦時中に大きく低下し、戦後その回復現象として急上昇がみられ、1960〜80 年代にかけてさらに上昇が続いた。身長や体重の平均値の増加傾向は、1994（平成 6）年から 2006（平成 18）年にかけてピークを迎え、その後は身長については横ばい、体重については横ばいもしくは減少傾向となっている（文部科学省 2020)。また、身長の年間発育量がピークになる年齢（思春期スパート）は、戦前から戦後にかけて 13 歳から 14 歳へと高年齢に移行したが、その後社会経済状態の好転とともに、1960（昭和 35）年には 13 歳に、1970（昭和 45）年には 12 歳となり、2019（令和元）年度（2001〈平成 13〉年度生まれ）の場合は 11 歳と若年化傾向を示している。これは男子の数値であるが、女子の場合は男子より発育量が最大となる時期は 1 年程早く、現在では 10 歳となっている。1960 年代からの約 60 年の大きなスパンでみると、男女とも同様に早期化傾向を示しており、これが発育加速現象といわれるゆえんでもある。

(2) 思春期と性の成熟・発達

思春期の身体的特徴とされる初経や精通などの一次性徴の成熟や二次性徴が発現する年齢も時代とともに変化している。二次性徴の代表的な現象としては、女子は乳房の発達、陰毛の発生、脂肪沈着などであり、男子は陰毛の発生、変声、骨格や筋肉の発達などがあげられる。二次性徴の詳細については、第9章「ライフサイクルと性」に記述されているので、参照されたい。この思春期の性的な成熟は、前述の身体発育と関係が深く、たとえば女子の初経は、身長の年間発育量がピークとなる年齢の1～2年後に発来する場合が多いとされている。したがって、体位の向上と並行して思春期スパートを迎える年齢が低下していることにともない、平均初経年齢は、明治・大正期は15歳であったのが、戦後には14歳、1960年代は13歳、1970年代以降は12歳と、早期化傾向が認められている。日野林（2013）の調査報告によると、2011（平成23）年の平均初経年齢は12歳2.3か月（12.189歳）であり、50%が初経を迎える年齢は12.19歳とされている。90%年齢は13.87歳であり、14歳までに9割以上が初経を迎えていることになる。なお、男子の精通については、女子の初経年齢に比べて1～2年程遅いとされている。

このような体位の大型化や性的成熟の早期化は、戦後から1970年代にかけて急速に進んだが、その後1980年代以降は落ち着きがみられ、むしろ最近では、身体発育については横ばいになってきている。しかし、一昔前と比較して、確実に現在の子供たちの身体面での成熟は早くなっていることは事実であり、その背後には、女子の場合は妊娠の可能性、男子の場合は性衝動の早期化が考慮されなければならない。身体発育や性的成熟の早期化をふまえながら、それに見合った心理的・社会的な側面の発達が保障される必要がある。さらに情報化が進展する現代においては、インターネットを介して種々雑多な性に関する情報が子供たちに届いている。正しい情報を選択でき、思春期における心身の変化を受容しながら、人間としてどのように行動すべきかについて意思決定できる能力を獲得できるような生命と性の教育が求められている。

第2節　性に関する意識

青少年の性に関する意識の現状はどうであろうか。青少年の性意識・性行動の実態に関する調査としては、日本性教育協会が1974（昭和49）年から実施している「青少年の性行動全国調査」が日本で唯一の全国規模の調査でありもっとも信頼性が高いものといえる。この調査は6年ごとに実施されており、2017（平成29）年の結果が最新のものである（**表4-1**）。調査対象は、全国の中学生・高校生・大学生合計12,925人である（以下「青少年性行動調査」とする）。

(1) 性的な関心

「青少年性行動調査」における「今までに性的なことに関心を持ったことがありますか」という質問において「ある」と回答した割合を**図4-1**に示した。2017年調査の結果では、男子は中学生46.2%、高校生76.9%、大学生93.2%、女子は中学生28.9%、高校生42.9%、大学生68.6%と年齢が上がるにつれて、性的な関心が高まっている。同じ年齢では女子よりも男子の方が高いことが特徴である。性的な関心について、1981（昭和56）年から（中学生は1987〈昭和62〉年から）の年次経緯をみると、大学生男子はいずれの年次も9割を超えており、大きな変化はない。一方、大学生女子は2005（平成

表4-1　青少年の性行動全国調査について

実　施	一般財団法人日本児童教育振興財団内　日本性教育協会
目　的	日本の若者の性意識・性行動・性規範・性教育の状況等を全国規模で調査
時　期	第1回（1974年）から第8回（2017年）まで6年毎に実施
対　象 (2017年)	中学生・高校生・大学生，合計1万2,925人 全国の100万を超える大都市6，40万前後の中都市33，町村4地点から対象校を抽出，中学校23校，高校20校，大学は大都市及び中都市から43校
方　法	自記式質問紙法，封筒密閉回収，中学校及び高校は学校・学級を単位とする日本性教育協会調査員による集合調査，大学は教員による集合調査

出典：日本性教育協会「青少年の性行動全国調査　第8回調査報告」2019年より筆者作成

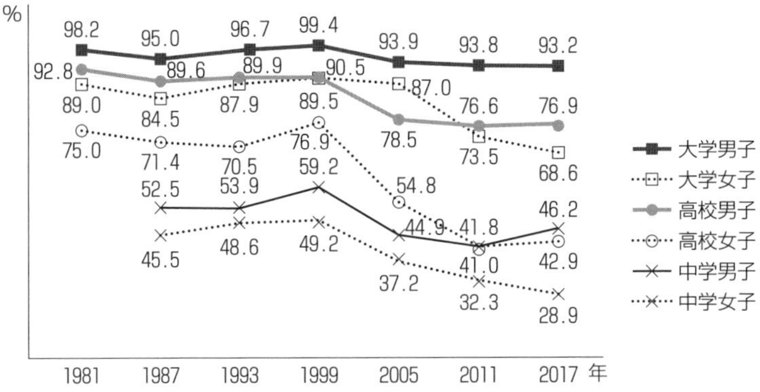

図 4-1　性的な関心「ある」の割合

出典：日本性教育協会「青少年の性行動全国調査」第２回から第８回調査報告より筆者作成

17）年までは９割近くが「ある」としていたが、2011（平成 23）年には 73.5％と低下し、さらに 2017 年は 68.6％と７割を切り、男女の格差が拡大している。高校生は 1999（平成 11）年までは男子は９割程度、女子は７割を上回る程度であったが、2005 年以降には男子は８割を下回り、女子は５割から４割へと大きく低下が認められている。中学生は 1987 年から 1999 年までは男子は５割を上回る程度、女子は５割程度で、横ばいに推移していたが、1999 年から 2005 年にかけて男女とも 10％以上の減少がみられており、特に女子は年々低下の一途をたどっている。

(2)　性に対するイメージ

「青少年性行動調査」では、性やセックスという言葉にどのようなイメージを持っているかについて、「楽しい―楽しくない」「きれい―きたない」「軽い―重い」「はずかしい―はずかしくない」等の質問により意識調査をおこなっている。**図 4-2** には、「楽しい」あるいは「どちらかというと楽しい」と回答したものの割合を示した。2017 年の数値は、男子は大学生 85.1％、高校生 70.3％、中学生 45.5％となっている。女子は大学生 60.8％、高校生 43.3％、中学生 30.7％であり、肯定的なイメージを持つものの割合は男女とも年齢が上がるにつれて高くなること、同年齢では男子の方が高いことが特徴である。

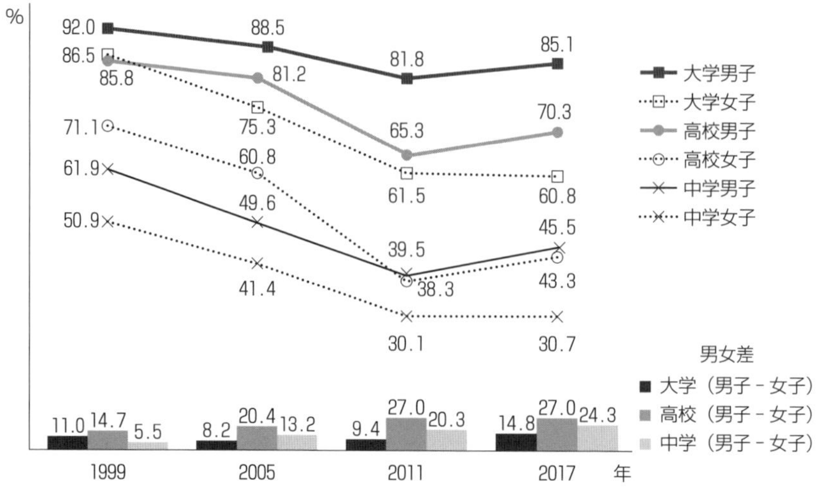

図 4-2　性に関する肯定的なイメージ「楽しい」＋「どちらかというと楽しい」の割合と男女差

出典：日本性教育協会「青少年の性行動全国調査」第5回から第8回調査報告より筆者作成

上記他の質問でも同様の傾向が認められている。

経年的な変化をみると、1999年の数値がもっとも高く、2005年から2011年にかけて肯定的なイメージを持つものの割合が低下傾向であることは男女ともどの年齢段階でも共通に認められている。そして、2011年から2017年にかけては、大学生女子を除き、やや上昇傾向が認められている。また、男女間の差について注目すると、男子から女子の割合を引いた値は、大学生、高校生、中学生の順に、1999年は5.5%、14.7%、11.0%に対して、2017年は24.3%、27.0%、14.8%と男女の差が拡大していることも特徴である。言い換えると、1999年から2017年にかけて、性に対するイメージが否定的なものの割合が増加しており、その傾向はとりわけ女子に顕著である。

(3) 性交に対する見解

東京都幼・小・中・高心性教育研究会では、1981年以降、ほぼ3年おきに児童・生徒の性に関する実態調査を実施している。直近の調査は2014（平成26）年に、小学生1,050人、中学生2,640人、高校生3,192人を対象として実施されているが、この調査も「青少年性行動調査」と同様、定期的で毎回の

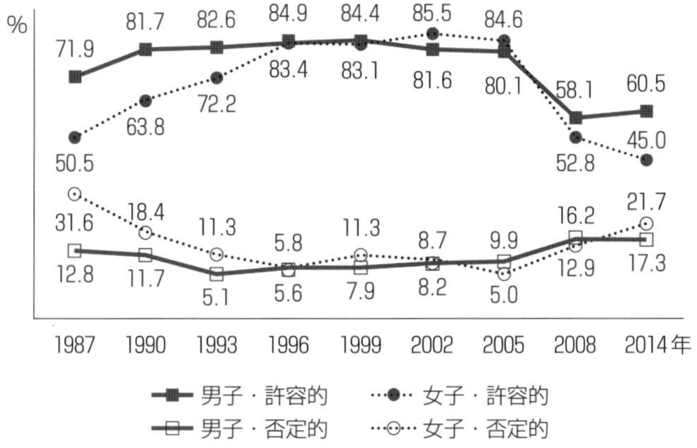

図 4-3　高校生の性交に対する見解（高 3）

出典：東京都幼・小・中・高心性教育研究会「児童・生徒の性に関する調査報告書」2005 年度、2014 年度報告書より筆者作成

調査手続きに統一性があり、信頼性の高い調査といえる（以下「都性研調査」とする）。

「都性研調査」では高校生を対象に「あなた自身が性交することについてどう思いますか」という設問を実施している。高校 3 年生の回答として「愛情が深まれば可」「お互いに納得すれば可」「機会があれば可」「避妊・感染予防を心がければ可」などを合計した許容的見解と、「しないほうがよい」「結婚まで不可」の否定的見解の割合を**図 4-3** に示した。まず、男子については、許容的見解が 1987 年の 71.9%から 1990（平成 2）年には 81.7%となり、以降 1993（平成 5）年から 2005（平成 17）年までは 8 割台を推移している。しかしながら 2008（平成 20）年から 2014（平成 26）年にかけては 6 割程度に大きく減少している。一方、否定的見解は 1987 年 12.8%から 1993 年に 5.1%まで減少した後、2005 年までは 10%未満を保っている。その後、2008 年 12.9%、2014 年 17.3%と増加している。つぎに、女子については、1987 年には 50.5%にすぎなかった許容的見解が、年々増加し 1996（平成 8）年には 83.4%となり、2005 年までは 85%程度を保っている。そして、男子と同様に 2008 年以降は激減し 2014 年には 45.0%と初回調査よりも低い値となっている。これにリンクして、否定的見解は 1987 年には 31.6%から 1996 年の

5.8%へと減少し、2005年には5.0%と最低値となった後、2008年12.9%、2014年21.7%と大きく増加している。1987年から2014年までの30年弱の変化をまとめると、1987年から1996年にかけて男女とも許容的見解が多数派を占めるようになり、特に女子において大幅に増加したため、1996年以降は男女格差がなくなったことが第1の変化といえる。この傾向は2005年まで続くが、2005年から2008年、2014年にかけて、許容的見解の減少、すなわち否定的見解の増加傾向が顕著に認められるとともに、2014年には女子の許容的見解の割合が大きく減少したことにより、再び男女格差がみられていることが第2の変化といえる（東京都幼・小・中・高心性教育研究会 2014）。

第3節　性行動

(1) 性行動の指標

「青少年性行動調査」では、デート、キス、性交について1974年（中学生は1987年）から性行動の指標項目として設定している。1987年の性交の経験率は、中学生は男女とも2％程度であるが、高校生では男子11.5%、女子8.7%であり、大学生では男子46.5%、女子26.1%という数値である。他の項目については、性交に先んじて経験するという意味で、同年齢で比較するとデート、キスの順に経験した割合が高くなっている（**表4-2**）。

(2) 早期化・活発化から不活発化へ

「青少年性行動調査」では直近の2017年まで40年以上の時代的な変遷をたどることができる。この間の変化としては、高校生と大学生に関しては、2つのフェーズにわけて読み取ることができる。第1のフェーズは、調査開始当初から2005年までである。2005年の性交経験率は、中学生男子3.6%、女子4.2%、高校生男子26.6%、女子30.3%、大学生男子63.0%、女子62.2%となっていて、中学生を除き8回の調査結果のなかのピーク値となっている。この期間は、年次を追って性交の経験率が増加しており、性行動の早期化・活発化が進行した時期と捉えることができる。また、男女差が縮まり、特に高校生は1993年と2005年以降、女子が男子を上回り、女子の性行

表 4-2 性行動の経験率

（%）

	調査回数	第 1 回	第 2 回	第 3 回	第 4 回	第 5 回	第 6 回	第 7 回	第 8 回
経験の種類	調査年度	1974 年	1981 年	1987 年	1993 年	1999 年	2005 年	2011 年	2017 年
デート	大学男子	73.4	77.2	77.7	81.1	81.9	80.2	77.1	71.8
	大学女子	74.4	78.4	78.8	81.4	81.9	82.4	77.0	69.3
	高校男子	53.6	47.1	39.7	43.5	50.4	58.8	53.1	54.2
	高校女子	57.5	51.5	49.7	50.3	55.4	62.2	57.7	59.1
	中学男子	—	—	11.1	14.4	23.1	23.5	24.7	27.0
	中学女子	—	—	15.0	16.3	22.3	25.6	21.8	29.2
キス	大学男子	45.2	53.2	59.4	68.4	72.1	73.7	65.6	59.1
	大学女子	38.9	48.6	49.7	63.1	63.2	73.5	62.2	54.3
	高校男子	26.0	24.5	23.1	28.3	41.4	48.4	36.0	31.9
	高校女子	21.8	26.3	25.5	32.3	42.9	52.2	40.0	40.7
	中学男子	—	—	5.6	6.4	13.2	15.7	13.9	9.5
	中学女子	—	—	6.6	7.6	12.2	19.2	12.4	12.6
性交	大学男子	23.1	32.6	46.5	57.3	62.5	63.0	53.7	47.0
	大学女子	11.0	18.5	26.1	43.4	50.5	62.2	46.0	36.7
	高校男子	10.2	7.9	11.5	14.4	26.5	26.6	14.6	13.6
	高校女子	5.5	8.8	8.7	15.7	23.7	30.3	22.5	19.3
	中学男子	—	—	2.2	1.9	3.9	3.6	3.7	3.7
	中学女子	—	—	1.8	3.0	3.0	4.2	4.7	4.5

注：下線は 1 ～ 8 回の調査の中での最高値
出典：日本性教育協会「青少年の性行動全国調査」第 8 回調査報告，2019 年

動の活発化がみられている。第 2 のフェーズは 2005 年以降である。この間の推移として、各年齢段階の性交経験率が減少し、性行動の不活発化が認められた時期である。2017 年の性交経験率は、中学生男子 3.7%、女子 4.5%、高校生男子 13.6%、女子 19.3%、大学生男子 47.0%、女子 36.7%であり、高校生と大学生については第 4 回調査の 1993 年時点の水準まで低下が認められている。なお、中学生については、1987 年の調査開始以来 5 %未満の値を推移しており、大きな増減はないが、長期的にみると漸増傾向が認められる。

第 4 節　若年妊娠と出産

出産や人工妊娠中絶の詳細に関しては、第 7 章「生命の誕生」と第 8 章「性の健康」に譲るが、ここでは 10 代の中絶や出産を若者の性意識・性行動の延長上の事象として捉え、その動向について扱うこととする。日本の人工妊娠中絶件数は、女性全体では 1955（昭和 30）年の 117 万件から 2018（平成 30）年には 16 万件と激減している。人工妊娠中絶率（女子人口千対）の推移を**図 4-4** に示したが、1955 年 50.2 から 2018 年 6.4 となっている。これに対して、20 歳未満の件数は、1955 年は 1 万 4,475 件、2018 年は 1 万 3,588 件であり、総数としては減じてはいるものの、女子人口千あたりの人工妊娠中絶率は 1955 年 3.4 に対し、2018 年 4.7 であり、約 60 年のスパンでみると増加していることがわかる。ただし、もう少し細かく年次経緯をたどってみると、10 代の人工妊娠中絶率は 1955 年から 1975 年位までは 3.0 前後の値で横ばいで推移していたが、その後増加に転じ、特に 1995 年の 6.2 からピーク値である 2001 年の 13.0 まで急増が認められている。その後は顕著な減少傾向がみられ、2018 年 4.7 まで減少している。

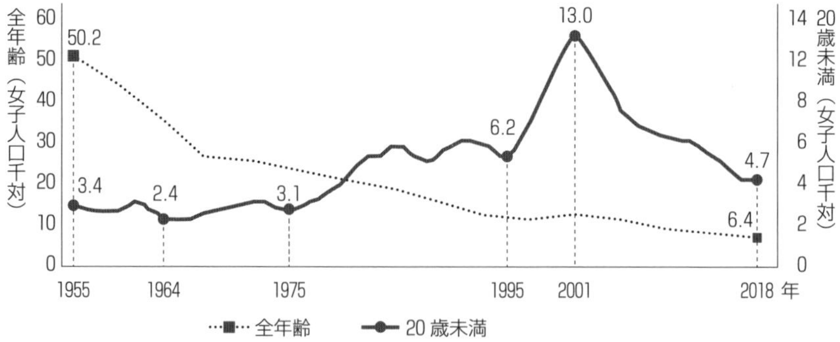

図 4-4　人工妊娠中絶実施率（女子人口千対）の推移

注：「全年齢」は、分母に 15～49 歳の女子人口を用い、分子に 50 歳以上の数値を除いた人工妊娠中絶件数を用いて計算。

「20 歳未満」は、分母に 15～19 歳の女子人口を用い、分子に 15 歳未満を含めた人工妊娠中絶件数を用いて計算。

出典：厚生労働省「衛生行政報告例」（2002 年以降）、「母体保護統計報告」（2001 年以前）より筆者作成

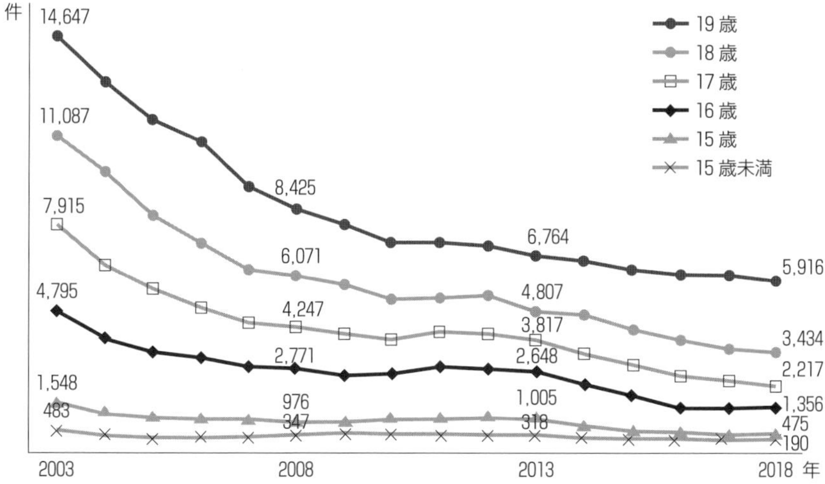

図 4-5　10 代の人工妊娠中絶実施数の推移

出典：厚生労働省「衛生行政報告例」（2002 年以降）、「母体保護統計報告」（2001 年以前）より筆者作成

10 代の人工妊娠中絶に関しては、2003（平成 15）年以降は年齢別の統計が公表されている（**図 4-5**）。これによると、どの年齢も 2003 年以降減少していることがわかるが、特に 17～19 歳の減少幅が大きく、元々 10 代妊娠の多くを占めているハイティーンの中絶数は減少していることがわかる。一方、15 歳以下に関しては、絶対数は少ないものの、2003 年から 2018 年までを通して 10 代全体の 5 ～ 7 ％を占めており、2018 年は 15 歳未満で 190 件、15 歳 475 件が、母体保護法に基づき届出があった件数となっている。

つぎに、「人口動態統計」において出生時の母年齢が 10 代であるもの、すなわち 10 代の出産数を**図 4-6** に示した。15～19 歳に関しては、1985（昭和 60）年 1 万 7,854 件から 2000（平成 12）年に 1 万 9,729 件まで増加が認められたものの、その後減少の一途をたどり、2018 年は 8,741 件と 20 年間で半減している。一方、14 歳以下の出産数は、1985 年 23 件から 2010（平成 22）年 51 件のピーク値まで上昇し、その後増減を繰り返し、2018 年は 37 件であり、絶対値は少ないものの減少傾向は認められない。

10 代妊娠のほとんどは予期しない妊娠であり、特にローティーンの場合は、その背景に家庭環境や人間関係など、さまざまな要因が関係していることが

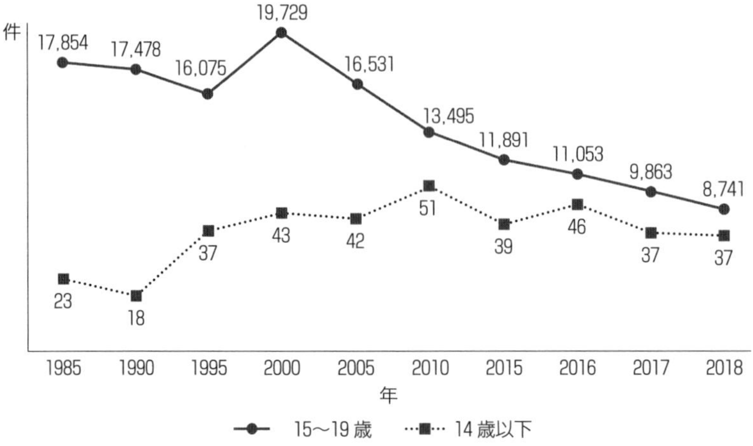

図4-6　10代出産数の推移

出典：e-Stat　政府統計の総合窓口「人口動態調査　人口動態統計　確定数　出生」(https://www.e-stat.go.jp/dbview?sid=0003411599、2020年10月24日確認）より筆者作成

多く、さらに「中絶がすべての完了ではない」とされるように、たとえ出産まで至らなかったとしても、その後の退学、薬物依存、売買春などにつながり、それまでのような社会生活を続けられず、再度妊娠をくり返すケースも珍しくはない。10代妊娠の予防のためには避妊等の知識を提供する教育だけではなく、自己決定能力や自己肯定感を育成し実際に危機回避行動をとれるような教育とともに、家庭・学校における環境調整が対策として必要となる。

第5節　変容に対応した教育を

本章では、わが国の青少年を対象とした性に関連する現状を諸調査や統計結果をもとに述べてきたが、1970年代から現代までの時代的な変化から、大きく分けて2つの動向があるといえる。1つ目は2000年以前に認められた変化であり、高度経済成長と並行して、豊かになってきた時代の流れに沿い、発育加速現象や、性的成熟の早期化がみられたことである。したがって、現代の青少年は思春期を含む青年期の幅が広がっていると考えられる。そして、この時期には、性意識・性行動についても早期化や活発化傾向が認められており、特に女子においてこの傾向は顕著であった。これらの青少年期の特性が、10代妊娠や出産の増加にもつながっていたものと思われる。2つ目の動向は2000年以降に認められている。具体的には、性交経験率は2005年以降顕著に減少し、10代の人工妊娠中絶率も2001年をピークとして減少の一途をたどっている。また、性に関する意識においては、これまで年々増加していた肯定的・積極的見解が減少に転じ、否定的・消極的な見解が増加している。「青少年性行動調査」の分析では、この傾向について、若者の性意識・性行動全体が不活発化したというよりも、活発層と消極層に二極化・分極化していることも要因のひとつとして指摘されている。消極層の性に関するイメージはネガティブであり、異性には無縁ではないものの、恋愛や性行動には積極的でないものが増加しており、いわゆる若者の草食化現象とも捉えられている。また、人とのつき合いや距離感の取り方に苦手意識を持つ若者が増え、恋愛のあり方や友人との関係性が変化しているという見方もある（日本性教育協会編 2019）。

約半世紀にわたる若者を対象とした諸調査の結果から、20世紀後半の変化としては、性意識・性行動の早期化・活発化が進んだことがあげられる。同時期にはエイズを始めとする性感染症罹患率も増加がみられ、リプロダクティブ・ヘルスの観点からも性に関する価値観や性教育のあり方が課題とされた。新世紀に入り、活発化・積極化には歯止めがかかり、性意識・性行動の変容が認められている。今後、Society5.0やポスト・コロナ社会を迎え、ますます情報化が進み、人のコミュニケーションや接触様式が変わりつつあるなかで、若い世代の対人関係の変化については看過できない現象である。子供たちが、異性も同性も含め、他者とどのような人間関係を構築していくかについては、次世代のあり方を考える上でも大変重要であり、教育の課題ともいえる。

なお、これらの結果はあくまでも調査集団を代表する値であり、1人ひとりの子供たちはそれぞれ家庭環境が異なることや、性の発達や意識に個人差があることは当然である。しかしながら、全国的規模の調査結果からは、時代を追って青少年の心身両面に変化がみられていることは明らかである。保護者や指導者は、自分たちが青年期を迎えた一昔前の尺度や規範をそのまま単純に今の子供たちにあてはめることはできないことを念頭に入れておく必要がある。これらの現状を充分認識した上で、家庭・学校・社会それぞれの立場から生命と性に関する適切な教育がおこなわれていくことが望まれる。

注

1）体格やからだつきと同義で、身体的形状を表し、学校保健統計では身長、体重、胸囲、座高が指標として用いられていたが、座高については 2016（平成 28）年度から学校健康診断の計測項目より外された。なお、本章では身体の形態が大きくなること、および身体的な機能が成熟することを「発育」という言葉に含めている。

引用・参考文献

日野林俊彦「発達加速現象に関する進化発達心理学的研究」科学研究費助成事業（科学研究費補助金）研究成果報告書（課題番号：22330189）2013 年（https://kaken.nii.ac.jp/ja/file/KAKENHI-PROJECT-22330189/22330189seika.pdf、2020 年 10 月 14 日確認）

国立社会保障・人口問題研究所「第 6 回全国家庭動向調査報告書」2020 年（http://www.ipss.go.jp/ps-katei/j/NSFJ6/Mhoukoku/Mhoukoku.pdf、2020 年 12 月 14 日確認）

文部科学省「令和元年度学校保健統計調査」2020 年（https://www.mext.go.jp/content/20200319-mxt_chousa01-20200319155353_1-3.pdf、2020 年 10 月 14 日確認）

日本性教育協会「青少年の性行動、わが国の中学生・高校生・大学生に関する第 8 回調査報告」2018 年

日本性教育協会編『「若者の性」白書　第 8 回青少年の性行動全国調査報告』小学館、2019 年

東京都幼・小・中・高・心性教育研究会「児童・生徒の性に関する調査報告書」2014 年

課題

(1) 昨今の身体発育の現状をふまえ、家庭や学校では子供たちにどのような教育が必要であるか考えてみよう。

(2) 1990 年代から現代までの青少年の性意識・性行動の変化の要因について、社会・経済や文化的な背景もふまえて考察してみよう。

(3) 性意識・性行動の変化をふまえ、次世代を担う子供たちへの生命と性の教育にと

って重要なポイントは何か、考えてみよう。

参考図書

林雄亮編著『青少年の性行動はどう変わってきたか——全国調査にみる 40 年間』ミネルヴァ書房、2018 年

片瀬一男・林雄亮「第 8 回『青少年の性行動全国調査』(2017 年) の概要」『現代性教育研究ジャーナル』89、2018 年、pp. 8-12 (https://www.jase.faje.or.jp/jigyo/journal/seikyoiku_journal_201808.pdf、2020 年 10 月 14 日確認)

日本性教育協会編『「若者の性」白書　第 8 回青少年の性行動全国調査報告』小学館、2019 年

第5章　性感染症

第1節　性感染症とは

性感染症は、主に性的な身体接触を介してヒトからヒトに伝播する感染症である。日本では、かつては性病（Venereal diseases：VD）と呼ばれていたが、性行為により感染する疾患が他に多数あることがわかってきたため、概念的にはより幅広い疾患を含むものとして、性感染症（Sexually transmitted diseases：STD）と呼ばれるようになった。ただ、無症状の感染症もあることから、現在ではSexually transmitted infections（STI）と呼ばれるようになっている。

性感染症は、性交またはこれに類似した性行為の際に、皮膚や粘膜の病変部および精液や腟分泌物などの体液との接触によって、ウイルスや細菌などの病原体が体内に侵入することにより感染する。性感染症の病原体は、ウイルス、細菌の他、真菌、原虫、寄生虫など多岐にわたる。**図5-1**のように、性感染症は性行為を通して知らぬ間に感染が広がっていく。性感染症は、異性間だけでなく同性間でも感染する。近年では、性行為の多様化により、腟性交だけでなく肛門性交やオーラルセックスでの感染も増加し、感染部位は口腔、咽頭、目、肛門などに広がっている。性感染症の感染経路としては、性行為等による接触感染の他に、輸血による感染や胎盤、産道および母乳による母子感染もある。

第2節　主な性感染症

主な性感染症の病原体、潜伏期間、症状、治療は、**表5-1**の通りである。ここでは、それぞれの感染症の詳細について述べる。なお、HIV（ヒト免疫不全ウイルス）感染症も性感染症に含まれるが、HIV/AIDSについては、第6

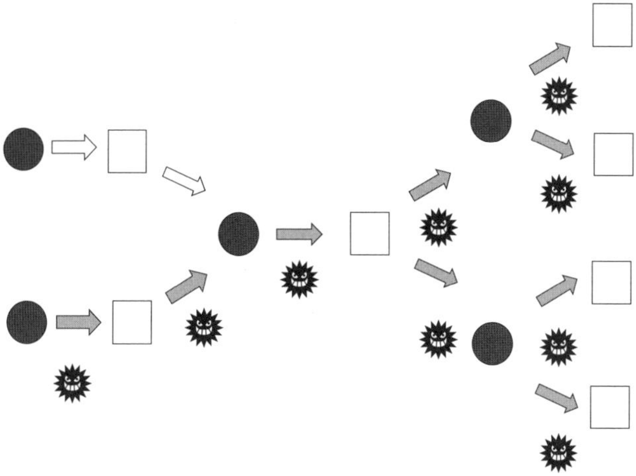

性感染症は性行為を通して病原体が相手の体内に侵入し、知らぬ間に感染が広がっていく。
●は女性、□は男性を示すが、異性間だけでなく同性間でも感染する。

図 5-1　性感染症の感染経路

出典：筆者作成

章「HIV/AIDS」で詳述する。

(1) 梅　毒

梅毒の病原体である梅毒トレポネーマは、低酸素状態でしか長く生存できないため、感染経路は限定される。大部分は粘膜の接触を伴う性行為による。また、感染した妊婦の胎盤を通じて胎児に感染する経路があり、先天梅毒の原因となる。先天梅毒は、梅毒に感染している妊婦から胎児に感染する多臓器感染症である。

梅毒は、早期（第Ⅰ期、第Ⅱ期）、晩期（第Ⅲ期、第Ⅳ期）と経過し、時期によって多様な症状を示す。その間に症状が軽快する時期があることにより治療開始が遅れることがある。梅毒は、治療せずにいると数年から数十年後には血管や脳の障害をきたす。妊婦の感染は、早産や死産、胎児の重篤な異常につながる可能性がある。

表 5-1　性感染症の種類と症状

性感染症	病原体	潜伏期間	症状	治療
梅毒	梅毒トレポネーマ	3 週間前後	感染部位（性器、口など）に赤みを帯びた痛みのないしこりができる。リンパ節が腫脹することもある。その後、種々の発疹が現れ、さらに 10〜30 年の間に心臓や血管、脳が冒される。	抗菌薬（ペニシリン系）
淋菌感染症	淋菌	2〜7 日	男性では尿道炎をおこして排尿時の痛みや尿道からの膿がみられる。女性では子宮頸管炎をおこすことが多いが、自覚症状がないことも多い。咽頭や直腸の感染もあるが、症状が自覚されにくい。	抗菌薬（耐性率が高くなっている）
性器クラミジア感染症	クラミジア・トラコマティス	2〜3 週間	男性では尿道炎が多く、排尿時痛や尿道のかゆみなどがある。女性では子宮頸管や骨盤内に感染することもあるが、無症状のことも多い。	抗菌薬
性器ヘルペスウイルス感染症	単純ヘルペスウイルス（1 型、2 型）	2〜10 日	性器のかゆみや違和感から、水疱や潰瘍へと進行し、発熱や激しい痛みを伴う。再発を繰り返すことが多い。	抗ヘルペスウイルス薬
尖圭コンジローマ	ヒトパピローマウイルス（6、11 型など）	3 週〜8 か月	性器や肛門の周囲などに、鶏冠やカリフラワーのようなイボができる。一般に痛みやかゆみはないが、次第にイボの数が増え大きくなっていく。	イミキモド・クリーム、外科的療法（切除、凍結療法、電気焼灼、レーザー蒸散）
腟トリコモナス症	トリコモナス原虫	1〜数週間	男性ではほとんど無症状である。女性では泡状のおりものと外陰部のかゆみがみられる。おりものは、黄色から淡い灰色で悪臭を伴う。	抗原虫薬
性器カンジダ症	カンジダ・アルビカンスなど（真菌）	1〜2 週間	男性では無症状のことが多い。女性は外陰部のかゆみや白色、酒粕・粥状のおりものがみられる。	抗真菌薬
ケジラミ症	ケジラミ	1〜2 か月	外陰部などの陰毛の生えた部分にケジラミが寄生し、強いかゆみを生じる。まれに、腋毛、ヒゲ、頭髪にも寄生する。	剃毛、フェノトリンパウダー・シャンプー

出典：筆者作成

梅毒には、ペニシリン系の抗菌薬が有効である。妊婦については、先天梅毒を予防するために、分娩４週間前までに治療する必要がある。

コンドームの使用は完全ではないものの予防効果があるため、性行為の際にはコンドームを使用するよう教育する。

(2) 淋菌感染症

淋菌は弱い菌で、性行為や類似行為以外で感染することはまれである。

男性は主に淋菌性尿道炎、女性は子宮頸管炎を呈する。女性では男性より症状が軽くて自覚されないまま経過することが多く、上行性に炎症が広がり不妊の原因になることがある。また、性行為の多様性による咽頭感染、直腸感染や母子感染による新生児結膜炎もある。淋菌感染症では、男性に比べて女性の報告数が少ないが、女性は自覚症状が乏しいために、受診の機会が少ないことが考えられる。

治療に抗菌薬を使用するが、耐性菌が増えていることが世界的に問題となっている。淋菌感染症は何度も再感染することがある。無症状であっても、パートナーとともに検査し、治療することが重要である。

予防としては、コンドームを必ず使用することを教育する。

(3) 性器クラミジア感染症

性器クラミジア感染症は、現在もっとも頻度の高い性感染症で、若い女性に多い。細菌の一種であるクラミジア・トラコマティスによる感染症で、感染部位の粘膜や分泌物との接触で感染する。性行為によって感染するが、オーラルセックスによる咽頭への感染も少なくない。また、淋菌との重複感染も多い。

男性の症状では尿道炎がもっとも多い。女性では子宮頸管炎が多いが、感染しても自覚症状に乏しいため放置されやすく、感染が長期化しやすい。自覚症状のないまま上行性に子宮内膜炎や卵管炎などに波及し、不妊や子宮外妊娠の原因となる。上腹部に波及すると、右上腹部に強い痛みを伴う肝周囲炎を発症する。妊婦の感染は、分娩時の産道感染によって新生児の肺炎や結膜炎を引きおこす。

治療は抗菌薬が使用される。妊婦では妊娠中に治療をおこない、分娩時の産道感染を予防する。性器クラミジア感染症は、無自覚のうちにパートナーに感染させることもあるので、パートナーの検査や治療を同時におこなうことが重要である。

予防としては、特に若年者に対して、感染が疑われる相手との性行為は避けることやコンドームの適切な使用を教育することが大切である。

(4) 性器ヘルペスウイルス感染症

性器ヘルペスウイルス感染症は、単純ヘルペスウイルス（HSV）1型または2型による感染症で、性交により感染する。相手の性器に明らかな病変がなくても、性器の粘膜や分泌液中にウイルスが存在する場合には感染する。性器間のみならず、口を介した感染もみられる。

初感染で症状が出る場合には強い症状が出る。発熱、リンパ節の腫脹、疼痛等を伴って、性器やその周辺に水疱や潰瘍等の病変が形成され、女性では局所の強い痛みのために排尿困難や歩行困難となることもある。性器ヘルペスウイルス感染症は、再発を繰り返すのが特徴で、一度感染するとウイルスは神経節に潜伏し、免疫低下により再び活性化して再発を繰り返すため、精神的苦痛が大きい。再発型では、一般的に初感染よりも症状は軽くなる。

治療には抗ヘルペスウイルス薬を用いる。妊婦が感染して性器にヘルペス病変がある場合には、産道感染により重篤な新生児ヘルペスを発症する危険性が高いため、帝王切開が勧められる。

予防としては、ウイルスを排出している相手との性的接触を避けるよう教育する。しかし、感染しても発症せず、無症状でウイルスを排出している場合も多いため、本人も気づかないままパートナーに移してしまうこともある。したがって、予防のためにはコンドームを使用することを教育する。ただ、病変が広範囲にわたる場合にはコンドームを用いても完全には予防できないことも伝える必要がある。

(5) 尖圭コンジローマ

尖圭コンジローマは、ヒトパピローマウイルス6、11型などによる感染症で、性行為によって感染する。

性器や肛門の周辺に先の尖った無痛性のイボがみられ、ときに巨大化する。イボは淡紅色ないし褐色で特徴的な形をしており、乳頭状、鶏冠状、カリフラワー状などと表現される。一般的に自覚症状は乏しい。また、分娩時の産道感染により、新生児が喉頭乳頭腫を発症する可能性もある。

治療としては、イミキモド・クリームを使用するのが第1選択である。その他に、切除、凍結療法、電気焼灼《しょうしゃく》、レーザー蒸散による外科的治療がある。視診上は治癒しても再発することがあるため、治療後のフォローアップが必要である。ヒトパピローマウイルスの型によっては悪性化に注意しながら経過観察する。また、妊婦の場合には、産道感染を予防するため、分娩までに治療を終了する必要がある。

予防としては、コンドームの使用が効果的であるため、適切な使用を教育する。しかし、広範囲に感染がある場合には、コンドームだけで完全に予防することはできないことも伝える。また、パートナーがウイルスを保持していれば再感染の可能性があるため、パートナーも必ず受診し、症状があれば治療をすることを教育する。

(6) 腟トリコモナス症

腟トリコモナス症は、鞭毛虫に属するトリコモナス原虫による感染症で、主として性行為によって感染するが、衣類、検診台、便器、浴槽からの感染もあり、性交経験のない女性や幼児にも感染がみられる。

男性では尿道炎を起こすが、無症状なことが多い。女性では泡状で悪臭のあるおりものと外陰部に強いかゆみが認められる。

治療は、抗原虫薬を使用する。パートナーが治療を受けていない場合には再び感染する（ピンポン感染）ため、ピンポン感染を防ぐために、パートナーとともに、同時期、同期間の治療を原則とすることを教育する。

(7) 性器カンジダ症

性器カンジダ症は、常在菌であるカンジダ属の真菌によって起こる性器の感染症である。性行為で感染することもあるが、腟内にもともと常在していたカンジダ属が抗菌薬やステロイドの使用、妊娠、糖尿病などの誘因により繁殖して発症する。

女性では腟炎、外陰炎、男性では亀頭炎がみられるが男性では無症状のことが多い。女性ではよくみられる感染症だが、男性の罹患は少ない。女性の自覚症状は外陰や腟のかゆみとおりものの増量であり、酒粕状、粥《じゅく》状、ヨーグルト状のおりものがみられる。再発を繰り返すこともある。

治療には、抗真菌薬を用いる。カンジダ属は常在菌であるため、無症状のパートナーの治療は必要ない。誘因を避けるとともに、通気性の良い下着の使用、局所の清潔と安静、急性期の性交渉を避けることも大切であることを教育する。

(8) ケジラミ症

ケジラミ症は、吸血性昆虫であるケジラミが寄生することにより発症する。主に寄生するのは陰毛である。主として性行為によって感染するが、タオルや寝具を介した感染もある。

症状は、寄生部位のかゆみのみで、陰毛のある部位に強いかゆみを訴えるが、肛門周囲、腋毛、胸毛などに寄生する場合は、これらの部位にもかゆみを生ずる。

治療は、ケジラミの寄生している部位の剃毛である。しかし、寄生が陰毛に限られていれば剃毛も可能であるが、体の短毛、腋毛、頭髪に寄生する場合には、すべての毛髪の剃毛は困難である。剃毛が困難な場合には、フェノトリンパウダーとフェノトリンシャンプーを使用する。相互に感染を繰り返すことがあるので、パートナーの検査と治療も必要であることを教育する。

■コラム　ヒトパピローマウイルス（HPV）ワクチン

ヒトパピローマウイルス（HPV）は、先述の尖圭コンジローマ以外にも、子宮頸がん、口腔咽頭がん、肛門がんなどの発生に関与している。ヒトパピローマウイルスの16、18型などは、性行為で子宮頸部に感染し、感染が長期間持続すると子宮頸がんに進行すると考えられている。子宮頸がんは、早期に発見すれば治療しやすいがんだが、進行すると再発率や死亡率が高くなる。日本国内では、毎年約1万人の女性が子宮頸がんに罹患して、約3,000人が死亡している。若い女性の子宮頸がん罹患も増えている。

HPVワクチンは、HPVの持続感染を予防し、子宮頸がんの発症を予防するワクチンで、世界中で接種されている。日本国内では2009（平成21）年に承認され、2013（平成25）年から定期接種が始まったが、接種後の多様な症状が報告されたことから、接種希望者の接種機会は確保しつつも、自治体による積極的な勧奨は差し控えられた。多様な症状とHPVワクチンの因果関係を示す科学的根拠は報告されていない。

第3節　性感染症の特徴

性感染症には、以下のような特徴がある。

• 症状がなくても感染していることがある
自覚症状の乏しい性感染症が多いため、治療の機会がないまま病気が進行していることがある。また、知らないうちに他の人に感染させてしまうこともある。
• 一度治っても何度も感染することがある
免疫ができない性感染症も多いため、一度治ってもまた感染することがある。また、免疫が低下することで再発する病気もある。
• 妊婦は母子感染する可能性がある
妊娠中に感染すると、胎児に感染して流産や死産となることもあり、新生児に先天性の障害や重篤な症状がおこることもある。

第4節　性感染症の動向

一般社団法人日本性感染症学会から発行された「性感染症診断・治療ガイドライン2016」では、性感染症として17疾患が記載されている。その中には、赤痢アメーバ症やウイルス性肝炎（A、B、C型）なども含まれている。これらの疾患のうち、わが国では感染症の予防及び感染症の患者に対する医療に関する法律（感染症法）に基づき、感染症発生動向調査が実施されている。対象疾患は以下の通りである（一般社団法人日本性感染症学会 2016)。

① 4類全数把握疾患：A型肝炎

② 5類全数把握疾患：梅毒、後天性免疫不全症候群（HIV感染症を含む)、B型およびC型肝炎、アメーバ赤痢

③ 5類定点把握疾患：性器クラミジア感染症、淋菌感染症、性器ヘルペスウイルス感染症、尖圭コンジローマ

(1) 5類定点把握疾患

性感染症のなかで、性器クラミジア感染症、淋菌感染症、性器ヘルペスウイルス感染症、尖圭コンジローマの4疾患は定点調査がおこなわれている。これらの疾患について、1999（平成11）年から2018（平成30）年までの報告数の推移を**図5-2**に示す。

4疾患のなかでは、性器クラミジア感染症の報告数がもっとも多い。性器クラミジア感染症、淋菌感染症の報告数は2002（平成14）年ごろまで急激に増加していたが、その後減少に転じており、近年はおおむね横ばいの状態である。疾患ごとに性別・年齢別の報告数をみてみると、性器クラミジア感染症は、若い女性に多いことが特徴的である。2018年は男女ともに20歳代で多く、特に20～24歳の女性の報告数がもっとも多かった。淋菌感染症では、男女ともに20歳代の報告数が多いものの、各年代で女性よりも男性の報告数が多かった。性器ヘルペスウイルス感染症と尖圭コンジローマは、近年大

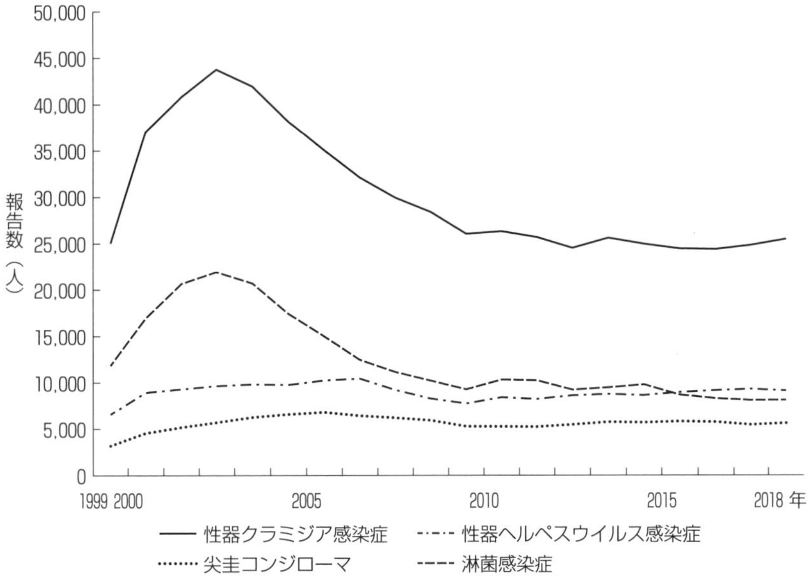

図 5-2　性感染症の定点あたり報告数の推移

出典：国立感染症研究所「感染症発生動向調査年別報告数一覧」（https://www.nijd.go.jp/niid/ja/ydata/9005_report-jb2018.html、2020 年 9 月 26 日確認）より筆者作成

きな変化はなく一定数が報告されている。

(2) 5 類全数把握疾患

全数報告が義務づけられている梅毒は、多くの先進諸国同様、日本でも 1967（昭和 42）年以降減少が続き、1999〜2012（平成 24）年までは 500〜900 人の報告数であった。しかし、2010 年以降増加が続き、2017（平成 29）年には 44 年ぶりに総数が 5,000 人を突破し、さらに 2018 年には 7,000 人を超えて急激に増加している（**図 5-3**）。また、妊婦から胎児に感染する「先天梅毒」も増加傾向にある。性別・年齢別にみると、男性は 20 歳代から各年代に広く報告されているが、女性は 20 歳代が多く、特に 20 歳代前半の女性の報告数がもっとも多い。男女ともに異性間性的接触による感染が多い。

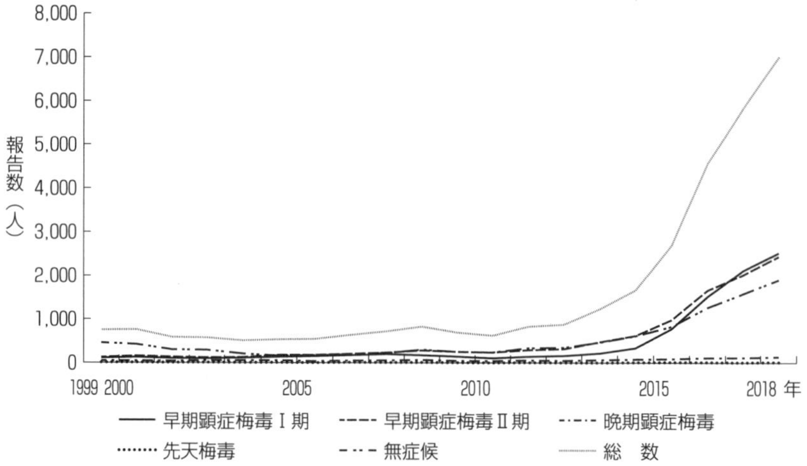

図 5-3　梅毒報告数の推移

出典：国立感染症研究所「感染症発生動向調査」（https://www.nild.go.jp/nild/ja/、2020 年 9 月 16 日確認）より筆者作成

第 5 節　性感染症の予防

性感染症を予防するためにもっとも確実なのは、セックスをしない（No Sex）ことである。ただ、現実には難しいこともある。セックスをするのなら、不特定多数の相手とのセックスは感染のリスクを高めるため、セックスのパートナーを限定する（Steady Sex）ことが大切である。

また、性行為の際にはコンドームを正しく使用する。コンドームは性交だけでなく、オーラルセックスでも使用するようにするが、コンドームで完全に予防できない場合もある。

性感染症は、治療が完了しても、パートナーが治療を受けていない場合にはピンポン感染により再び感染する。ピンポン感染を防ぐためには、パートナーの理解を得て、パートナーと同時に検査・治療をおこなうことが重要である。パートナーと情報を共有して協力することが再感染の予防につながる。

そして、性感染症の予防に何より大切なことは、正しい知識とそれに基づく行動の変容である。「教育こそ最良のワクチン」といわれるように、正しい情報の提供と教育によって、性感染症を予防することが期待される。

引用・参考文献

一般社団法人日本性感染症学会「性感染症診断・治療ガイドライン 2016」『日本性感染症学会誌』27(1)、2016 年（http://jssti.umin.jp/pdf/guideline-2016_v2.pdf、2020 年 9 月 16 日確認）

国立感染症研究所「感染症発生動向調査」（https://www.niid.go.jp/niid/ja/、2020 年 9 月 16 日確認）

課題

(1) 男性と女性で性感染症の罹患率が異なるのはなぜか、考えてみよう。

(2) 妊婦が性感染症に罹患するとどのような影響があるか、調べてみよう。

(3) 梅毒の感染者数が増加しているのはなぜか、資料から考えてみよう。

参考図書

厚生労働省「性感染症に関する特定感染症予防指針」（https://www.mhlw.go.jp/file/06-Seisakujouhou-10900000-Kenkoukyoku/0000186685.pdf、2020 年 9 月 16 日確認）

石和久『増補版　今若者が危ない性感染症――青少年のための性感染症の基礎知識』慧文社、2016 年

第6章　HIV/AIDS

第1節　HIVとAIDSの症状

HIV（Human Immunodeficiency Virus：ヒト免疫不全ウイルス）はヒトに感染するレトロウイルスの一種である。レトロウイルスは逆転写酵素を持つRNAウイルスである。HIVには世界的流行を引き起こしているHIV-1と散発的感染にとどまるHIV-2があり、HIV-1は1983（昭和58）年に、HIV-2は1985（昭和60）年に発見された。HIVはヒトのヘルパーTリンパ球やマクロファージ（CD4陽性細胞）に感染し、徐々にこれらの細胞が減少する。感染者は無症候性の時期（無治療で数年から10年程度）を経て、細胞性免疫能が高度に障害された状態となり、日和見感染症や悪性腫瘍が生じてAIDS（Acquired Immune Deficiency Syndrome：後天性免疫不全症候群）を発症する。日和見感染症とは、健康な状態では無症状で経過するような病原性の弱い病原体の感染が、免疫力が低下した状態でさまざまな症状の病気を引き起こすことをいう。AIDS発症の指標疾患としては、カンジダやクリプトコッカスなどの真菌症、トキソプラズマやクリプトスポリジウムなどの原虫症、結核、非定型抗酸菌などの細菌感染症、サイトメガロウイルスや単純ヘルペスウイルスなどのウイルス感染症、カポジ肉腫などの腫瘍、HIV脳症などがある（**表6-1**）。

症状の経過は、①急性感染期、②無症候期、③AIDS発症期の３期に大きく分けられる。まず、HIVに感染すると40～60％の者は、２～６週間後に発熱、リンパ節腫脹、咽頭痛、皮疹、筋肉痛、下痢、頭痛、多発関節痛といったインフルエンザ様症状あるいは伝染性単核球症候群に似た症状が出現するが、HIV感染に特有の症状はみられないため、見逃されやすい。感染後６～８週間経つと血液中にHIVに対する抗体が出現し、この抗体の有無を検査することにより、感染の有無を調べることができる。感染初期の血液中に十

表 6-1　AIDS 指標疾患（Indicator Disease）

A. 真菌症
1．カンジダ症（食道，気管，気管支，肺）
2．クリプトコッカス症（肺以外）
3．コクシジオイデス症
　(1) 全身に播種したもの
　(2) 肺，頸部，肺門リンパ節以外の部位に起こったもの
4．ヒストプラズマ症
　(1) 全身に播種したもの
　(2) 肺，頸部，肺門リンパ節以外の部位に起こったもの
5．ニューモシスティス肺炎
(注) *P. carinii* の分類名が *P. jiroveci* に変更になった
B. 原虫症
6．トキソプラズマ脳症（生後1か月以後）
7．クリプトスポリジウム症（1か月以上続く下痢を伴ったもの）
8．イソスポラ症（1か月以上続く下痢を伴ったもの）
C. 細菌感染症
9．化膿性細菌感染症（13 歳未満で，ヘモフィルス，連鎖球菌等の化膿性細菌により以下のいずれかが2年以内に，2つ以上多発あるいは繰り返して起こったもの）
　(1) 敗血症，(2) 肺炎，(3) 髄膜炎，(4) 骨関節炎
　(5) 中耳・皮膚粘膜以外の部位や深在臓器の膿瘍
10. サルモネラ菌血症（再発を繰り返すもので，チフス菌によるものを除く）
11. 活動性結核（肺結核又は肺外結核）*
12. 非結核性抗酸菌症
　(1) 全身に播種したもの
　(2) 肺，皮膚，頸部，肺門リンパ節以外の部位に起こったもの
D. ウイルス感染症
13. サイトメガロウイルス感染症（生後1か月以後で，肝，脾，リンパ節以外）
14. 単純ヘルペスウイルス感染症
　(1) 1か月以上持続する粘膜，皮膚の潰瘍を呈するもの
　(2) 生後1か月以後で気管支炎，肺炎，食道炎を併発するもの
15. 進行性多巣性白質脳症
E. 腫瘍
16. カポジ肉腫
17. 原発性脳リンパ腫
18. 非ホジキンリンパ腫
19. 浸潤性子宮頸癌*
F. その他
20. 反復性肺炎
21. リンパ性間質性肺炎／肺リンパ過形成：LIP/PLH complex（13 歳未満）
22. HIV 脳症（認知症又は亜急性脳炎）
23. HIV 消耗性症候群（全身衰弱又はスリム病）

注：*は C11 活動性結核のうち肺結核及び E19 浸潤性子宮頸癌については，HIV による免疫不全を示唆する所見がみられる者に限る。
出典：厚生労働省「感染症発生動向調査届出基準」(https://www.mhlw.go.jp/content/10900000/000630596.pdf、2020 年 8 月 16 日確認）より一部抜粋

分な量の抗体ができるようになるまでの6～8週間はウインドウ期と呼ばれ、抗体検査をおこなっても偽陰性となることもあるので、感染の機会が明らかで、より早期に診断する必要がある場合はHIVのRNAを検出する核酸増幅検査（NAT）[1]をおこなう。感染後初期症状が消失した後数年～10年間は増殖するHIVとそれを抑える免疫系が拮抗した無症状の状態が続き、この時期を無症候期という。この時期の感染者を無症候性キャリアと呼び、本人には自覚症状がないが、他者への感染性はある。無症候であっても、血液中の免疫機能状態を示すCD4陽性Tリンパ球数（以下「CD4値」、健康な場合は1,000／マイクロリットル前後位）は減少し続けている。CD4値が200／マイクロリットルを下回るころより、さまざまな病原体による日和見感染症や日和見腫瘍が起こってくる。無治療の場合、AIDS発症後約2年程度で死亡するとされる。

第2節　HIVの感染経路

HIVは感染者の血液、精液、膣分泌物、母乳などに存在する。汗、唾液、涙、尿などの体液には他者に感染させるだけのウイルス量は存在しないと考えられる。HIVは粘膜や皮膚の傷から感染し、傷のない皮膚からは感染しない。主な感染経路は性的感染、血液感染、母子感染である。通常の社会生活のなかでの握手などの接触、咳やくしゃみ、トイレ、食器の共用では感染しない。

(1) 性的感染

HIV感染のなかでは性行為による感染がもっとも多く、現在ではHIV/AIDSはSTI（Sexually Transmitted Infection：性感染症）のひとつと捉えられている。HIVは感染者の血液・精液・膣分泌物から、性行為の相手の性器や肛門、口などの粘膜や傷口を通って感染するので、感染者との膣性交のみならず、肛門性交（アナルセックス）や口腔性交（オーラルセックス）などの性行為で感染することがある。日本では男性同性間性的接触による感染が多数を占める。1回の性行為で感染するリスクは1％以下と考えられるが、一度の性行為でも感染する可能性があり、不特定多数や見知らぬ相手との性行為はもっともリスクが高いので避ける。今は特定の相手しかいなくても、過去に他の人と性的接触があれば、過去のパートナーからの感染の可能性があるので、保健所や検査・相談室で匿名の無料検査を利用して、２人とも感染がないことを確かめておくことがより安全である。膣性交、肛門性交、口腔性交のいずれでもコンドームを正しく使うことが、性的感染の予防にもっとも有効であり、パートナーと安全な性行為についてよく話し合うことが大切である。

(2) 血液感染

HIV/AIDS流行初期に、血液製剤である凝固因子製剤の原料となる血液にHIVに汚染された血液が混入し、さらに加熱処理をしていなかったため、凝固因子製剤の投与を受けた血友病患者などがHIVに感染する薬害エイズが発生した。1985年７月以降は加熱処理した血液製剤が使用されるようになり、凝固因子製剤による新たな感染はなくなった。1986（昭和61）年11月以降は献血血液のHIV抗体検査が行われていたが、1997（平成９）年に明らかな輸血後HIV感染が報告され、輸血・血液製剤による感染を防ぐため、HIV抗体検査に加えてHIV核酸増幅検査がおこなわれている（血漿分画製剤の原料血漿については1997年11月から、輸血用血液の赤血球および新鮮凍結血漿については1999〈平成11〉年７月から、血小板製剤については2000〈平成12〉年８月から）。他の血液による感染経路としては、臓器移植、覚せい剤や麻薬等の静注薬物使用時の注射針の共用、医療従事者の針刺し事故、刺青などがある。

(3) 母子感染

母親がHIVに感染している場合に、胎盤を介しての子宮内感染、分娩時の産道内での感染、母乳による感染がある。まったく予防措置をとらない場合、母子感染のリスクは10～30%とされるが、母親の感染がわかっていれば、妊娠期間中の抗HIV薬による治療、予定帝王切開、出生児への抗HIV薬投与、人工栄養によって母子感染を予防することができる。

第3節　検査と治療

HIV 発見以降、世界各地でワクチン開発研究がおこなわれているが、いまだに実用化されたワクチンはない。HIV 検査で AIDS 未発症の HIV 感染者を早期に発見し、より早期に治療開始すれば予後良好であり、他者への HIV 感染を予防する「治療による予防」となることから、2015（平成 27）年には世界保健機関（WHO）が「診断即治療」を推奨している。

(1) HIV 検査

HIV 感染症の検査には感度の高い「スクリーニング検査」と特異度の高い「確認検査」があり、２段階の検査で正確な診断が可能となる。自治体は保健所や検査・相談室で匿名の無料検査を実施しており、2019（令和元）年には 14 万 2,260 件が実施され、陽性件数は 437 件（陽性率 0.24%）であった。医療機関でスクリーニング検査を受ける場合は 5,000～１万円程度の費用がかかるが、HIV に関連しやすい性感染症がある、その既往がある、または疑われる場合は保険適用（自己負担は通常３割）となり、確認検査はスクリーニング検査が陽性の場合のみ保険適用となる。母子感染予防のため、妊婦健診では妊娠初期に HIV 検査をおこなう。また、院内感染対策として手術前に HIV 検査をおこなう。

(2) 抗 HIV 薬による治療

３剤以上の抗 HIV 薬を組み合わせて服用する多剤併用療法が現在の HIV 感染症の標準治療法である。1996（平成８）年に最初のプロテアーゼ阻害剤が実用化され、これまでに多くの核酸系逆転写酵素阻害剤、非核酸系逆転写酵素阻害剤、プロテアーゼ阻害剤、インテグラーゼ阻害剤、C-C ケモカイン受容体５（CCR5）阻害剤が実用化されている。単に抗 HIV 薬の種類が増えただけでなく、強い抗ウイルス活性、長い血中半減期、HIV の薬剤耐性獲得性の低減が実現している。また、３～４剤が１錠になった合剤が使用可能となり、１日１回１錠という治療が一般化してきている。服薬回数の軽減は治療の成功率向上につながり、早期に服薬治療を開始することによって、免疫力を維持してAIDS発症を抑え、健常者と変わらぬ通常の生活を送ることが可能となっている。抗HIV薬療法は保険適用のみでは自己負担額が高額となるが、医療費助成制度（身体障害者手帳・自立支援医療）がある。

第4節　世界の現状

国連合同AIDS計画（UNAIDS）の推計では、2019年末時点で、AIDS患者およびHIV感染者を合わせて3,800万人がHIVとともに暮らしており、地域別には東部・南部アフリカが一番多く、全世界患者および感染者数の約54%を占める（**表6-2**）。年間280万人がHIVに感染していた1998（平成10）年をピークに減少傾向にあるものの、2019年には年間170万人がHIVに感染し（うち、15歳未満の子供が15万人）、69万人がAIDSで死亡した。HIV/AIDS流行が始まって以来、およそ7,570万人がHIVに感染し、3,270万人がAIDS関連の疾病で死亡したと考えられる。

UNAIDSは、HIV/AIDS流行を制圧する戦略として、①感染者の90%以上が診断を受け感染を知ること、②診断を受けた感染者の90%以上が治療

表6-2　世界のHIVとともに暮らしている人の数（2019年末・推計）

単位：人

地　域	推計値　（範囲）
東部・南部アフリカ	2,070万　（1,840-2,300万）
アジア・太平洋地域	580万　（430-720万）
西部・中央アフリカ	490万　（390-620万）
ラテンアメリカ	210万　（140-280万）
カリブ海沿岸	33万　（27-40万）
中東・北部アフリカ	24万　（17-40万）
東欧・中央アジア	170万　（140-190万）
北米・西欧・中欧	220万　（170-260万）
合　計	約3,800万　（3,180-4,450万）

出典：UNAIDS, *Global HIV & AIDS statistics - 2020 fact sheet*, 2020年より筆者作成

を受けること、③治療中の感染者の90%以上で血中ウイルス量を抑制すること、の3つの90%を2020（令和2）年までに達成するという「90-90-90目標」を掲げている。2019年末時点で、感染者の81%（68～95%）が感染を知り、診断を受けた感染者の82%（66～97%）が治療を受け、治療中の感染者の88%（71～100%）で血中ウイルス量が抑制されていると推計されている。2020年前半から世界的な流行となった新型コロナウイルス感染症（COVID-19）は低～中所得の国と地域への抗HIV薬供給に少なからず影響を及ぼし、AIDSによる死亡が増加することが懸念されている。

第5節　日本の現状

HIV/AIDSの発生状況についての調査・分析は厚生労働省が1983年に発足させた「後天性免疫不全症候群AIDSの実態把握に関する研究班」によって始まり、1984（昭和59）年9月には「AIDS調査検討委員会」（1986〈昭和61〉年に「エイズサーベイランス委員会」、1997年に「エイズ動向委員会」と改名）がエイズ発生動向調査を開始した。その後1989（平成元）年に施行された「後天性免疫不全症候群の予防に関する法律（エイズ予防法）」および1999（平成11）年に施行された「感染症の予防及び感染症の患者の医療に関する法律（感染症法）」に基づく全数届出が医師に義務づけられている。

厚生労働省エイズ動向委員会「2019年エイズ発生動向年報」によると、2019年に報告されたHIV感染者（HIVに感染している者のうちAIDS患者を除く）は903人、AIDS患者（AIDS指標疾患を発症した者、すでにHIV感染者として報告されている者がAIDSと診断された場合は含まれない）は333人であり、HIV感染者とAIDS患者を合わせた新規報告数は1,236人であった（**図6-1**）。HIV感染者の年間新規報告数は2008（平成20）年の1,126人を、AIDS患者の年間新規報告数は2013（平成25）年の484人を、HIV感染者とAIDS患者を合わせた年間新規報告数は2013年の1,590人をピークとし、ともに横ばいからやや減少傾向となっている。累積報告数（凝固因子製剤による感染例を除く）は、2019年末の時点ではHIV感染者2万1,739人、AIDS患者9,646人で計3万1,385人となった（**表6-3**）。

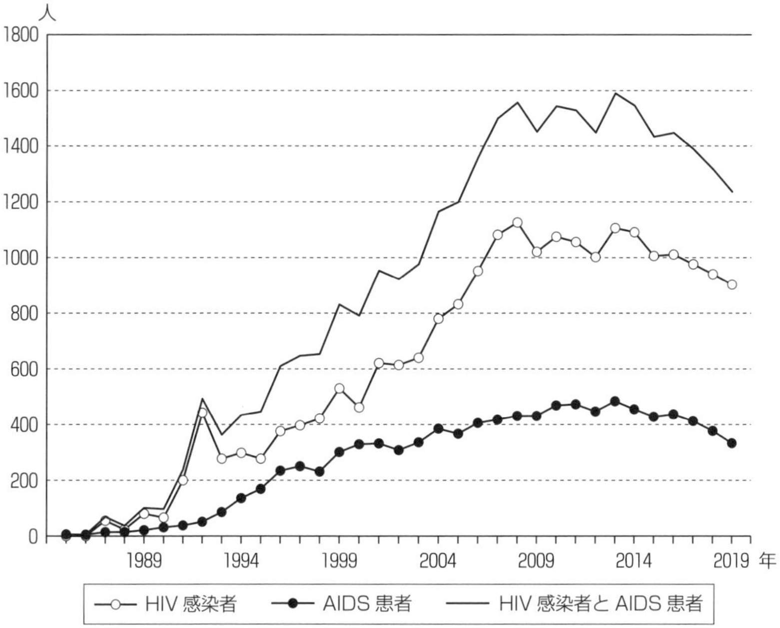

図 6-1 HIV 感染者および AIDS 患者の年間新規報告数の推移

出典：厚生労働省エイズ動向委員会「2019 年エイズ発生動向年報」2020 年より筆者作成

(1) 性別と国籍

2019 年のエイズ発生動向年報によると HIV 感染者 903 人のうち、日本国籍者は 770 人（男性 741 人、女性 29 人）、外国国籍者は 133 人（男性 116 人、女性 17 人）、AIDS 感染者 333 人のうち、日本国籍者は 290 人（男性 281 人、女性 9 人）、外国国籍者は 43 人（男性 37 人、女性 6 人）で、HIV 感染者および AIDS 患者の 80％以上が日本国籍男性であった。外国国籍男性の HIV 感染者が近年増加傾向であるが、2019 年は 2018（平成 30）年より減少した。女性は近年ほぼ横ばいである。

(2) 感染経路と年齢

2019 年に報告された HIV 感染者では 25〜29 歳がもっとも多く、AIDS 患

表 6-3　2019 年末における HIV 感染者及び AIDS 患者の国籍別、性別、感染経路別累計

診断区分	感染経路	日本国籍			外国国籍			合計		
		男	女	計	男	女	計	男	女	計
HIV 感染者	異性間の性的接触	3,198	832	4,030	496	883	1,379	3,694	1,715	5,409
	同性間の性的接触[1)]	12,220	4	12,224	919	1	920	13,139	5	13,144
	静注薬物使用	43	2	45	31	3	34	74	5	79
	母子感染	17	10	27	7	9	16	24	19	43
	その他[2)]	377	41	418	80	33	113	457	74	531
	不明	1,353	136	1,489	475	569	1,044	1,828	705	2,533
	HIV 合計	17,208	1,025	18,233	2,008	1,498	3,506	19,216	2,523	21,739
AIDS 患者	異性間の性的接触	2,353	277	2,630	320	237	557	2,673	514	3,187
	同性間の性的接触[1)]	3,852	3	3,855	210	2	212	4,062	5	4,067
	静注薬物使用	30	4	34	28	3	31	58	7	65
	母子感染	10	3	13	1	6	7	11	9	20
	その他[2)]	234	26	260	34	17	51	268	43	311
	不明	1,319	109	1,428	402	166	568	1,721	275	1,996
	AIDS 合計[3)]	7,798	422	8,220	995	431	1,426	8,793	853	9,646
凝固因子製剤による感染者[4)]		1,422	18	1,440	—	—	—	1,422	18	1,440

注：
1）両性間性的接触を含む。
2）輸血などに伴う感染例、推定される感染経路が複数ある例を含む。
3）平成 11 年 3 月 31 日までの病状変化によるエイズ患者報告数 154 件を含む。
4）「血液凝固異常症全国調査」による 2018 年 5 月 31 日現在の凝固因子製剤による感染者数
HIV 感染者：感染症法に基づく届出基準に従い「後天性免疫不全症候群」と診断されたもののうち、AIDS 指標疾患（表 6-1 参照）を発症していないもの。
AIDS 患者：初回報告時に AIDS 指標疾患が認められ AIDS と診断されたもの（既に HIV 感染者として報告されている症例が AIDS と診断された場合には含まれない）。
出典：厚生労働省エイズ動向委員会「2019 年エイズ発生動向年報」2020 年より筆者作成

者では 45〜49 歳がもっとも多かった。感染経路は同性間性的接触の割合が大きく、HIV 感染者の 72%、AIDS 患者の 54%であった。異性間性的接触によるものが、HIV 感染者の 15%、AIDS 患者の 17%であった。日本国籍男性の男性同性間性的接触による HIV 感染者では 20〜39 歳の占める割合が大きい。2019 年には母子感染が 1 件、静注薬物使用が 3 件報告された。

(3) 推定感染地域

1992（平成 4）年までは海外での感染が主であったが、それ以降は国内感染が大部分である。2019 年の HIV 感染者の推定感染地域は、国内感染が

HIV 感染者の 82%（日本国籍者の 87%）、AIDS 患者の 70%であった。HIV 感染者の報告地（医師により届出のあった地）は東京都、近畿、東京都を除く関東・甲信越、東海、九州、北海道・東北、中国・四国、北陸の順に多く、AIDS 患者の報告地は東京都を除く関東・甲信越、東京都、九州、近畿、東海、北海道・東北、中国・四国、北陸の順に多かった。HIV 感染者の報告数は東京都および近畿で 2008 年、東海で 2011（平成 23）年，東京都を除く関東・甲信越および中国・四国で 2013（平成 25）年、北陸で 2010～2012、2014（平成 26）年、北海道・東北で 2015 年、2019 年、九州で 2017（平成 29）年が過去最多となっている。

第 6 節　日本の対策

日本の HIV/AIDS 発生状況をみると、2019 年の報告数の 27%が AIDS 発症により HIV 感染が判明した、いわゆる「いきなりエイズ」であったことから、自身の感染を知らない HIV 感染者が存在していると考えられる。その傾向は大都市圏にとどまらず、報告数の少ない地域においても同様である。若い世代への予防のための正しい知識の普及と HIV 感染の早期発見に向けた対策がさらに重要とされる。

感染症法に基づき、2006（平成 18）年 3 月に「後天性免疫不全症候群に関する特定感染症予防指針」が策定され、2012（平成 24）年 1 月および 2018 年 1 月の 2 度にわたって改正されている。2018 年の改正のポイントとして、以下の 4 点が挙げられている（厚生労働省 2018）。

①効果的な普及啓発：国民一人ひとりが感染者等に対する偏見・差別を解消し、自らの健康問題として感染予防を適切に行うことが重要である。感染者等の大半を占める MSM（men who have sex with men）について、普及啓発が行き届いていない対象者を把握するなど、取組を強化する。

②発生動向調査の強化：エイズ発生動向調査の分析を引き続き強化するとともに、分析にあたっては地域差を考慮する。国連合同エイズ計画

（UNAIDS）が提唱するケアカスケード（90-90-90 目標）の評価に資する疫学調査・研究等を継続的に実施する。

③保健所等・医療機関での検査拡大：他の性感染症との同時検査や検査の外部委託等、検査利用機会の拡大を促進する。医療機関において、HIV 感染症・AIDS が疑われる者のみならず性感染症が疑われる者に対しての積極的な HIV 検査の実施を促す。近年利用者数が増加している郵送検査について、更なる検査が必要とされた者の医療機関への結び付けについて検討する。

④予後改善に伴う新たな課題へ対応するための医療の提供：地域の保健医療サービス及び介護・福祉サービスと連携して、エイズ治療拠点病院を中心とする包括的な診療体制を構築する。関係する診療科及び部門間の連携を強化し、医療機関全体で対応できる体制を整備する。

注

1）核酸増幅検査は、ウイルスの核酸（遺伝子）の特定部分を試験管内で人工的に複製して増やして、高感度に検出することができる。

引用・参考文献

厚生労働省「後天性免疫不全症候群に関する特定感染症予防指針改正のポイント」2018 年（https://www.mhlw.go.jp/file/06-Seisakujouhou-10900000-Kenkoukyoku/0000191832.pdf、2020 年 8 月 30 日確認）

厚生労働省エイズ動向委員会「令和元（2019）年エイズ発生動向年報（1 月 1 日～12 月 31 日）」（https://api-net.jfap.or.jp/status/japan/nenpo.html、2020 年 11 月 15 日確認）

課題

(1) エイズ予防財団が大学生向けに制作した HIV 感染症・エイズに関する啓発ビデオ「リアルに知る HIV・エイズ」（①基礎知識編、②検査＆治療編、③サポート編）（https://www.jfap.or.jp/aboutHiv/readTheAIDS.html、2020 年 10 月 22 日確認）を視聴してみよう。

(2) 自分自身で実行できることは何かを考えて、HIV/AIDS 対策の啓発メッセージを書いてみよう。

参考図書

公益財団法人エイズ予防財団「HIV 感染症・エイズについて」(https://www.jfap.or.jp/aboutHiv/index.html、2020 年 12 月 12 日確認)

公益財団法人エイズ予防財団「エイズＱ＆Ａ　HIV／エイズの知識」(https://api-net.jfap.or.jp/knowledge/index.html、2020 年 8 月 30 日確認)

国立感染症研究所「AIDS（後天性免疫不全症候群）とは」(https://www.niid.go.jp/niid/ja/diseases/alphabet/aids.html、2020 年 12 月 12 日確認)

国立研究開発法人国立国際医療研究センター「エイズ治療・研究開発センター」(http://www.acc.go.jp/、2020 年 8 月 30 日確認)

厚生労働省「HIV/エイズ予防対策」(https://www.mhlw.go.jp/stf/seisakunitsuite/bunya/kenkou_iryou/kenkou/kekkaku-kansenshou/aids/index.html、2020 年 8 月 30 日確認)

第3部　人間の性を考える

生命誕生や成長・成熟には、生殖過程の健康が大きく影響する。いいかえると、性の発達や健康は、人間として幸せな一生を送れるかどうかにとって重要な要素である。第3部では、生命誕生のための妊娠・出産について学ぶとともに、生殖過程の健康をリプロダクティブ・ヘルスとして捉え、医学的側面や法的根拠をもとに、避妊や人工妊娠中絶、不妊について理解を深める。さらに人間として生まれ、生涯を終えるまでを、ライフサイクルの視点から、発達段階をふまえ考えることとする。

Keywords
受精、妊娠、出産、避妊、人工妊娠中絶、不妊、母体保護法、リプロダクティブ・ヘルス、発達段階、エリクソン、性分化、二次性徴

第７章　生命の誕生

第１節　妊娠の成立

妊娠は配偶子の形成、受精、胚の発生、着床という一連のプロセスを踏んで成立する。

(1) 配偶子の形成

配偶子とは接合して新しい個体をつくる生殖細胞（胚細胞）、すなわち、雌性配偶子（卵子）と雄性配偶子（精子）のことである。卵子も精子も同一の組織から発達する。胎児期の原始性細胞に両性の区別はなく、移動、分化を経て卵原細胞、精原細胞となる。

女性の生殖器官である卵巣では、卵原細胞、卵母細胞、卵娘《らんじょう》細胞という

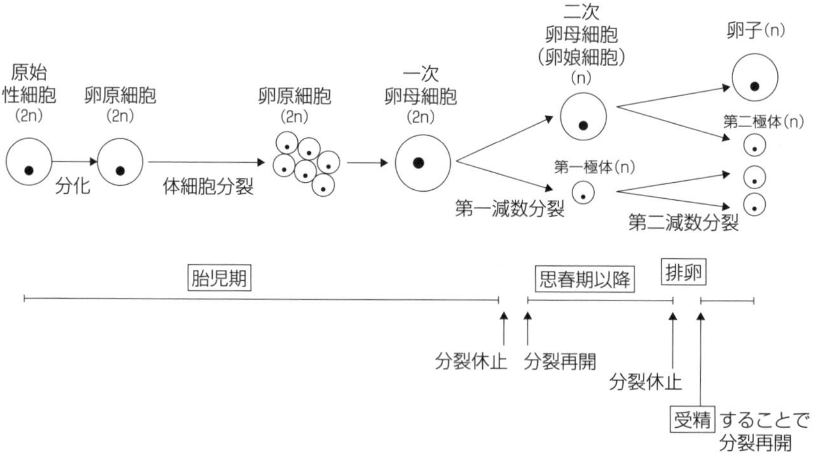

図 7-1　雌性配偶子（卵子）の形成

注：ヒトの染色体数は 46 本（2n, n＝23）。
出典：筆者作成

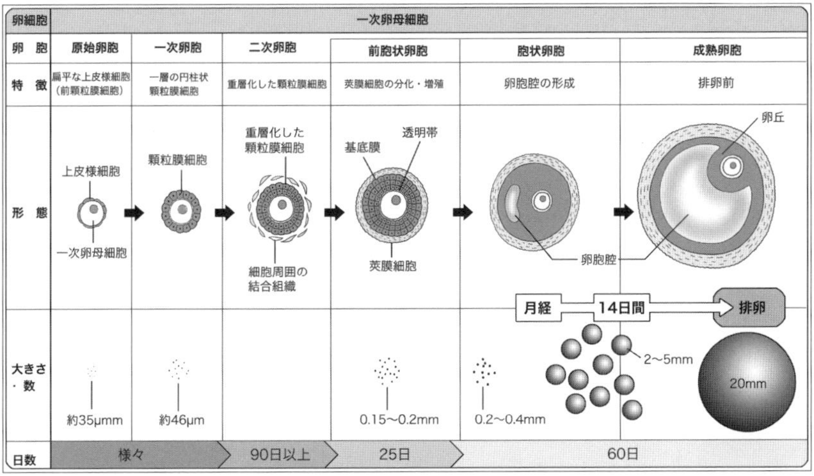

図 7-2　原始卵胞から成熟卵胞への成長

出典：医療情報科学編集所編『病気が見える Vol. 9』メディックメディア、2018 年、p. 15 より筆者作成

プロセスを経て卵子が形成される。卵原細胞は体細胞分裂[1]により増殖し、胎生 12 週ころの卵巣にすでに多数存在している。成長して一次卵母細胞（原始細胞）となり、第一減数分裂[2]がおこなわれ始めるが、一次卵母細胞は胎生 5 か月ころに形成され始める原始卵胞に取り囲まれ、二次性徴を迎える思春期まで分裂を休止する。思春期を迎えると、一次卵母細胞を包み込んだ状態の原始卵胞は、その周囲の上皮様細胞を増殖させ、顆粒膜細胞を形成し一次卵胞となる。顆粒膜細胞は厚さを増し重層化した顆粒膜細胞層が形成され二次卵胞となり、二次卵胞の外側を莢膜《きょうまく》細胞で包み込んだ前胞状卵胞となる。その後、前胞状卵胞のなかに卵胞腔をつくり卵胞液を満たして胞状卵胞となり、成熟卵胞（グラーフ卵胞）[3]へと成長する。成熟卵胞内の一次卵母細胞はエストロゲンの作用により惹起される LH サージ[4]により第一減数分裂を再開し二次卵母細胞（卵娘細胞）と細胞質をほとんど持たない第一極体となり第一減数分裂を完了する。その後数時間で第二減数分裂を開始し、第二減数分裂の途中で減数分裂は再び停止し排卵され、精子の進入を待つ。受精することによって再度分裂を再開し、卵子と第二極体となる。女性は、胎児期からすでに一次卵母細胞を持っており、思春期を迎えたあと、それが順

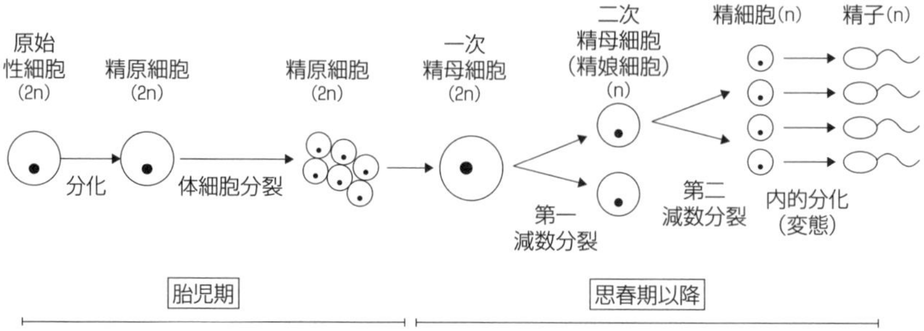

図 7-3　雄性配偶子（精子）の形成

注：ヒトの染色体数は 46 本（2n, n=23）。
出典：筆者作成

次成長して１つの卵母細胞から１つの卵子が形成される。（**図 7-1、2**）。

男性の生殖器官である精巣では、精原細胞、精母細胞、精娘細胞というプロセスを経て精子が形成される。胎児期に原始性細胞は精原細胞となり、体細胞分裂により増殖する。思春期を迎えた後に、精原細胞は成長して一次精母細胞となり、その後、第一減数分裂により二次精母細胞（精娘細胞）となり、第二減数分裂により精細胞となる。精細胞は運動性がないため、内的分化（変態）し受精能力を有する精子となる。一次卵母細胞が胎児期から形成されるのに対して、一次精母細胞は思春期を迎えてから形成が始まり、１つの精母細胞から４つの精子が形成される（**図 7-3**）。

(2) 排卵と月経周期

月経開始日から次の月経の開始日までを月経周期という。月経周期を支配するのは視床下部、下垂体、卵巣系の作用である。思春期を迎えると間脳の視床下部から性腺刺激ホルモン放出ホルモン（GnRH）が分泌されるようになる。性腺刺激ホルモン放出ホルモンが分泌されると下垂体がそれをうけて卵胞刺激ホルモン（FSH）や黄体形成ホルモン（LH）を分泌する。卵胞刺激ホルモンや黄体形成ホルモンの血中濃度が高まると卵巣に作用し、卵胞の成熟や黄体の形成に関与する。さらに、卵胞から分泌されるエストロゲンや黄体から分泌されるプロゲステロンにより卵巣の状態が脳にフィードバックされ、月経周期をコントロールする（**図 7-4**）。

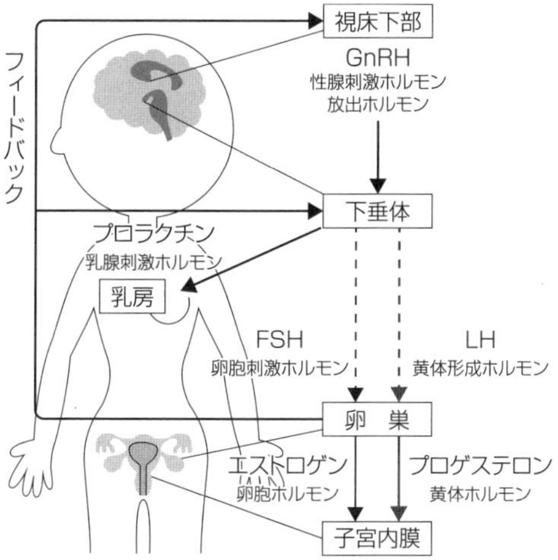

図 7-4　女性ホルモンの流れ

出典：漢方ビュー事務局「女性の健康と漢方」(https://www.kampo-view.com/sp/woman2/part02.html、2020 年 11 月 11 日確認)

月経周期は卵胞期、排卵期、黄体期で構成される（**図 7-5**）。月経開始から成熟卵胞が形成されるまでを「卵胞期」という。月経が始まると卵胞刺激ホルモンの分泌により卵胞の成熟が進みエストロゲンの分泌が亢進する。増加したエストロゲンは卵胞刺激ホルモンの分泌を抑制する。子宮はエストロゲンの働きにより内膜が増殖、肥厚し受精卵を迎える準備を整える。

成熟卵胞が腹腔内に排出されるまでを「排卵期」という。成熟卵胞が形成され、エストロゲンの分泌が一定域値を超えると、下垂体から一時的に大量の黄体形成ホルモンの分泌（LH サージ）が起こる。卵巣は充血して増大し、成熟卵胞はますます卵巣表面に圧出される。成熟卵胞が成熟の極点に達すると卵胞液や顆粒膜細胞とともに腹腔内に排出される。これを排卵と呼ぶ。

排卵後、卵胞が黄体を経て退行し、白体となるまでを「黄体期」という。この期間に増殖、肥厚している顆粒膜細胞層は内側に縮み、折り重なってひだを形成し黄体となり、プロゲステロンとエストロゲンを分泌する。プロゲステロンは厚くなった子宮内膜を、さらに受精卵が着床しやすい状態に整える。受精卵が着床しなかった場合、黄体は退行し白体となり、プロゲステロ

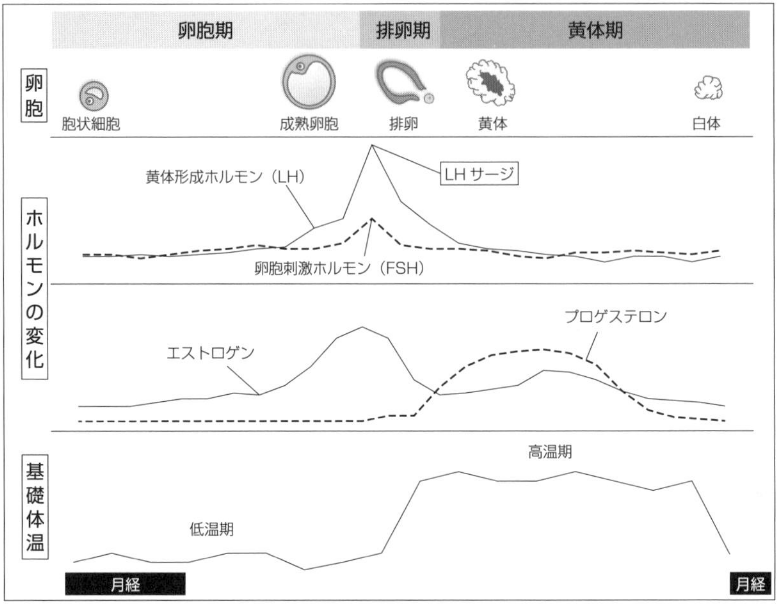

図 7-5　排卵と月経周期

出典：筆者作成

ンとエストロゲンが減少し、肥厚した子宮内膜が剝がれて排出される。これが月経である。

(3) 受　精

受精とは雌生配偶子（卵子）と雄性配偶子（精子）が結合し、細胞質と核が融合して新しい遺伝子構成を有する細胞（胚）が形成されることである。精子は女性生殖器（膣、子宮、卵管）に進入し、卵管膨大部で卵子に到達し受精する。

射精直後の精子は受精能がないが、移動の過程で先端表面から糖蛋白が除かれ活性化し、卵管に到達するまでに受精する能力を獲得する。一方、卵子（二次卵母細胞）は、卵巣の表面に接近して存在している卵管采《さい》の繊毛上皮運動により卵管内に運ばれる。卵子（二次卵母細胞）は、顆粒膜細胞（放線冠）と透明帯に包まれているが、受精能を獲得した精子が放線冠を通過して透明帯に接触すると先体[5]が変化して穿孔し（先体反応）、先体から遊離した酵素が透明帯を溶かすと透明帯を通過し、さらに卵細胞膜を通過して卵細胞内に進入する。精子が進入すると受精膜が形成され他の精子は進入できなくなる。精子の進入により卵子（二次卵母細胞）は第二減数分裂を再開し、第二極体を放出して卵子（卵細胞）となり卵核（雌性前核）を形成する。進入した精子の頭部は膨化して雄性前核を形成する。雌性前核と雄性前核が互いに核膜を失って核融合し、染色体数が 2n になることで受精が完了する。

■コラム　受精可能時期

未受精卵の生存期間はわずか数時間、精子が受精能力を持ち生存している期間はわずか 24 時間以内という説もあれば、未受精卵の生存期間は 24 時間、精子の生存期間は 72 時間という説もある。一方、荻野学説によれば、排卵は次回月経開始前の 12 日から 16 日以内に起こるとされている。未受精卵と精子の生存期間と荻野学説を統合して考えると、受精可能時期を予測することができそうだ。

(4) 受精卵の輸送と子宮内への着床

受精卵は卵管粘膜の絨毛運動と卵管壁の蠕動運動により卵管膨大部から子宮腔に輸送される。卵管膨大部は受精とともに収縮を始め、受精卵を回転させて顆粒膜細胞（放線冠）を脱落させる。その後、受精卵は卵管を通過し子宮腔に到達する。

受精卵は卵管通過の間に顆粒膜細胞（放線冠）を失うが透明帯を保有し、大きさや外観はほぼ同様であるが、内部では有糸細胞分裂を起こし卵割[6]が生じている。受精卵は、2 細胞、4 細胞、8 細胞と分割し、受精 3 日後には 16 個の割球[7]からなる桑実胚となり、受精 4 ～ 5 日後、子宮腔に達するころには内部に胞胚腔を形成する。胞胚を形成する細胞は 2 つに分かれ、一方は透明帯の内側に接して一層に配列し、もう一方を包み込む。包み込まれた細胞は胎芽球となり、後に胎児を形成する。受精後 6 日目ころには透明帯を破り、子宮内膜に着床する（**図 7-6、7**）。

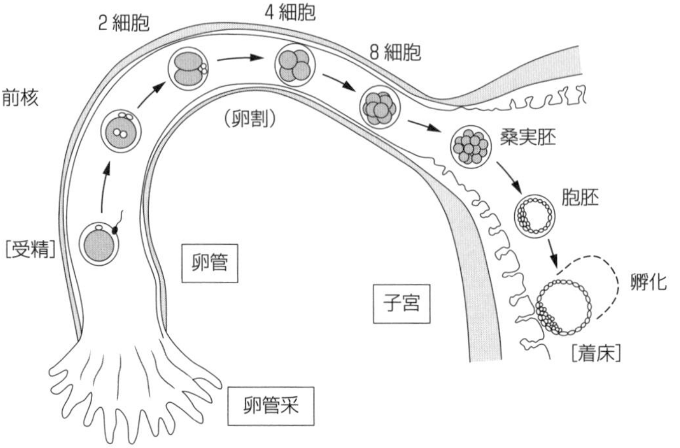

図 7-6　受精から着床まで

出典：周産期医学編集委員会編「周産期医学必修知識（第6版）」『周産期医学』36（増刊号）、2006年、p.6より筆者作成

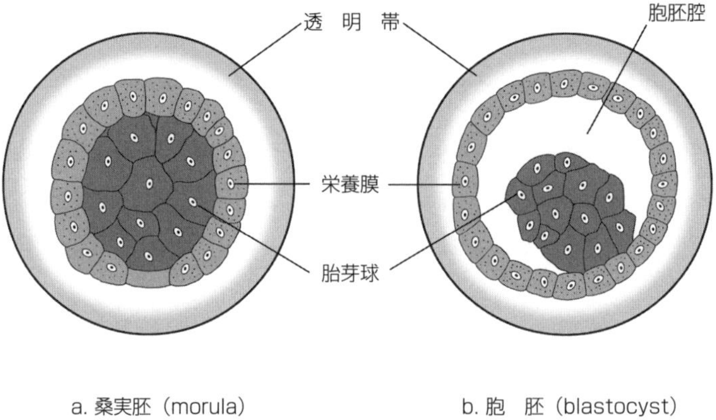

図 7-7　着床前の受精卵の発育

出典：荒木勤『改訂第22版　最新産科学正常編』文光堂、2008年、p.23より筆者作成

第２節　妊娠の維持

(1) 内分泌機構

妊娠の維持には、ヒト絨毛性ゴナドトロピン（hCG)、プロゲステロン、エストロゲン、ヒト胎盤性ラクトゲンなどの内分泌機構が関係している。

ヒト絨毛性ゴナドトロピンは胎盤の絨毛組織から産生される性腺刺激ホルモンである。着床時期の妊娠黄体機能[8)]を助け、プロゲステロンの分泌を促す。妊娠が成立すると増加し、最終月経後50～70日にピークを迎える。以後は減少し、出産後２週間で検出されなくなる。ヒト絨毛性ゴナドトロピンは妊娠４週目ころから尿のなかに排出されるようになる。市販の妊娠検査キットは、尿中のヒト絨毛性ゴナドトロピンを検出するものである。

プロゲステロンは増殖した子宮内膜を脱落膜に変え、子宮筋収縮を抑制し、妊娠を維持する。排卵後増量し、妊娠８～９か月でピークを迎え、10か月で減少して分娩にいたる。

エストロゲンは子宮筋の肥大、脱落膜内の血管発達、筋緊張を増強する。排卵時にピークを示し、一時下降するが、その後10か月まで上昇する。

ヒト胎盤性ラクトゲンはヒト絨毛性ゴナドトロピンとともに胎盤の絨毛組織から産生されるホルモンである。母体の糖、脂質代謝に関係し、母体血中の糖を胎児に送り胎児の発育を助ける。妊娠６週ころから血液中で測定可能となり、34週～36週ころにピークを迎える。

(2) 妊娠期間

妊娠期間は日数、週数、月数などで表現される。日数と週数には最終月経第１日目から起算した「満日数」「満週数」が用いられるのに対して、月数には「かぞえ」が用いられている。最終月経開始日の翌日が「妊娠１日」にあたる。７週で母児間の連結が成立し、13週では胎動を自覚し始める。22週では現在の医療技術をもって母体外での生存が可能となり、40週０日が分娩予定日である。

第3節　胎児の発育

(1) 胎児および胎児付属物

受精により形成された新しい遺伝子構成を持つ細胞を胚といい、その後の器官形成が不十分でヒトの外観を完全には示さない状態を胎芽という。ヒトの外観を示したあと娩出《べんしゅつ》されるまでを胎児という。産科学では妊娠10週未満を胎芽、10週以降を胎児という。

胎児が子宮のなかで発育するためには、卵膜、胎盤、臍帯《さいたい》などが必要であり、それらを総称して胎児付属物（**図7-8**）という。卵膜は、子宮内膜が変化した脱落膜、胎児由来の絨毛膜、羊膜の3層からなる。脱落膜は受精卵が着床することにより子宮内膜がさらに肥大、増殖したものである。絨毛膜は脱落膜と羊膜の間に位置する。羊膜は薄く透明な膜で、胎盤の胎児面をおおい臍帯を含んで胎児の臍部にいたる。

胎盤は受精後5週に形成が始まり13週に完成する。妊娠末期の胎盤は、

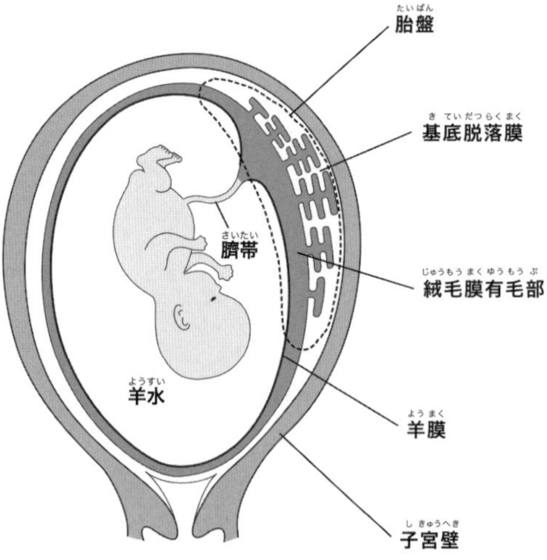

図7-8　胎児付属物

出典：山田幸宏監修『看護のためのからだの正常・異常ガイドブック』サイオ出版、2016年、p.287より筆者作成

直径15〜20センチメートルの円盤状で、重さは約500グラム程度である。

臍帯は胎児の臍輪から胎盤につながり、胎児の静脈血を胎盤に送り、動脈血を胎盤から胎児に導く。

(2) 胎児の形態の変化

妊娠第1か月から10か月の胎児形態の変化を**表7-1**、**図7-9**に示した。胎児の器官は受精後1か月以内に成長を開始し、妊娠4か月までには基本的な構造が完成する。細部の構造や機能は、出生までかけて形成されていく。臓器、器官が分化していく過程で、奇形誘発因子に敏感な時期は妊娠初期に集中する。中枢神経系と心臓は妊娠3〜6週、上下肢や眼は4〜8週、耳は4〜9週、歯や口蓋は6〜9週、外生殖器は7〜9週が非常に敏感な時期とされている。

第4節　分　娩

(1) 分娩の種類

胎児および胎児付属物を母体から完全に排出することを「分娩」という。

胎児が娩出される時期により、流産、早産、正期産、過期産と分類される。また、分娩の方法により「自然分娩」「人工分娩」、分娩の経過により「正常分娩」「異常分娩」などに分類される。

正常分娩とは、自然に陣痛が始まり、妊娠37週以降〜42週未満の正期に、順調に経腟分娩（腟からの分娩）が進行して、正常な頭位で赤ちゃんが生まれてくることである。正常分娩の定義には、母児ともに障害や合併症などが残らないなども含まれる。分娩中に通常の範囲内で会陰切開をおこなったり、子宮収縮薬（陣痛促進剤）を使用したりした場合でも、その後の経過に異常がみられなければ正常分娩に分類される。一方、異常分娩とは流早産、過期産のように分娩時期に異常があるものや、胎児の位置や姿勢などに異常があって母児に危険を伴うもの、人工分娩などである。

表 7-1　胎児の形態の変化

妊娠月数	妊娠週数	3分法	身長（センチ）	体重（グラム）	形態
第1か月	3週	妊娠初期	0.4		他の動物胎芽と区別しにくい。頸部はなく頭部と体幹が繋がる。眼と鼻の形はまだ生じないが、口および顎部の原基はみられる。四肢は短いヒレ状の隆起として認められる。
第2か月	7週		3		ヒトの外観となる。頸部の形成が始まるが頭部は極めて大きい。 耳、眼、口が発生する。内外性器の原基が認められるが男女の区別は不可能。四肢は3部に区分され手足の指も明確になる。
第3か月	11週		9	20	尾部が消失しヒトとしての外形を完成する。内性器の分泌機能が進むとともに外性器における男女の区別が可能となる。皮膚は透明で皮下血管および内臓などを透視できる。
第4か月	15週		16	100	皮膚は赤色を増し、次第に不透明になる。皮膚、特に顔面にうぶ毛を生じる。外性器における男女の区別が明瞭になる。筋肉の活動が始まり、母体はときに胎動を感じる。心拍動も活発になる。胎盤が完成する。
第5か月	19週	妊娠中期	25	250	頭部は鶏卵大で身体のほぼ1/3を占める。皮膚は赤色であるが脂肪の沈着によって不透明になる。うぶ毛は全身に密生し、爪が発生し始める。母体は胎動を明瞭に感じる。
第6か月	23週		30	650	身体の均勢が整ってくるが皮下脂肪は少なく痩せている。頭髪が認められ、眉毛や睫毛が生じる。眼瞼が分離する。
第7か月	27週		35	1000	皺が多く老人様顔貌を示す。男児の睾丸はまだ下降しない。女児の陰核、小陰唇は強く突出する。
第8か月	31週	妊娠末期	40	1500	全身は紅色で老人性顔貌を残す。
第9か月	35週		45	2000	皮膚の紅色は薄らぎ、皮下脂肪の増加により老人性顔貌はなくなる。顔面と腹部のうぶ毛は消失する。爪は発達するが指端を越えない。
第10か月	39週		50	3000	成熟児となる。

出典：荒木勤『改訂第22版　最新産科学正常編』文光堂、2008年、pp. 58-60より筆者作成

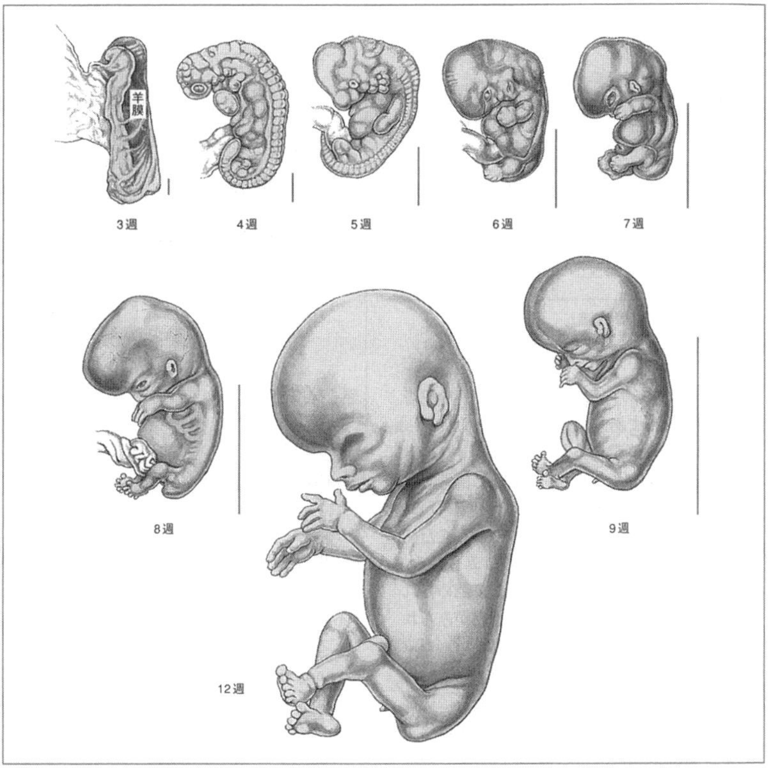

図 7-9　妊娠 12 週までの胎児外形の変化

出典：荒木勤『改訂第 22 版　最新産科学正常編』文光堂、2008 年、p. 60

(2) 分娩の 3 要素

分娩の 3 要素として「産道」「娩出力」「胎児および胎児付属物」があるが、この 3 要素の調和が取れていることが、正常な経腟分娩の進行につながる。産道とは胎児の通り道のことで、軟産道（子宮頸部や腟など）と骨産道（骨盤など、骨で構成されている部分）により成り立つ。軟産道が硬く、胎児がスムーズに通過できないほど抵抗力が強い場合や、骨盤が小さく胎児が骨盤内へと進んでいけない場合には、帝王切開がおこなわれることがある。

娩出力とは胎児を娩出する力のことで、主に陣痛と腹圧からなる。陣痛は不随意に周期的に起こる子宮収縮で、前駆陣痛、分娩陣痛（本陣痛）、後陣痛に分けられる。前駆陣痛は分娩予定日が近づくと起こる不規則な子宮収縮で、痛みの長さや間隔が不規則なことが特徴である。痛みの感じ方の個人差が大きく、前駆陣痛を自覚せず分娩陣痛が起こる人もいる。分娩陣痛は分娩時に起こる。分娩の経過は、下記のように大きく３つの時期に分けられる。

- 分娩第１期（開口期）：規則的な陣痛開始から子宮口全開まで
- 分娩第２期（娩出期）：子宮口全開から胎児娩出まで
- 分娩第３期（後産期）：胎児娩出直後から胎盤が排出されるまで

分娩第１期（開口期）

陣痛が10分程度に規則的に繰り返されるようになると、分娩第１期の始まりである。陣痛の痛みの強さが増し、子宮口が５～６センチ大に広がると、15～20秒程度だった陣痛が40～60秒に延長し、間隔は５～２分に短縮していく。その後陣痛はさらに強まり、子宮口は全開大（10センチ）に広がる。強い痛みがくりかえされるが、子宮口が全開大になるまではいきまず、上手に「逃す」ことが重要である。この時期は、いきんでも力が伝わらないだけでなく、長時間いきむことで膣から外陰部にかけて浮腫が生じ、娩出を妨げる可能性がある。分娩第１期の所要時間は一般的に、初産婦では10～12時間、経産婦では４～６時間とされている。

分娩第２期（娩出期）

分娩第２期になると陣痛はさらに強くなり１～２分に延長し、間隔は１分以下に短縮する。児頭は次第に下降し、陣痛発作時に腹圧（いきみ）とともに児頭の一部が出現し、間欠時には後退するようになる。この状態を「排臨」という。続いて陣痛はますます強くなり、腹圧が不随意に加わり、児頭は間欠時にも後退しなくなる。この状態を「発露」という。続いて腹圧を伴う陣痛が連続的に起こり児頭が娩出する。少しの休止の後、再び陣痛が起こって肩が娩出し、全身が娩出する。分娩第２期の所要時間は一般的に初産婦２～３時間、経産婦１～1.5時間とされている。

分娩第３期（後産期）

胎児娩出後５～15分後、４～５分間隔で弱い陣痛が起こる。胎盤が子宮壁から剝離し、卵膜とともに体外に排出される。胎盤娩出に続いて、凝血を交えた血液の流出がある。この後産期出血は通常50～300 mlであるが、500 mlまでを生理的と考える。分娩第３期の所要時間は一般的に初産婦15～30分、経産婦10～20分とされている。

胎盤娩出後、子宮収縮のために起こる周期的な陣痛を後陣痛という。後陣痛は授乳の際にも起こる。後産期が終わると産褥期になり、産婦は褥婦となる。以上が生命誕生のプロセスである。

注

1）身体を構成する細胞のなかに細胞核と呼ばれる小器官を有する真核生物（動物・植物・菌類など）がおこなう細胞分裂の様式のひとつ。１個の体細胞が分裂して同じ遺伝情報を持つ２個の娘細胞をつくる。

2）有性生殖にかかわる細胞（配偶子）を作る際におこなわれる。最終的に体細胞に含まれる染色体の半数の染色体を持つ配偶子が形成される。第一減数分裂、第二減数分裂と２回の連続した分裂をおこなう。

3）排卵前の二次卵母細胞を含む大きな卵胞。

4）黄体形成ホルモン（LH）が一過性に大量に分泌される現象。薬局等で販売されている排卵日予測検査キットは尿中に分泌されるLHを検出するものである。

5）精子の頭部先端にある小器官。

6）動物の受精卵の発生初期に起こる一連の細胞分裂。受精卵は全体の大きさはほぼ一定のまま、卵割によって未分化の多数の小さな細胞（割球）になる。

7）受精卵の卵割により生じた未分化細胞。２細胞から胞胚までのもの。

8）黄体は、受精卵が着床しなかった場合は退行して白体となるが、着床した場合は妊娠黄体となりプロゲステロンを産生する。

課題

(1) 雌性配偶子（卵子）と雄性配偶子（精子）の形成プロセスにおける共通点と相違点を説明してみよう。

(2) 排卵と月経周期について、卵胞の状態にともない分泌されるホルモンや基礎体温の変化をふまえて説明してみよう。

(3) 妊娠期間の考え方や分娩予定日の定義を確認してみよう。さらに分娩予定日の算出方法について調べてみよう。

参考図書

荒木勤『改訂第 22 版　最新産科学正常編』文光堂、2008 年
久保晴美「性周期」『周産期医学必修知識　第 6 版』東京医学社、2006 年、pp. 2-3
末岡浩「受精・着床」『周産期医学必修知識　第 6 版』東京医学社、2006 年、pp. 4-7
武谷雄二編『正常妊娠』中山書店、2001 年
武谷雄二編『胎児の成長発達』中山書店、2002 年

第8章　性の健康

第1節　リプロダクティブ・ヘルス

(1) リプロダクティブ・ヘルスの定義

リプロダクティブ・ヘルスを邦訳すると「性と生殖に関するすべての人々の生涯にわたる健康」となるが、世界保健機関（以下、WHO）は1998（平成10）年に「人間の生殖システムおよびその機能と活動過程のすべての側面において、単に疾病、障害がないというばかりでなく、身体的、精神的、社会的に完全に良好な状態（well-being）にあることを指す」と定義した。リプロダクティブ・ヘルスはWHOの「健康」概念の定義[1)]を人間の生殖の領域に適用し、再生産過程全般にかかわる保健ニーズを総合的に把握するために生み出された概念であり（佐藤他 2007）、家族計画、不妊、母子保健、思春期保健、性感染症/HIV感染症、中絶一般の問題など、従来は別々の分野として扱われてきた諸問題を分断することなく、包括的に捉えようとするものである。

現在は、1994（平成6）年に国連が主催したカイロ国際人口開発会議（ICPD）の行動計画で採択された「リプロダクティブヘルス・ケア」、をリプロダクティブ・ヘルスにかかわる諸問題の予防、解決を通して、リプロダクティブ・ヘルスとその良好な状態に寄与する一連の方法・技術・サービスの総体とし、「リプロダクティブ・ライツ」を、すべてのカップルと個人が、自分たちの子供の数、出産間隔、出産する時期を自由にかつ責任を持って決定でき、そのための情報と手段を得ることができるという基本的権利、ならびに最高水準の性に関する健康およびリプロダクティブ・ヘルスを享受する権利であるとした定義が用いられている（谷口 2007）。

(2) リプロダクティブ・ヘルスの成り立ち

リプロダクティブ・ヘルスの基礎となる概念は母子保健であり、母子保健の概念は1978（昭和53）年「プライマリー・ヘルスに関する国際会議」で採択された、アルマ・アタ宣言においてプライマリー・ヘルス・ケア[2)]を実施するための諸項目のひとつとして掲げられ、「家族計画と母子保健」が重点項目とされた。これ以来、家族計画と母子保健サービスがヘルス・サービスの一環として認識されるようになるが、「産む」という機能を有する女性であるからこそ生じる生殖に関する健康問題（性感染症、婦人科系の疾患等）があり、それは母に限らず女性の生涯にわたるものであることから、「母子保健」に限定するアプローチが世界的に批判された。また、「家族計画」に対し、女性自身が自分の身体をコントロールできるアプローチを求める声が高まった。その結果、WHOは1988年に新たな概念として「リプロダクティブ・ヘルス」を提唱した。従来の家族計画・母子保健とリプロダクティブ・ヘルスの違いは**表8-1**のとおりである。

1994年のカイロ国際人口開発会議において参加した全179か国の賛成によりカイロ行動計画（20か年計画）が採択され、「リプロダクティブ・ヘルスの実現が、人間を中心とした持続可能な開発と人口の安定にとって前提条件である」ことが国際的に認知された。リプロダクティブ・ヘルスの推進が今後の人口政策の大きな柱となるという合意のもと、人口政策の焦点は国レベルの人口数（マクロの視点）から、個人レベルの健康促進（ミクロの視点）にパラダイムシフトした。そして人口問題の取り組みは、ジェンダー間の平等や女性のエンパワメント（地位と能力の向上）、リプロダクティブ・ヘルスの推進へと内容が変化した。

さらに、翌年1995（平成7）年に北京で開催された「第4回世界女性会議」では、リプロダクティブ・ライツが女性の人権の一部であることが採択文書に明記され、性と生殖に関する男女の平等な関係、同意、共同の責任が広く認識された。

これらは日本においても大きな影響を与え、リプロダクティブ・ヘルスおよびリプロダクティブ・ライツの観点から、日本で初めて優生思想を基軸と

表 8-1　家族計画・母子保健とリプロダクティブ・ヘルスの違い

項目	従来の家族計画・母子保健の概念	リプロダクティブ・ヘルス
対象	15〜49 歳 生殖可能な年齢層が中心	女性の生涯 女性は単に子供を産む期間だけ健康に留意するのではなく、人間として生活周期の視点で健康管理をする重要性を指摘
主題	家族計画、各種避妊法の有効性や安全性、中絶一般の問題が中心	家族計画・母子保健だけでなく、性感染症・HIV/エイズを含む生殖に関する健康問題を連携させた包括的なアプローチ。出産調整、不妊、性に関する保健、母性保護、乳幼児の生存・成長・発達の 5 分野を対象
家族計画プログラム	男性のニーズ・役割・責任および若者の特別なニーズの対応が適切とは言いがたい	男性のニーズ・役割・責任および若者の特別なニーズに十分配慮することを求めている
権利の考え方	出産、育児に関するごく限られた権利	家族計画（特に家族計画の方法の選択）に関する個人とカップルの権利と、それを享受できるヘルスケア情報の充実を保障する。
重要課題	家族計画と母子保健サービス	女性に対する暴力（強姦、性的虐待、人身売買および強制売春、女性の性器切除を含めた有害な伝統的慣行）が大きな健康問題である観点から、女性の身体的のみならず精神的健康に悪影響を及ぼす暴力への対処も重要課題とする

出典：独立行政法人国際協力機構国際協力総合研修所「開発課題に対する効果的アプローチ　リプロダクティブヘルス」2004 年（https://openjicareport.jica.go.jp/pdf/11769734.pdf、2020 年 11 月 23 日確認）より筆者作成

した優生保護法を母体保護法とする法令改正がされた。

第 2 節　優生保護法から母体保護法へ

(1) 優生保護法が成立するまで

予期せぬ妊娠の中断は古くからおこなわれ、日本においては江戸時代に堕胎が業とされていた。1880（明治 13）年に施行された旧刑法により堕胎罪が制定され、堕胎は非合法とされた。1883（明治 16）年にフランシス・ゴルトンが「優生学（eugenics）」を「人間の優良な血統を増やすことを研究する科学」と定義し、学問としての立場を得た。その後優生学は工業化された国の

大部分において取り入れられ、日本においても1940（昭和15）年に、優生保護法の前身である「国民優生法」が制定された。この目的は「悪質ナル遺伝性疾患ノ素質ヲ有スル者ノ増加ヲ防遏スルト共二健全ナル素質ヲ有スル者ノ増加ヲ図リ以テ国民素質ノ向上ヲ期スル事」であり、第二次世界大戦のなか、富国強兵政策のもと、健全者の堕胎や避妊（産児調節）を禁止して多産を奨励し、遺伝性疾患の素因を持つ者に優生手術（不妊手術）をおこない、母子保健政策の強化を図るものであった。戦後になると、戦争の引揚者の帰還と出産数の増加に伴い、人々は住居や食料難など生活困窮に瀕し、従属人口である子供を減らすことが経済復興への急務とされた。また引揚者の強姦による妊娠、堕胎罪から逃れるためのヤミ中絶による女性の健康問題が表面化した。これらの改善に向けて、産婦人科医や婦人解放運動家である国会議員が、先天性の遺伝病の出生を抑制し国民の急速な増加を防ぐことに加えて、民族の逆淘汰[3]を防止するための人工妊娠中絶について合法化を求め、優生保護法案を国会へ提出、可決され、1948（昭和23）年に優生保護法が制定された。

優生保護法の目的は「優生上の見地から不良な子孫の出生を防止するとともに、母性の生命健康を保護すること」とされ、遺伝性疾患に限らず、悪質な病的性格、アルコール依存症、根治し難い梅毒を有する者、さらにハンセン病（らい病）療養所の収容者や、病弱者、多産者、または貧困者で出生児が病弱化、あるいは不良な環境によって劣悪化するおそれがある場合までも、不良な子孫をもたらす原因とされ、中絶や不妊手術の対象とみなされた。また、精神障害者や知的障害者などについては、本人の同意がなくても医師の判断で各都道府県優生保護審査会に申請し、審査を経て、強制不妊手術が実施された。そして、1949（昭和24）年には経済的理由により母体の健康を著しく害するおそれがある場合がつけ加えられた。

(2) 母体保護法へ改正された経緯

1960年代に入り、出生率が下がりはじめると労働力不足が叫ばれた。また、世界に先駆けて人工妊娠中絶を法制化し、容認してきた姿勢に対し、生命尊重論から堕胎を禁止しようとする活動が起こった。さらに妊婦の羊水検査が可能になり、胎児の染色体異常を調べる技術が発達した。これらを背景として、1972（昭和47）年に人工妊娠中絶の許可要件から経済的理由の削除、胎児に重度の障害がある場合に中絶を許可する胎児条項の新設、適正な年齢での初回分娩指導を要点とした、優生保護法改正案が出されたが、女性団体や障害者団体の強い反対運動により廃案された。その後、1994年のカイロ国際人口開発会議NGOフォーラムで安《あ》積《さか》遊《ゆう》歩《ほ》氏が障害を持つ当事者として日本の優生保護法の差別性を訴えた。これをきっかけに国際社会からの批判を受け、国内では、緊急の見直しをしなければ国際的にも禍根を残すことになるとの意識が高まった。

1996（平成8）年、優生保護法は、遺伝性疾患や心身障害を有する人に対する明らかな差別法であることから、全国精神障害者家族会連合会をはじめとした障害者団体や女性団体が、優生保護法改正を求める要望書を国へ提出し、これが受け入れられた形で、「母体保護法」に改正された。主な改正点は次のとおりである。

- 法文から「不良な子孫の出生防止」を削除
- 「優生手術」を「不妊手術」と変更
- 遺伝性疾患等防止のための手術や精神障害者等に対する強制手術に関する規定の削除
- 優生保護相談所の廃止

ただし、この法改正において、優生保護法による強制手術の対象者への謝罪や補償に関する規定は一切盛り込まれなかったことから、日本弁護士連合会による厚生労働省への要望書の提出や、2018（平成30）年の国家賠償請求訴訟を経て、2019（令和元）年、旧優生保護法に基づく優生手術等を受けた者に対する一時金の支給に関する法律を制定し、政府として反省と謝罪を表明した。

第3節　避　妊

予期せぬ妊娠は人工妊娠中絶につながり、予期せぬ妊娠による出産は児童虐待のハイリスク要因となる。避妊は出産する子供の数と妊娠間隔を自己決定する手段であり、女性と予期せぬ妊娠によって産まれてくる子供の人権をまもることができる。家庭や学校教育のなかで十分に避妊教育や性教育が受けられること、とりわけ家庭では基本的な教育の場であることを親が認識し、思春期の子供に「生活の知恵」として避妊の方法を身につけられるようにする必要がある（野村他 2001）。

(1) 避妊の方法

避妊には複数の方法があり、女性主体、男性主体のもの、あるいは一時的、永久的なものに大別できるが、それぞれに効果、コスト、簡便性、身体への侵襲、副作用等特徴が異なっている（**表 8-2**）。

日本人の避妊方法の実態は、既婚者を対象にした調査や、1961 年から 2016 年までにおこなわれた調査等（**表 8-3**）で明らかにされている。いずれの結果も男性用コンドームがもっとも多く用いられており、男性主体の避妊方法が主流であった。また、イギリスやフランスなどの諸外国と比較してもその傾向が高いことが明らかにされている（**表 8-4**）。男性用コンドームの妊娠率は高く（**表 8-2**）、その理由として品質を保持する保管方法、正しいタイミングの装着と取り外し、装着中の破損等が考えられており、避妊が男性の意思に任されていると言わざるを得ない現状がある。一方、性感染症を防ぐ方法はコンドームのみであり、性感染症を予防するためのコンドームと避妊効果の高い経口避妊薬（Oral Contraceptives：OC）の併用が推奨されている。

女性が自身の身体の状態やライフプラン、パートナーとの関係などに合わせて適切な方法を選択できることや、互いの協力のもと正しく実行することが、互いをまもり、良好な関係づくりにつながる。

(2) 経口避妊薬

一般に経口避妊薬はピルと呼称されているが、ピルは丸薬と訳されることから、最近ではOCと呼ばれる。女性ホルモンが含まれる量によって、高用量、中用量、低用量、超低用量に分類される。日本では米国から40年遅れて、1999（平成11）年に承認・発売されたが、いまだその効果や副作用に関する情報が十分浸透されておらず、誤解や偏見が存在している。若いときから婦人科かかりつけ医を持つことが望ましい。

低用量OCとは

現在では避妊効果を維持した上で副作用を低減できる、低用量および超低用量OCが広く用いられている。初経後、骨成長を終えるころから使用することができ、それ以降閉経まで年齢制限はないため、幅広い年齢層で使用できる。女性ホルモンの血中濃度を調節することで効果が発揮されるため、1か月分が1シートに収められており、21日間服用し、7日間休薬する。飲み忘れを防ぐために、7日間を偽薬にして毎日服用する習慣化ができるよう工夫されているもの（28日型）が多用されている。効果や適応、副作用を十分理解し、医師の処方のもと使用する。

排卵の抑制、受精卵の着床阻止、子宮頸管粘液の正常変化による精子の子宮内への侵入阻止、卵管の運動の低下による妊孕《にんよう》性[4]の低下など多様な作用によって高い避妊効果がある。その他副効用（**表8-5**）のベネフィットがある。

副作用としては、2～3か月のうちに消退することが多いものの、頻度が高い副作用と、頻度は低いが重篤な副作用がある（**表8-6**）。そのため、WHOは、喫煙者や重度な高血圧、虚血性心疾患、片頭痛、糖尿病、肝臓病などの持病がある者を禁忌としている。適応した場合においても、初診時の問診、血圧測定、身長・体重測定等や、開始後の定期検診によるフォローアップにより、安全に服薬を継続する。長期間の使用による卵巣機能の低下はなく、服用を中止すれば排卵が起こる。また服用による体重増加について医学的根拠はない。

表 8-2　避妊方法

		日本の適応	避妊方法	避妊の仕組み	妊娠率（%） 一般的[1]	理想的[2]	継続率[3]（%）
女性主体の避妊法	一時的避妊	○	銅付加IUD（子宮内避妊具）	子宮内に器具を装着し、精子の運動を阻害し、受精を防ぐ。	0.8	0.6	78
		○	経口避妊薬（OC）	女性ホルモンを含んだ薬剤（卵胞ホルモンと黄体ホルモンの合剤）を服用し、排卵を抑制する。	9	0.3	68
		○	IUS（子宮内避妊システム）	黄体ホルモンが放出される器具を子宮内に装着し、精子の侵入や子宮内膜の肥厚を防ぐことで受精卵の着床を防ぐ。	0.2	0.2	80
		○	基礎体温法	毎日基礎体温を測定し、推定される排卵期の性行為および無防備な性行為を避ける。	25	5	51
		×	殺精子剤	子宮口の近くに精子を殺す薬を入れる。薬の形態はゼリーと錠剤の2種類がある。	29	18	42
		×	女性用コンドーム	膣の内側の粘膜を覆うことで、精子が膣内に侵入するのを防ぐ。	21	5	41
		×	ペッサリー	子宮口をペッサリーで覆い、精子が子宮内に侵入するのを防ぐ。	12	6	57
	永久避妊	○	卵管結紮	卵管を塞ぐことで卵子が子宮内に移動する通路を遮断し、受精できないようにする。	0.5	0.5	100
男性主体の避妊法		○	精管結紮	精管を塞ぐことで精子が精液中に含まれないようにする。	0.15	0.1	100
	一時的避妊	○	男性用コンドーム	男性の性器を覆い、精子が膣内に放出されることを防ぐ。	18	2	43
		○	膣外射精	射精の前に男性の性器を膣から遠ざけて受精を防ごうとする。	19	4	46

注：1）のみ忘れや装着方法など一般的な方法で使用した場合
2）一貫して正しい方法で使用した場合
3）避妊を望んでいながら、1年間その方法を継続して使用した割合

出典：Trussell, J., *Contraceptive efficacy*, 2014（glowm.com/section_view/heading/contraceptive-efficacy/item/374、2020年12月9日確認）より筆者作成

とその特徴

特徴	アクセス/一般的なコスト
一度装着すれば2～5年間避妊でき、避妊率も高いが、出産経験がある人に装着しやすい。腹痛や不正出血などの副作用が出現することがある。ごく低率だが骨盤内感染のリスクがある。	医師による装着・除去/装着に3～5万円程度。除去は別に費用がかかる。
幅広い年齢層に使用でき、正しく服薬することで高い避妊効果が得られるが、毎日服薬する手間がある。体質や持病によっては使用できない。	医師による処方/1か月分3,000円程度
一時的避妊のなかではもっとも高い避妊効果がある。一度装着すれば約5年間避妊できる。月経量や月経痛の軽減が期待できる。不正出血の副作用が出現することがある。	医師による装着・除去/装着に3～8万円程度。除去は別に費用がかかる。
体温変動の影響要因がない状態で、6時間以上経過した体温を測定するため毎朝起床時に測定し、記録する必要がある。体温の変化には個人差があるため、排卵期の予測が難しい場合がある。	薬局、スーパー等で婦人体温計購入/3,000円前後
性交前に薬剤を挿入し5分ほどで効果が表れるため待ち時間を要する。効果の持続時間は1時間程度であり、これを超える場合や、射精が複数回になる場合などは薬剤の再挿入が必要となる。	国内での販売はされていない
性交渉の前にセッティングできる。避妊効果は男性用コンドームより低い。	国内での販売はされていない
性交渉の前にセッティングできる。装着や保管に専門家の指導を要する。	国内での販売はされていない
不可逆性があるため、実施には慎重な決断が求められる。既に希望する人数の子供がいる、今後妊娠を希望することがないことが確実である、パートナーとの問題を解決する手段ではないことが重要である。	医師による診断と手術/およそ20万円。手術方法等によって異なる。
不可逆性があるため、実施には慎重な決断が求められる。既に希望する人数の子供がいる、今後妊娠を希望することがないことが確実である、パートナーとの問題を解決する手段ではないことが重要である。	医師による診断と手術/およそ10万円。手術方法によって異なる。
手に入りやすい。種類が多いため特徴を把握し選択することが重要である。性感染症予防に役立つ。正しく使用するための条件が多く、正しく使えないことが多い。ラテックスアレルギーがある場合はポリウレタン製を用いる。	薬局、スーパー、自動販売機/12個で1,000円前後
男性のモラルに依存する。射精の感覚を正確に身に着けていることや遠ざけるタイミングを意識できることが必要であり、避妊法と言い難い。副作用はない。	なし

表 8-3　1961 年から 2016 年に実施された避妊の実施方法に関する調査の集計結果

避妊方法＼調査年	1961	1971	1981	1990	2000	2001	2008	2012	2016
オギノ式	35.5	32.9	11.4	7.3	6.5	3.0	3.1	5.2	7.3
基礎体温法	3.1	—	—	8.0	9.8	4.7	1.2	1.6	1.9
性交中絶法（膣外射精）	7.1	5.8	3.1	6.5	26.6	16.8	13.3	17.4	19.5
コンドーム（男性用）	39.5	72.7	61.1	73.2	75.3	70.1	82.0	80.6	82.0
コンドーム（女性用）						0.6	0.2		
洗浄法	1.1	1.0	0.8	1.2	0.4	0.2	—	0.3	0.1
殺精子剤（錠剤・ゼリー・フィルム）	6.9	10.8		1.0	0.5	0.2	0.5	—	—
子宮内避妊具（リング・IUD/IUS）	—	8.1	6.7	1.7	2.7	1.3	0.7	1.0	0.1
経口避妊薬（ピル）	—			1.0	1.5	1.3	5.7	3.5	1.2
ペッサリー	4.4	3.2	0.5	0.3	—				
不妊手術（女性）	4.7	3.9	1.0	7.1	5.3	2.5	2.5	1.6	0.8
不妊手術（男性）	0.9			2.4	1.1			—	0.5

注：
空欄および—はデータが表示されていないことを出典同様に表記
1971 年・1981 年の不妊手術は性別データなし
出典：杵淵恵美子・吉田安子「日本女性における避妊と中絶――1961 年から 2016 年までの変化」『駒沢女子大学研究紀要』 1 、2018 年、p. 64

表 8-4　妊娠可能（15〜49 歳）な女性が実施している避妊方法の国別比較

単位（ % ）

	調査概要/避妊法	日本	タイ	イギリス	フランス	ドイツ	ブラジル	アメリカ
概要	調査年	2015	2015	2008	2010	2011	2013	2015.0
	調査対象者数（人）	25,192	17,377	14,656	13,743	16829.0	57,599	74,685
	何らかの方法で避妊を実行	46.5	47.9	71.7	63.5	58.1	65.3	61.4
近代的避妊法	女性不妊手術	0.6	15.9	6.2	2.9	4.4	14	13.7
	男性不妊手術	0.1	0.2	10.4	0.5	2.1	2.6	4.3
	注射避妊薬	—	8.4	3.1	0.2	0.5	4.9	2.3
	皮下インプラント[1)]	—	0.7	1.6	1.7	0.2	—	2.7
	IUD（子宮内避妊具）	0.4	0.2	7.6	14.1	6.8	1.4	8.3
	経口避妊薬（OC）	2.9	19.6	26.1	33.1	31.7	29.7	13.7
	男性用コンドーム	34.9	1.6	8.1	8.0	10.0	10.0	9.3
伝統的避妊法	リズム法[2)]	2.1	0.6	1.6	1.7	0.7	0.7	1.4
	膣外射精	4.5	0.6	3.9	0.7	0.2	1.5	4.3
	その他[3)]	1.0	0.1	3.3	0.7	1.5	0.5	1.6

注：※避妊方法には日本で承認、販売されていないものを含む。
1）３年効果が持続する埋め込み型の黄体ホルモンの徐放剤
2）周期的禁欲（排卵予測）法、カレンダー法が含まれる
3）女性用コンドーム、膣バリア法（ペッサリー、子宮頸部キャップ、殺精子剤、膣スポンジなど）、授乳性無月経、その他伝統的避妊法として膣洗浄、腹部マッサージ、呪文などが含まれる
出典：United Nations, *Contraceptive Use by Method 2019 DateBooklet*, 2019（https://www.un.org/development/desa/pd/sites/www.un.org.development.desa.pd/files/files/documents/2020/Jan/un_2019_contraceptiveusebymethod_databooklet.pdf、2020 年 12 月 9 日確認）より一部抜粋

表 8-5　OC の副効用

• 月経困難症治療	• 月経周期の調整	• 過多月経の改善	• 子宮外妊娠の予防
• 子宮内膜症の予防、改善	• 卵巣がんリスクの減少	• 大腸がんリスクの減少	
• 子宮体がんリスクの減少	• 尋常性ざ瘡（にきび）予防、改善		
• 骨粗しょう症予防	• 関節リウマチの予防　　など		

出典：筆者作成

表 8-6　OC の副作用

頻度は低いが重篤	頻度は高いが 3 か月ほどで消退する
• 静脈血栓塞栓症 • 虚血性心疾患（心筋梗塞など） • 脳血管障害（脳卒中など）	• 不正性器出血　• 頭痛 • 吐き気、嘔吐　• 浮腫 ※これらは OC の種類を変えると改善することがある

出典：筆者作成

緊急避妊（Emergency Contraception：EC）

コンドームの破損、脱落、膣内残留が起きた場合、膣外射精、避妊しない性交、レイプなど妊娠が起こる可能性が高い性交をした際、緊急的に用いる避妊法を EC（Emergency Contraception）という。EC は、レボノルゲストレル（LNG）単剤緊急避妊薬（ノルレボ錠 0.75 mg）を性交後 72 時間以内に 2 錠投与する方法であり、妊娠率は 1.35％とされている。LNG は従来の方法（ヤッペ法）に比べて避妊効果が高く、悪心などの副作用が軽減されている。しかし、この方法はあくまでもやむを得ない場合の緊急的対応であり、繰り返し使用することがないように避妊指導を徹底する。

その他、銅付加 IUD を性交後 5 日（120 時間）以内に装着する方法があり、99％の妊娠阻止効果がある。出産経験のある場合および長期的な避妊を希望する場合に選択することができる。

第 4 節　人工妊娠中絶・不妊

妊娠後に人工的操作によって、妊娠継続を中断することを人工妊娠中絶という。決して安易におこなわれるべきではないが、人工妊娠中絶を選択した場合、肯定的に受け止められる支援と繰り返さないための避妊指導が重要である。

人工妊娠中絶および不妊手術は、母性の生命健康を保護することを目的とした、母体保護法にその定義や許可要件が定められている。

本節では、避妊しない性交渉がありながら妊娠しない「不妊症」についても述べる。

(1) 人工妊娠中絶

人工妊娠中絶の定義と許可要件

人工妊娠中絶とは、「胎児が、母体外において、生命を保続することのできない時期に、人工的に、胎児およびその附属物を母体外に排出することをいう」(母体保護法第2条)。「妊娠の継続又は分娩が身体的または経済的理由により母体の健康を著しく害するおそれのあるもの」「暴行もしくは脅迫によって又は抵抗もしくは拒絶することができない間に姦淫されて妊娠したもの」について、本人および配偶者[5)]の同意を得て、指定医師[6)]が、人工妊娠中絶をおこなうことができる(母体保護法第14条)。なお、生命を保続することができない時期は、厚生労働省事務次官通達によって定められており、1990(平成2)年より満24週から満22週へ改められた。よって、現在人工妊娠中絶可能な時期は満22週未満である。

日本の人工妊娠中絶の現状

日本の人工妊娠中絶件数は厚生労働省がおこなう「母体保護統計」によって明らかにされている。2018年度は16万1,741件で、前年度に比べて2,880件減少した。減少数でみると「20～24歳」「30～34歳」「35～39歳」が、減少率では「15歳未満」「15歳」が上位を占めていた。人工妊娠中絶実施率(女子人口千対)がもっとも高い年齢階級は、「20～24歳」で13.2、次いで「25～29歳」が10.4となっており(**図8-1**)、人工妊娠中絶の割合が多い年代は20代であることを示している。この経年変化をみると20～24歳を除いては横ばいもしくは微減の傾向がみられ、性教育の普及、避妊方法の普及とアクセスの改善による成果と考えられる。他方、複数以上の人工妊娠中絶を経

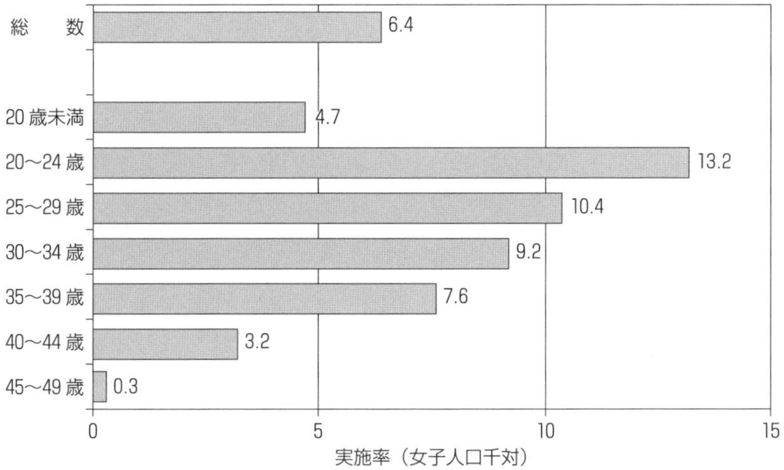

図 8-1　年齢階級別にみた人工妊娠中絶率（女子人口千対）（2018 年）

注：
1）「総数」は、分母に 15～19 歳の女子人口を用い、分子に 50 歳以上の数値を除いた人工妊娠中絶件数を用いて計算した。
2）「20 歳未満」は、分母に 15～19 歳の女子人口を用い、分子に 15 歳未満を含めた人工妊娠中絶件数を用いて計算した。

出典：厚生労働省「平成 30 年度衛生行政報告例の概況」2020 年（https://www.mhlw.go.jp/toukei/saikin/hw/eisei_houkoku/18/、2020 年 11 月 16 日確認）

験する「反復中絶」は深刻な課題であり、女性主体の避妊法の選択に向けて、より一層の性教育の推進および環境整備が急務である。

人工妊娠中絶手術の方法

手術の方法は、妊娠週数に応じて決まり、胎児の骨格形成がされる妊娠 12 週を境に異なる。妊娠 12 週未満の場合、薬剤や金属製の拡張器によって頸管を広げ、胎盤鉗子[7)]、キュレット[8)]、吸引器などで子宮内容を除去する。状態によっては入院を要することもあるが、術後数時間の安静を経て帰宅することができる。妊娠 12 週以降の場合は分娩形式を適用するため、薬剤によって陣痛を誘発し、胎児と胎盤を娩出する。その後乳汁分泌を抑えるための薬剤投与が行われる。分娩に準じた管理をするため 3 日程度の入院が必要となる。母体への負担を考え、妊娠 12 週以前におこなうことが望ましいが、その他費用や手続きについても異なる。人工妊娠中絶のほとんどは医療保険が適用されないため自費となり、妊娠 12 週以降の場合、費用は分娩と同等である。また、手術後は、死産届（ひとりの人として扱われる）および埋葬届を市町村へ提出する義務がある。これらの点においても、その負担の大きさを認識する必要がある。

人工妊娠中絶に伴う影響

人工妊娠中絶自体は他の手術に比べて危険が高い、不妊になりやすいなどの医学的根拠はなく、手術に伴う麻酔事故、出血、感染は一般的な手術のリスクと同様で、術後の安静確保により、身体への影響は少ないとされている。しかしながら、中絶の反復については卵管癒着による不妊症や子宮頸管無力症のリスクが認められている。人工妊娠中絶による影響として重視すべきは心理的後遺症であり、中絶に対する罪悪感やパートナーからの無理解などから、精神的ストレスが加わり、うつ病や神経症などが現れることがあるため、十分な観察と必要に応じたケアが必要とされる。

(2) 不妊手術

不妊手術とは、「生殖腺を除去することなしに、生殖を不能にする手術」と定義（母体保護法第 2 条）され、「妊娠又は分娩が母体の生命に危険を及ぼすおそれのあるもの」「現に数人の子を有し、かつ、分娩ごとに母体の健康度を著しく低下するおそれのあるもの」に対して、医師は、本人およびその配偶者[9]に、本人の同意および配偶者があるときはその同意を得て不妊手術をおこなうことができる（母体保護法第 3 条）。

(3) 不妊症

不妊症の定義

妊娠を望む健康な男女が避妊をしないで性交をしているにもかかわらず、一定期間妊娠しないもの。日本産婦人科学会ではこの「一定期間」について 1 年が一般的であると定義している。

ただし、治療の開始は必ずしも不妊症が判明した後ではなく、すでに妊娠

表 8-7　不妊症となる女性側の原因

卵管因子	性感染症のひとつであるクラミジア感染症の罹患による卵管炎および骨盤腹膜炎、子宮内膜症等による卵管癒着による卵管の閉塞
頸管因子	排卵に伴い分泌される、頸管を精子が通りやすくする粘液の分泌不全や減少
免疫因子	免疫システムに含まれる抗体が精子を攻撃する作用を持つ場合に起こる、精子の運動性の失効や低下
子宮因子	子宮筋腫や子宮の先天的な形態異常に伴う子宮内膜の血流障害や、過去の子宮内の疾患および手術に伴う炎症による癒着に起因する、受精卵の子宮への着床障害
排卵因子	女性ホルモンや男性ホルモンの分泌亢進等による無排卵、卵巣機能が極端に低下することによる無排卵、大きな精神的ストレスや過度なダイエットによる月経不順により起こる排卵の障害

出典：筆者作成

表 8-8　不妊症となる男性側の原因

造精機能障害	精子の数が少ない、無いあるいは、精巣内の温度の上昇による運動性の失効や低下など精子の数や運動性の障害
精路通過障害	過去の精巣や精管の炎症に伴う閉塞による、射精時の精子の排出障害
性機能障害	勃起障害（ED）や膣内射精障害など性交時の射精障害。ストレスやプレッシャー等の精神的影響、糖尿病等の疾患が原因として考えられている。

出典：筆者作成

しにくい原因を有している場合は、早期治療に伴う成果が低下するリスクを回避するために、「一定期間」を待たずに開始する。

不妊の原因

不妊症のカップルは 10 組に 1 組といわれ、その原因は男性側、女性側、男性女性両方にある場合、原因不明の場合がある。

女性側には、卵管因子、頸管因子、免疫因子、子宮因子、排卵因子があり（**表 8-7**）男性側には、造精機能障害、精路通過障害、性機能障害がある（**表 8-8**）。

また、男女共通の原因には加齢による影響があり、加齢によって妊孕性が低下する。男性より女性の方が顕著であり、女性は 30 歳を超えると妊娠する確率は低下し、35 歳を超えるとさらに著明となる。

検査によって不妊症の原因を特定し、その後治療がおこなわれる。治療法には、タイミング法、排卵誘発剤の投与、人工授精等の一般不妊治療や、難治性不妊症や原因不明不妊症の場合に適応される体外受精などの生殖補助医療がある。詳細は第11章「生命の操作」に譲る。

注

1）WHOは、健康を「単に疾病や障害がないというだけではなく、身体的・精神的・社会的に完全に良好な状態（well-being）にあること」と世界保健機関憲章で定義し、個人の基本的権利としている。
2）すべての人に健康を、基本的な権利として認め、自助と自決の精神に則り、地域社会または国が開発の段階に応じて負担可能な費用の範囲で、地域社会の個人または家族の参加によって、彼らが普通に利用できる実用的で科学的に適正でかつ社会に受け入れられる手順と技術に基づいた、欠くことのできないヘルスケアのこと。
3）優良な人々は家族計画により産児制限をおこない、不良な人々は欲望のまま妊娠・出産し、子供を増やし続けた結果、民族の変質が起こる現象。
4）妊娠する力、妊娠させる力。妊娠するために必要な臓器（女性は子宮と卵巣、男性は精巣）の機能と言うこともできる。
5）婚姻していない場合は、妊娠の相手が配偶者とみなされる。「配偶者が知れないとき若しくはその意思を表示することができないとき又は妊娠後に配偶者がなくなったときには本人の同意だけで足りる」。
6）都道府県の区域を単位とした医師会の指定する医師。
7）子宮内容物を挟んで除去する器具。
8）子宮壁から子宮内容物をはがす器具。先端がスプーン状になっている。
9）婚姻していない場合は、事実上婚姻関係と同様な事情にある者とする。また、未成年についてはこの限りではない。配偶者が知れないとき又はその意思を表示することができないときは本人の同意だけで足りる。

引用・参考文献

野村明子・籔本紗智子・東孝子・羽座典子・朝飛きよみ・井上ひさの・猿渡善治「人工妊娠中絶を受けた女性の意識調査――避妊とSTDについて」『母性衛生』42(4)、2001年、pp. 581-590
佐藤龍三郎・白石紀子・坂東里江子「日本の人工妊娠中絶の動向と要因に関する人口学的研究」『経済学論纂』47(3・4)、2007年、pp. 197-218
谷口真由美『リプロダクティブ・ライツとリプロダクティブ・ヘルス』信山社、2007

年

課題

(1) 日本におけるリプロダクティブ・ヘルスをめぐる問題は何か（ライフステージに応じた問題と共通の問題に分けて考えてみよう）。また、その問題を解決するために何が必要か考えてみよう。
(2) 優生保護法の問題点を整理し、母体保護法への改正によって解決されたことはどのようなことか、また今後の課題として残されたことは何か考えてみよう。
(3) 多くの日本人女性が男性主体の避妊法を選択している理由として考えられることは何か。また女性が自分の望む避妊法を選択するためにどのような教育が必要か考えてみよう。

参考図書

毎日新聞取材班『強制不妊――旧優生保護法を問う』毎日新聞出版、2019 年
村本淳子・高橋真理『ウィメンズヘルスナーシング概論（第 2 版）　女性の健康と看護』ヌーヴェルヒロカワ、2008 年
高橋真理・村本淳子『ウィメンズヘルスナーシング　女性の生涯発達と看護』ヌーヴェルヒロカワ、2008 年
武谷雄二・前原澄子編『助産学講座 7　地域母子保健』医学書院、1996 年
谷口真由美『リプロダクティブ・ライツとリプロダクティブ・ヘルス』信山社、2007 年
米本昌平・松原洋子・橳島次郎・市野川容孝『優生学と人間社会　生命科学の世紀はどこへ向かうのか』講談社、2000 年

第9章　ライフサイクルと性

人間の発達を統一的に理解する枠組みとして、ライフサイクルの考え方がある。ライフサイクル研究でよく知られているのは、アイデンティティ理論の提唱者であるエリクソン（Erikson, E. H.）である。エリクソンによれば、人間の心はライフサイクルのなかで生涯にわたって発達していくものとされる。

エリクソン（エリクソン＆エリクソン 2001）は、人間の生涯を８つの発達段階に区切り、それぞれの発達段階について**表9-1**のように示した。この８つの発達段階には、それぞれ固有の「心理・社会的危機」があり、人間は危機を克服することで成長・成熟していくとされる。また、各発達段階における「心理・社会的危機」の克服を発達課題とし、その克服から得られるものを「基本的強さ」、克服できなかった場合に生じる問題を「中核的な病理」としている。

個人がライフサイクルのなかで順調に発達するかどうかは、「重要な対人関係の範囲」に属する人物等との関係性によって影響される。たとえば、乳児期の心理・社会的危機は「基本的信頼」対「基本的不信」であり、この危機を克服することができれば、基本的信頼を得ることができる。また、基本的信頼を得る際には「母親的人物」との関係が重要となる。

本章では、エリクソンが示した発達段階を参考にして、ライフサイクルを胎生期、乳幼児期、学童期、思春期、成人期、老年期の各発達段階に分けて、心身および性の発達について述べる。

第１節　胎生期

胎生期は、受精から出生までの期間である。受精卵は細胞分裂を繰り返しながら卵管内を移動して子宮内に着床したのち、胎盤が形成され、胎児が発育する。受精後８週未満を胎芽、８週以降は胎児とよばれるが、胎芽期には各胚葉から主要な器官が形成され、急速に発育するとともに、ヒトらしくな

表 9-1　エリクソンによる発達段階

発達段階	心理・性的な段階と様式	心理・社会的危機	重要な対人関係の範囲	基本的強さ	中核的な病理 基本的な不協和傾向
Ⅰ 乳児期	口唇―呼吸器的、感覚―筋肉運動的（取り入れ的）	基本的信頼 対 基本的不信	母親的人物	希望	引きこもり
Ⅱ 幼児期初期	肛門―尿道的、筋肉的（把持―排泄的）	自律性 対 恥、疑惑	親的人物	意思	強迫
Ⅲ 遊戯期	幼児―性器的、移動的（侵入的、包含的）	自主性 対 罪悪感	基本家族	目的	制止
Ⅳ 学童期	「潜伏期」	勤勉性 対 劣等感	「近隣」、学校	適格	不活発
Ⅴ 青年期	思春期	同一性 対 同一性の混乱	仲間集団と外集団：リーダーシップの諸モデル	忠誠	役割拒否
Ⅵ 前成人期	性器期	親密性 対 孤立	友情、性愛、競争、協力の関係におけるパートナー	愛	排他的
Ⅶ 成人期	（子孫を生み出す）	生殖性 対 停滞性	（分担する）労働と（共有する）家庭	世話	拒否的
Ⅷ 老年期	（感性的モードの普遍化）	統合 対 絶望	「人類」、「私の種族」	英知	侮蔑

出典：エリクソン，E. H. &エリクソン，J. M.『ライフサイクル、その完結〈増補版〉』村瀬孝雄・近藤邦夫訳、みすず書房、2001 年、p. 34 より一部抜粋

っていく。胎児期には各器官の成長と機能の成熟がみられる（第 7 章「生命の誕生」）。

(1)　染色体の性分化

性の分化は、**図 9-1** のように、胎生期から始まる。まず、男女の性別は受精時の性染色体で決まる。人間の染色体は、22 対（44 本）の常染色体と 1 対

図 9-1　男女の性分化

出典：筆者作成

（2本）の性染色体からなり、性別は性染色体によって決定する。XY であれば男性、XX であれば女性である。卵子は X、精子は X または Y の染色体があり、卵子が X 染色体の精子と受精すれば XX となり、女性となる。卵子が Y 染色体の精子と受精すれば XY となり、男性となる。

(2) 性腺の性分化

男女どちらの性腺にも分化することのできる性腺原基は、妊娠5週ころに出現する。Y 染色体上には、精巣決定因子である SRY（sex determining region）遺伝子が存在し、XY の染色体を持つ男性では、妊娠7週前後に SRY 遺伝子の働きにより、性腺原基から精巣に分化し、配偶子は精子となる。XX の染色体を持つ女性には SRY 遺伝子はないため、性腺原基は卵巣に分化し、配偶子は卵子となる。女性の場合には、卵巣決定因子というようなものは存在せず、性腺原基は、そのまま卵巣に分化するようになっている。

(3) 性器の性分化

妊娠8週ころには、XY の染色体を持つ男性では、精巣から抗ミュラーホルモン（anti-Müllerian hormone：AMH）が分泌され、ミュラー管が退縮する。また、精巣から分泌されるアンドロゲン（男性ホルモン）がウォルフ管に作用して、ウォルフ管は男性内性器である精管や精嚢に分化する。一方、XX の染色体を持つ女性は、ウォルフ管が退化してミュラー管が発育することにより、ミュラー管が女性内性器である卵管や子宮に分化する。

外性器は、性腺の分化に合わせて、妊娠10週ころから性差が生じるようになり、XYの染色体を持つ男性では外陰部が男性化し、XXの染色体を持つ女性の外陰部は女性化する。もともとは同じだった生殖結節は、男性では陰茎（ペニス）となり、女性では陰核（クリトリス）となる。

(4) 脳の性分化

胎生期に分泌されるアンドロゲンの作用によって、脳は男性化すると考えられている。脳は、XYの染色体を持つ男性では周期性のない男性型となり、XXの染色体を持つ女性では周期性を保持した女性型となる。すなわち、女性は性機能の周期性（月経周期）を保持する。

第2節　乳幼児期

乳児期は生後1年未満、幼児期は1歳から小学校に入学するまでとされる。乳児期のなかでも生後28日未満を新生児期という。乳幼児期は、人として成長・発達していく最初の重要な時期である。心理・社会的にも性差や性意識が芽生え、性役割が形成され始め、性的な発達においても重要な時期である。

(1) 心身の発達

乳児期の1年では、身体的な発育は著しく、身長は出生時の約1.5倍、体重は約3倍となる。個人差はあるが、生後11〜12か月にはつかまり立ちや、つたい歩きができるようになる。乳歯が生え始め、徐々に大人と同じ食事を摂取できるようになっていく。

新生児期には、空腹や不快などを泣くことでしか表現できないが、1歳〜1歳半では1語文、2歳ころには2語文を話すことができるようになり、言語によって親や周囲の人に自らの意図を伝えられるようになる。

また、乳児期までは、母親または育児者だけだった世界が、幼児期になると家族以外の人々や仲間への関係に広がり、そのなかで自己を意識し、他者との関係を築いていくことになる。

人として未熟な状態で生まれた新生児は、乳幼児期を通して歩行や言語、社会性を身につけて、人として成長・発達する。

(2) 性の発達

乳幼児期には、性器以前の感覚として、母親の胸に抱かれ、スキンシップを通して安心感や快感を得るような生理的・身体的な快感がある。出生から1歳半くらいまでは、口唇や舌の快楽を求めるが、この欲求は母親の母乳を飲むことで満たされることが多い。また、幼児期には、男女の身体や性器の違いに興味を示すようになり、自分の性器を刺激した時に快感があることも知るようになる。男女の性器の違いから、「自分は男である」「自分は女である」ことを知り、男女の性別意識もはっきりしてくる。2～3歳で自分の性別ラベルを知り、3～4歳で他人のレッテルや性別に沿った知覚世界を認識する。

生物学的な性の分化は、すでに胎生期に進行しているが、社会的な性別は出生時の外性器の形態によって決定され、戸籍上の性が規定される。さらに、「男の子らしく」「女の子らしく」といった親の育て方により影響を受ける。性役割は、親とのかかわりで強化され、5～6歳で成人に近い性役割の概念や好みを持つようになる。

性同一性に問題がある場合には、3歳ころから身体的な性に違和感を持つようになる。

第3節　学童期

小学校に在籍している6～12歳ころまでの期間を学童期という。学童期は、幼児期の自己中心的な性質がかなり残っている低学年から、中学年、高学年へと成長・発達する。

(1) 心身の発達

学童期には、身体が発育し、運動能力が発達するとともに、知的能力も発達する。学校で規則正しく生活し、給食で偏りなく栄養摂取できることで、疾病に罹患する割合も低い。家庭から学校に世界が広がり、心身だけでなく社会的にも変化する時期である。集団生活を通して社会的な活動も広がる。

低学年までは、身体的な発達速度は安定した時期であるが、生理的な機能の発達は未熟である。また、知的発達が著しく、何でも知りたいという好奇心旺盛な時期である。直接体験を重視した学習活動によって、探求心や学ぶことの楽しさを得る。

中学年では、身体の発育・発達によって体格や体力に男女差が生じ始める時期である。また、それまでの自己中心的な考え方から、物事を客観的に考えることができるようになるが、相手を思いやる気持ちには未熟な場合がある。仲間との生活を通して安心できる同性の世界に溶け込み、男女がそれぞれ同性の集団で行動することが多い。

高学年では、思春期の体つきに変化するが、心身の発育・発達には男女差だけでなく個人差もある。

(2) 性の発達

この時期は、幼児期と思春期の間の時期で、性的関心や情緒的な葛藤が静まる時期ともいわれる。低学年では、異性としての意識は弱く、男女の別なく遊ぶが、中学年になると、身体の発育・発達に男女差が生じ始め、性意識が明確となり、異性に関する関心も芽生えてくる。高学年では、二次性徴の発現に伴い、異性への関心が高まり、自己の性への認識が確かになる。

学童期では、小学校の生活、仲間とのかかわり、親の期待により性役割が強化される。低学年では保護者や教師への依存度が高く、その影響を受けやすい。中学年では、保護者や家族をモデルとして男女の在り方を学習する。高学年では、大人よりも友達とのかかわりを大切にするようになり、性差や男女の性役割を意識するようになる。

本節に限らず、子供の性に関する成熟や発育・発達には個人差が大きく、また、性自認や性的指向については、必ずしも身体の性と心の性が一致しない場合や性的な関心が異性に向かう場合だけではないことについても留意する必要がある。

第４節　思春期

思春期とは、学童期から青年期への移行期であり、身体的および心理・社会的な成熟までの期間を示す。わが国では、８～９歳ころから17～18歳ころまでとされる。

(1) 心身の発達

思春期は、心身ともに変化の激しい時期で、身体的・性的に発育するとともに、自我に目覚め、アイデンティティ（自己同一性）の確立に向かう時期である。アイデンティティとは、「自分が何者であり」「社会とどのようなかかわりを持ち」「将来どのような者として生きていくか」などについて明確な自我意識を形成でき、そしてこれらの自我が統合された状態をいう。エリクソンが示した思春期の心理・社会的危機は、「同一性」対「同一性の混乱」であり、自我の形成や統合が達成できなかった場合は、アイデンティティの危機となる。この危機を乗り越えるためには、両親、友人、恋人といった他者との関係が重要である。

思春期は、子供の面もある一方で、大人の面もあるといった中途半端で不安定な状況にある。思春期は勉強だけでなく、異性にも関心を持つようになる。高校生ころになると、異性への関心が高まり、異性の友人を求めるようになる。この時期は、恋愛や友情を育んだり、スポーツに打ち込んだりする半面、悩みや不安がつきまとい、挫折や葛藤が起こる時期でもある。

思春期は、学童期よりも広く複雑な社会環境に入り、そのなかで人間関係を作り、自我を確立しなければならない。

(2) 性の発達

思春期には、一次性徴の成熟と二次性徴の発現がみられる。一次性徴とは、生殖に直接関係のある生殖器官によって示される形態的・機能的な男女の特徴をいい、出生時にみられる男女の違いである。一次性徴の成熟は、男性では精通現象、女性では初経で知ることができる。日本性教育協会（2019）によると、精通は、**図 9-2** のように 2017 年時点、大学生や高校生では 13〜14 歳でみられることが多く、中学生では年齢がやや低下して 12〜13 歳が多い。初経は、**図 9-3** のように、中学生から大学生まで 12 歳がもっとも多い。初経は、成長スパートの 1 年後で、身長 146〜148 cm、体重 40〜42 kg 程度のときに発現するといわれている。

二次性徴とは、生殖器以外に認められる男女の特徴である。二次性徴は、

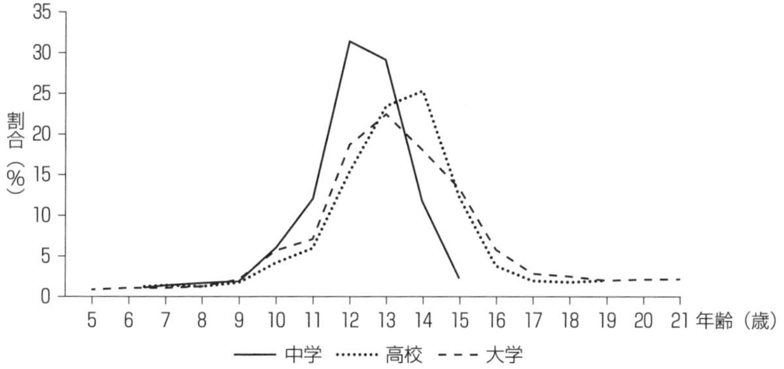

図 9-2　精通年齢（初めて射精があったのは何歳でしたか）

注：2017 年の調査時点で中学生、高校生、大学生であった者の回答

出典：日本性教育協会編『「若者の性」白書——第 8 回青少年の性行動全国調査報告（電子書籍版）』小学館，2019 年、位置 No. 2971/3005 より筆者作成

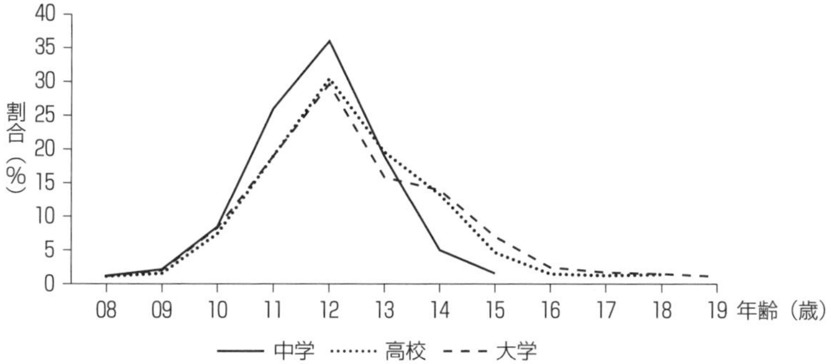

図 9-3　初経年齢（初めて月経があったのは何歳でしたか）

注：2017 年の調査時点で中学生、高校生、大学生であった者の回答

出典：日本性教育協会編『「若者の性」白書——第 8 回青少年の性行動全国調査報告（電子書籍版）』小学館，2019 年，位置 No. 2972/3005 より筆者作成

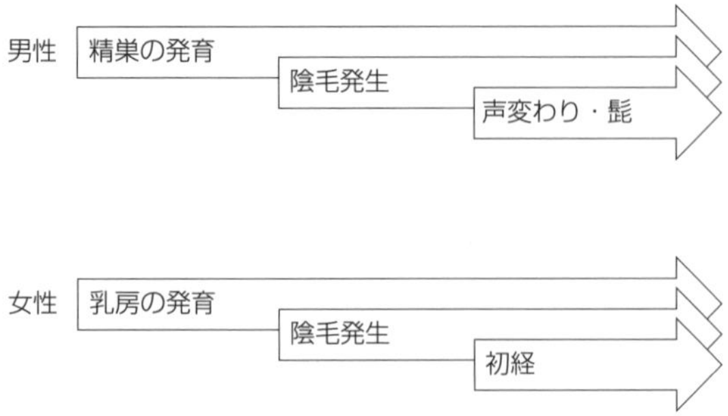

図 9-4　思春期の性成熟

出典：筆者作成

脳下垂体前葉から分泌される性腺刺激ホルモンの作用によって現れる。さらに、女性の二次性徴の発現や初経は、性腺刺激ホルモンの作用を受けて卵巣から分泌されるエストロゲンによって引き起こされる。**図 9-4** のように、男性では、9～14 歳で精巣が発育し、10～15 歳で陰毛の発生、12～16 歳で髭、声変わりが生じる。さらに、骨格や筋肉が発達して男性的な体格となる。

女性では、まず乳房の発育が 8～13 歳ころで始まり、11 歳ころから陰毛の発生が始まる。脂肪沈着により女性らしい体つきとなり、初経が始まる。初経後 5 年くらいは無排卵性周期や黄体機能不全により月経周期が不順なことも多い。

第 5 節　成人期

成人期とは、心身ともに成長して一人前の人間になった時期のことである。わが国では、20 歳を過ぎると社会的には成人として扱われる。成人期は、思春期が終わり、20～60 歳ころまでをいい、性成熟期と更年期が含まれる。

(1) 性成熟期

性成熟期は生殖年齢であり、就職、結婚、子育てなど、社会や家庭でも重要な役割を担う。学校を卒業して親から独立し、経済的にも精神的にも自立する。性成熟期には視床下部—下垂体—卵巣系のフィードバック作用による調節が安定して月経周期は安定する。この時期にはパートナーと親密な関係を築き、ともに生活をし、子供を産み育てる。一方で、月経異常や不妊で悩むこともある。結婚するか、子供を持つか、仕事を続けるかなど、さまざまな決断をすることになる。

(2) 更年期

閉経の前後5年ずつ、合計約10年間を更年期という。わが国の女性は50歳までに半数以上の女性が閉経を迎えるため、45〜55歳が更年期といえる。この時期には卵巣機能の低下により、月経異常、ホットフラッシュなどの自律神経失調症状、泌尿器・生殖器の萎縮、心血管系疾患、骨粗鬆症、精神神経症状など、さまざまな症状が出現する。

更年期には、子供の独立による空の巣症候群や親の介護、身近な人の死などの喪失体験も起こりやすい。エストロゲンの減少にこれらの心理的な要因が加わることで、更年期症状が出現しやすくなる。しかし、このような身体症状を乗り越えることによって、身体的にも精神的にも円熟していくことができる。

女性と同様に男性の場合にも加齢とともに精子形成や男性ホルモンの分泌機能が低下するが、女性のような急激な変化はみられない。むしろ、職場でのストレスによる身体的・精神的問題がみられる。

第6節　老年期

老年期は、65歳以上としているものが多いが、わが国の平均寿命は80歳を超えており、多くの高齢者にはその後20年近い歳月が残されている。老年期には、加齢により老眼や難聴などがみられる他、歯・口腔、皮膚、毛髪、運動器、生殖器等に加齢による影響が表れる。身体的老化とともに、加齢に伴って心理機能も減退する。老年期には、新しい物事の学習能力（流動性知能）は低下しやすいが、過去の経験による知能（結晶性知能）は比較的保持することができる。老年期には、退職により、経済的基盤を失うことや身体的な健康を損なう、配偶者を失うなどのことから、孤独や自己尊厳の低下を招くこともある。一方で、パートナーとの関係が良好な場合には、思いやりと尊厳に満ちた成熟の時期を迎える。

老年期には、生殖機能は衰えるが、直接的な性行為はなくても異性との精神的なつながりを大切にして、身体的な性から精神的な性へと転換することができる。

引用・参考文献

E. H.・エリクソン、J. M.・エリクソン『ライフサイクル、その完結〈増補版〉』村瀬孝雄・近藤邦夫訳、みすず書房、2001年

日本性教育協会編『「若者の性」白書——第8回青少年の性行動全国調査報告（電子書籍版）』小学館、2019年

課題

(1) XYの性染色体を持つ男性は胎生期にどのように性分化するか、説明してみよう。

(2) 二次性徴によって男性と女性はどのように変化するか、自分の経験を思い出しながら書いてみよう。

参考図書

狛潤一・佐藤明子・水野哲夫・村瀬幸浩『改訂新版　ヒューマン・セクソロジー——生きていること、生きていくこと、もっと深く考えたい』子どもの未来社、2020年

小國美也子・木下博勝・近藤奈々絵・平野雄『ライフサイクルでみる女性の保健と健康——充実した人生を過ごしていくために』ミネルヴァ書房、2020年

第4部　現代人の生命と性

現代においては、生物の性の決定に関する科学的解明が進み、生殖や妊娠の過程で生命操作にかかわる技術が適用されることも特別なことではなくなっている。第 4 部では、他の生物も含めた性の成り立ちとともに、人間の性の多様性について学ぶ。また、不妊治療などの生殖補助医療技術や出生前検査の現状、実施条件などを確認し、命の始まりに科学技術が介入することの倫理的な課題についても考えたい。そして、少子化が進む社会の現状や要因を理解し、子育て支援や次世代育成のあり方について考察を深めたい。

Keywords

LGBT、SOGI、性自認、性的指向、性分化、不妊治療、体外授精、顕微授精、胚移植、代理懐胎、出生前検査、少子化、人間関係の希薄化、健やか親子 21、子育て支援

第10章　性の多様性

第1節　「男」と「女」では捉えられない

レズビアン（Lesbian：女性同性愛者）・ゲイ（Gay：男性同性愛者）・バイセクシュアル（Bisexual：両性愛者）・トランスジェンダー（Transgender：性別越境者）の頭文字をとったLGBTという呼称が性的少数者の総称として広く使われ、性が多様であることが知られつつある。クエスチョニング（Questioning：わからない・決められない・どのカテゴリーにも帰属意識を感じられない）、もしくは、クィア（Queer：奇抜・独特）のQを加えたLGBTQや、sをつけ複数形とし、LGBTだけではなくそれも含めた性的少数者の総称としてLGBTsと表現されることもある。各種の調査によって、性的少数者に該当する人は、1.6～10％程度いることが明らかにされている（電通総研、博報堂DYグループLGBT総合研究所、名古屋市総務局総合調整部男女平等参画推進室、日本労働組合総連合会などの調査がある）。本章では、性の多様性についてみていく。

その前に、以下の**図10-1**を見てほしい。何が描かれているか、わかるだろうか。おそらく、わからない人も多いだろう。この図に込められている意

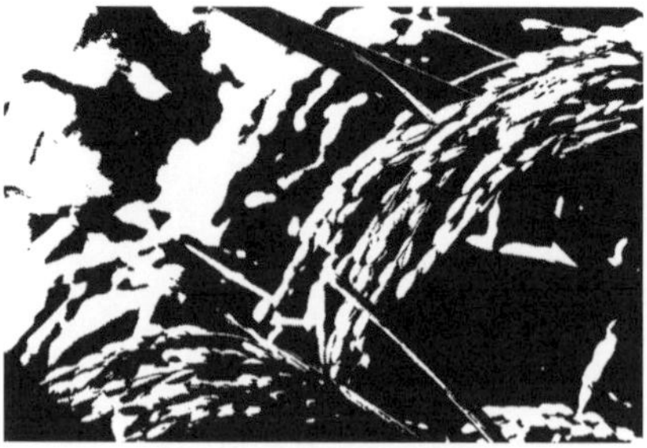

図10-1　白黒のイラスト

図については、本章の最後であらためて解説するが、ひとつだけヒントをいうと、この白と黒の2色だけのイラストは、性（セクシュアリティ）の多様性を逆説的に示している。

(1) 公的書類の性別欄

性が多様であることが知られつつある一方、現在の日本では、健康保険被保険者証、パスポート、マイナンバーカードなど身分証明書に記載される性別は、「男」もしくは「女」の2種類だけである（ただし、日本の運転免許証には性別の記載はない）。

日本を含め、多くの国で、公的書類の性別欄は「男」「女」の2種類のみだが、「男」「女」以外の性別を記載することができる国や地域も増えつつある。たとえば、オーストラリアでは2011（平成23）年から、カナダでは2017（平成29）年から、パスポートの性別欄に「X」(unspecified：確定されない、もしくはnonbinary：2種類では分類できないの意）が使用されるようになった。アメリカ合衆国でも2020年現在州や都市によって（アーカンソー州、オレゴン州、ミネソタ州、メイン州、ユタ州、コロラド州、カリフォルニア州、インディアナ州、ネバダ州、バーモント州など）は、運転免許証もしくは身分証明書の性別欄に「X」が使用されている。また、ネパール、インド、バングラデシュ、パキスタンなど南アジアの地域では、古くからヒジュラと呼ばれる男性でも女性でもないカテゴリーの性別がある。ヒジュラの多くは身体的には男性だが去勢を受け、女装し、女性としてふるまい、イスラム教やヒンドゥー教の祭事に携わり神聖な存在としてみなされる。と同時に、売春などにもかかわることがあり穢れた存在としてもみなされる。この文化圏以外の人からみれば、非常に理解が難しい不思議な存在だ。ヒジュラの存在もあり、これらの国では2000年代後半から2010年代にかけて「X」もしくは「O」(other：その他の意）が使用され始めている。

このように、国によっては、性別の表記が「男」「女」だけでは収まりきらなくなっている。

(2) 人間のセクシュアリティ　4つの要素

なぜ性別が単に「男」「女」だけでは収まりきらないのか。この点を理解するには、人間のセクシュアリティを、少なくとも4つの要素の組み合わせとして考える必要がある。すなわち、「性的特徴」「性自認」「性的指向」「性的表現」の4つである。以下から、それぞれをみていこう。

第2節　性的特徴（Sexual Characteristics）

(1) 動物の世界

そもそも、性が単に「男」と「女」の2種類だけに収まりきらないのは、動物の世界を見ればわかりやすい。

微生物のうちゾウリムシやミドリムシなどは、単純に分裂して増殖する、単性生殖であり、自分と同じ遺伝子のクローンが増殖していくので、性別という概念自体が存在しない。微生物でもミジンコは、環境が安定しているときは単性生殖で仲間を増やすが、エサが少ない場合や水温が低い場合、乾燥など環境が悪化するとオスが生まれる。そして、オスとメスが交配し、長い場合は2年ほど乾燥に耐えることができる耐久卵が作られる。必要な場合だけオスが生まれるということだ。

軟体動物のうち、カタツムリ、ミミズ、ウミウシ、アメフラシなど、一個体がメスとオスの双方の生殖器官を持つ雌雄同体の種もある。

魚類には、一個体が生涯の途中に性転換する種が珍しくない。たとえば、クマノミ類は雄性先熟といい、最初にオスとしての生殖器官が成熟する。そして、群れのなかでもっとも大きい個体がメスに性転換し、メスの生殖器官が成熟する。そして、2番目に大きかった個体のオスとペアとなって繁殖をおこなう（『ファインディング・ニモ』というアニメ映画がある。見たことがある人は、もしニモたちがクマノミとしての本来の性転換の性質を持っていたら、あの物語がどうなってしまうのかを考えてみよう[1]）。また、ベラ科、ブダイ科などはメスの生殖器官が先に成熟しメスとして繁殖をおこなった後、性転換をしてオスの生殖器官が成熟してオスとして繁殖をおこなう雌性先熟である。さらに、ハゼ科のオキナワベニハゼ、キイロサゴハゼ、パンダダルマハゼなど、群れのなかでもっとも大きなメスが性転換を起こしオスになり、より大きなオスが現れると性転換をしたオスは再びメスに戻るという双方向性転換の種もある。

ワニ、カメ、トカゲなど爬虫類のなかには、卵がふ化するまでの温度によって生物学的な性が決まる（温度依存性決定）種がある。たとえば、多くの種のワニの場合、おおむね32℃以上の高温でオス、30℃以下の低温でメスが多く生まれる。また、ウミガメの場合は、29.3℃を境に、これより高温だとメス、低温だとオスが生まれることが多くなる[2)]（そのため、近年の地球温暖化によって、一方の性に偏ることが危惧されている）。スッポンのように、性染色体があり、温度は関係なくふ化する以前から性が決まる種もある。

(2) 人間の身体の性的特徴

ヒトの場合、身体的な性の要素は**表10-1**に示したように、染色体、性腺、内性器、外性器によって構成され、まず最初に性染色体（XXが女性、XYが男性）によって身体的な性が決定される。ただし、妊娠の初期段階では、ヒトの胎児は男女共通型である。胎児が成長するにつれ、性染色体がXYの場合は、男性型へと分かれていく。そのメカニズムの鍵となるのが、Y染色体上にあるSRY（精巣決定遺伝子）である。SRYが発現した場合、胎児の性腺原基が精巣に変化していく（発現しなければ、卵巣に変化していく）。その後、精巣では妊娠8週ごろからアンドロゲン（男性ホルモン）が分泌されるようになり、アンドロゲンなどの作用によって、妊娠12週ごろから内性器が、妊娠16週ごろから外性器が男性型へと変化していく[3)]（第9章「ライフサイク

表10-1　性の身体的構成要素

	男　性	女　性
染色体	46, XY	46, XX
性　腺	精巣	卵巣
内性器	精巣上体、精管	卵管、子宮
外性器	陰茎、陰嚢	陰核、陰唇

出典：筆者作成

ルと性」)。つまり、人間の性器は、女性型が基本型であり、特別な作用があれば男性型になるということである。

(3) 性分化疾患（DSD：Differences of Sex Development）

多くの人が女性としての、あるいは、男性としての典型的な生物学的特徴を持つが、なかには、典型的な状態とは一部が異なる特徴を持つ人もいる。というのも、まれに、性染色体が XX でも転座というメカニズムで SRY を持っている場合や、逆に性染色体が XY でも SRY が欠損している場合、あるいは、アンドロゲンの分泌に過不足があったり、分泌の時期がずれたり、内外性器の受容体が反応しない場合もあるからだ。そのために性分化が非典型となり、たとえば、男女両方の特徴を持ったり、内性器と外性器の特徴が一致しなかったりすることがある。この非典型な性分化のパターンはおよそ 70 種類ほどあり、これらを総称して、診断名をつける場合、性分化疾患（DSD：Differences of Sex Development）と呼ばれる。

DSD を持つ子供の成長を描いた、六花チヨ『IS　男でも女でもない性』（講談社、2003〜09 年）のタイトルが示すように（IS は Intersex の略語）、以前、日本では DSD が「インターセックス」「男でも女でもない性」、古くは「半陰陽」とも呼ばれた。これらの呼称を差別的だと感じる当事者もいる。というのも、DSD はあくまで身体的な状態を指しており、身体的な性の状態と性自認や性的指向や性的表現とは必ずしも連動しないからだ。DSD を持つ人のうち、性自認が「男でも女でもない」という人がまったくいないわけではないが、それは性分化疾患を持たない人のなかにも性自認が「男でも女でもない」という人がいるのと同じで、DSD を持つ人でも持たない人でも、自分が「女である」もしくは「男である」という性自認を大多数が持っている。

第 3 節　性自認（Gender Identity）

性自認とは、自分の性別を何であると感じるのかという自己認識の概念をさす。「こころの性」あるいは「脳の性」ともいう。多くの人が自分を「男であると感じる」もしくは「女であると感じる」という性自認を持つが、「男でも女でもないと感じる」「男であるとも女であるとも感じる」「揺れ動く」「わからない」「決めたくない」など、さまざまな性自認のあり方がある。

多くの人は、身体的な性と自認する性が一致するシスジェンダー（cisgender）であるが、先述のとおり、身体的な性の状態と性自認は必ずしも連動しない。そのため、身体的な性と自認する性が異なるトランスジェンダー（transgender）の人もいる。トランスジェンダーのうち、医学的な治療（たとえば、性別適合手術やホルモン治療など）が必要な場合、「性別違和」（以前は「性同一性障害」と呼ばれた）という診断名がつけられて治療することになる。

性自認は先天的に生まれながらに決まっているのか、もしくは、後天的に男の子として、あるいは女の子として、育てられるなかで決まるのかという論議があった。そのようななか、1966（昭和41）年、カナダで8か月の男児が、医療ミスによりペニスに大きな損傷を受けるという事故が起こった。その男児の両親は、アメリカの性科学者ジョン・マネーの勧めで、その男児を女の子として育てることにした。手術でこの子供には女性器が形成され、女性ホルモンが投与され、ブレンダ（仮名）という女の子の名前が与えられた。ジョン・マネーは、その子供が女の子としての性自認を受け入れ、女の子として順調に育っていると発表し、育て方や性ホルモンの投与などの処置次第で性自認は後天的にコントロールできるという説を提唱した。

ところが、実際のところ、その子は自分が女の子であることに疑問を持ち続けていた。14歳のときに、父親から真相を聞かされて以来、その子は男性として生きていくことを決意し、デイヴィッドという男性の名前を名乗るようになった。

性自認は後天的に決まるというジョン・マネーの説に疑問を持っていた性科学者がいた。1993（平成5）年に、デイヴィッドと面会し、デイヴィッドが男性として生きている事実を知ったアメリカのミルトン・ダイアモンドは、論文を発表し、性自認が後天的に決まるというマネーの説をくつがえした。

ただし、ミルトン・ダイアモンドは、性自認が生まれる前から先天的に決まっているという説を主張しているわけではない。先天的要因が性自認に大きな影響を与えているのは確かだが、育てられ方などの後天的な要因も影響を与えており、「人間の性自認は先天的要因と後天的要因が混ぜ合わさった結果だ」というのがダイアモンドの主張である。

第4節　性的指向（Sexual Orientation）

性愛の対象とする性のことを性的指向という。「好きになる性」のことである（が、近年、恋愛感情〈ロマンチック〉と性的欲求〈セクシュアル〉とを概念を分けて用いる場合もある。本項では分けずに「セクシュアル」を用いる）。同じ読みであるため、趣味や好みを意味する「性的嗜好」と混同される場合もあるが、異なる概念である。

多くの人が（自分の性自認に対し）異性を性愛の対象とする「異性愛」（ヘテロセクシュアル）であるが、同性を対象とする「同性愛」（ホモセクシュアル）、

■コラム　動物の世界における同性愛

ニューヨークの動物園での実話を描いた『タンタンタンゴはパパふたり』という絵本がある。大まかなストーリーは以下のとおりである。いつも一緒にいるオス同士のペンギンカップルが、一緒に巣を作り、卵に似た形の石を温めていた。その様子を見た飼育員が、1シーズンに1つしか卵をかえせないカップルが生み捨てた卵を、このオスカップルの巣に移したところ、2匹が協力して卵をかえし、自分たちの子供として育てることができた、という話である。

ペンギンに限らず、動物の世界における同性愛や両性愛は広く観察されている。ところが、「同性愛は人間だけにみられ動物の世界には存在しない」と思い込んでいる人は、現在でも一定数いると思われる。

「自然は多様性を好む、しかし、われわれの社会はそれを嫌う。（Nature loves variety, but our society hates it.）」というミルトン・ダイアモンドの言葉がある。自然や動物の世界には、こんなにも性の多様性があるのに、人間の社会ではその多様性が疎まれる場合がある。そのことを的確に言い表した言葉だ。

両方の性別を対象とする「両性愛」（バイセクシュアル）、対象の相手の性別を気にしない「全性愛」（パンセクシュアル）、誰も性愛の対象としない「無性愛」（アセクシュアル）「決められない」「揺れ動く」「わからない」「決めたくない」など、さまざまなあり様がある。

第5節　性的表現（Gender Expression）

性的表現とは、見た目や言動・ふるまいやしぐさなど、自分をどんな性別として表現するかということをさす。性的表現は性自認と同じ性としてふるまう人が多いが、これも必ずしも連動するわけではなく、ときと場合や接する相手によって使い分けたり、性自認とは関係なくふるまったり、無性の存在として自分を表現したり、さまざまなあり様がある。

性的表現という概念を理解するのにわかりやすいのが、芸能人であろう。芸能人のなかには性的表現を巧みに使い分ける人がいる。たとえば、ゲイ（性自認が男性で男性が性愛対象）であり、身体の性は男性であるが、女装し、女性の言動でふるまう芸能人の（タレント活動中の）性的表現は女性、ということになろう。

また、ジェンダーレスファッションと呼ばれる性別にこだわらないファッションタイルがある。美意識が高く、メイクし、レディースの服を着るなどファッションにおける性差の垣根を取り払おうとする「ジェンダーレス男子」が、近年注目を集めている。このジェンダーレスファッションも、性的表現のあり様のひとつである。

第6節　SOGI・SOGIE・SOGIESC

以上の「性的特徴」「性自認」「性的指向」「性的表現」の４つの要素からセクシュアリティを捉えることができれば、性別を単に「男」と「女」の２種類だけで表すことがいかに不十分なことかを理解できるだろう。４つの要素のいずれも多様なあり様があり、しかも、その多様なあり様の４つの要素の組み合わせで、１人ひとりのセクシュアリティが構成されているのだ。

性的少数者の総称としてLGBTという呼称が日本でも広く使われ始めている一方で、SOGI（読み方はソジ／ソギ）という言葉も使われている。性的指向（Sexual Orientation）と性自認（Gender Identity）の頭文字を合わせた言葉だ。性的表現（Gender Expression）のEを加えてSOGIE（ソジー）、さらに性的特徴（Sexual Characteristics）を加えたSOGIESC（ソジースク）という言葉も使用されている。

LGBTという呼称の一方で、なぜSOGI等の言葉が使われ始めているのか。LGBTという呼称を使用する場合、特に非LGBTの人が、LGBTとLGBTではない自分と、性的指向や性自認の問題を自分自身から分断して理解してしまうおそれがある。その一方、SOGIはLGBTのように性的マイノリティを分類するという概念ではなく、LGBTはもちろん非LGBTの人たちの間でも１人ひとりのセクシュアリティは多様であり、人間は誰でもSOGIの多様性のなかのどこかに位置づく、あるいは、性的指向や性自認については誰しもその当事者であるという意味が込められている。そして、性的表現を加えたSOGIEも、性的特徴を加えたSOGIESCも、誰でも性的表現、さらに、性的特徴の多様性のどこかに位置づくという意味が込められている。

日本では性的指向や性自認に関する差別やいじめなどのハラスメントが、SOGIハラと呼ばれ始めている。他者のSOGIを本人の許可なく第三者へ言いふらすアウティングと呼ばれる行為もSOGIハラの一種である。

第７節　「白」と「黒」では捉えられない

本節の最後に、冒頭で示した**図10-1**を再び見てほしい。白と黒の２色だけで構成されているこのイラストは、たとえるなら、性が男と女の２種類しかない人が見ている世界である。しかし、セクシュアリティは男と女の２種類では捉えきれず、グラデーションのように多様性に満ちていることが理解できれば、同じイラストが、**図10-2**のように見えてくるはずだ。印刷の都合で**図10-2**はグレースケールで示しているが、もともとこのイラストはカラー写真である。つまり、セクシュアリティについて、もっと豊かに認識することができれば、本来の色づいた世界が見えてくるはずだ。セクシュアリ

図 10-2　稲穂

ティはこの稲穂の写真のように、色づき、総やかな多様性で満ちている[4]。

注

1）『ファインディング・ニモ』では、冒頭、ニモの母が殺されてしまう。父がニモを育てるのだが、ニモが人間に捕まり、ニモを探しに行くことからこのタイトルがつけられている。もしニモたちがクマノミとしての性転換の性質を持っていたら、母が死んだとき、1番大きなオスは父であるから、父がメスに性転換する。そして、2番目に大きいオスは、この時点ではニモなので、性転換してメスとなった父とニモがペアとなって繁殖に至る、ということになる。もっとも、野生のクマノミは漂流した稚魚がイソギンチャクに集まって群れを形成するので、基本的に生物学的な親子による群れではない。

2）「若いウミガメ、99%以上がメス　豪、温暖化影響か」『朝日新聞』2018年1月16日（https://www.asahi.com/articles/ASL1D4Q4WL1DULBJ00M.html、2020年10月20日確認）

3）BabyCenter（サンフランシスコに拠点を置くオンラインメディア企業）が公開している動画「Inside pregnancy: Girl or boy?」には、もともとは同じ形であった性器が、女性型／男性型に分離していく様子がわかりやすく描かれているので、視聴してほしい（https://www.babycenter.com.my/v1027493/inside-pregnancy-girl-or-boy-video、2020年10月20日確認）。

4）白黒の画像とカラーの画像との対比から性の多様性を説明するというアイデアは、以下の大東学園高校の「性と生」の授業の実践を参考にした。阿部和子「［高校の実践］性別って」『季刊セクシュアリティ』71、2015年、pp. 102–114。

課題

(1) 自治体によっては、印鑑登録証明書や戸籍謄本の請求書類に、申請者の性別欄を廃止し、また、学校によっては、入学願書の性別欄を廃止するなど、不必要な性別欄を廃止する動きが広まっている。なぜこのような動きがあるのかを考え、性的少数者への対応のあり方を考えてみよう。本節の内容が理解できれば、その対応のあり方とは、非LGBTの人のLGBTへの対応のあり方にとどまらないはずだ。

(2) 2018（平成30）年に杉田水脈衆議院議員がLGBTは「生産性がない」とする論考を発表して大きな問題となった。杉田議員の論考のどのような点に問題があったのかを、調べてみよう。

(3) 調査によって、性的少数者の存在の割合にバラつきがある。なぜこのようなバラつきが生じるのかを調べてみよう。「性的少数者」の定義、調査対象の違い、調査方法の違い、など、さまざまな要因が考えられることがわかるはずだ。

参考図書

ミルトン・ダイアモンド「現代日本文化の中の伝統主義者vs.フェミニスト――〈自然vs.相互作用〉論争とその社会的意味づけ」東優子訳『現代性教育研究月報』2006年1月号、2006年

狛潤一・佐藤明子・水野哲夫・村瀬幸浩『改訂新版ヒューマン・セクソロジー――生きていること、生きていくこと、もっと深く考えたい』子どもの未来社、2020年

日本性分化疾患患者家族会連絡会ネクスDSDジャパン「教える前に知っておきたいDSD・性分化疾患の基礎知識」（https://131e3702-27f0-8862-14ef-b9ddcba3da5b.filesusr.com/ugd/0c8e2d_383874848ece4d47a1031685e20993ac.pdf、2020年8月18日確認）

ジャスティン・リチャードソン、ピーター・パーネル文、ヘンリー・コール絵『タンタンタンゴはパパふたり』尾辻かな子・前田和男訳、ポット出版、2008年

第11章　生命の操作

第1節　生殖補助医療

生殖補助医療（Assisted Reproductive Technology：ART）について、日本産科婦人科学会は「『妊娠を成立させるためにヒト卵子と精子、あるいは胚を取り扱うことを含むすべての治療あるいは方法』である。一般的には体外受精・胚移植（IVF-ET）、卵細胞質内精子注入・胚移植（ICSI-ET）、および凍結・融解胚移植等の不妊症治療法の総称である。配偶者間人工授精（AIH：Artificial Insemination with Husband's semen）や非配偶者間人工授精（AID：Artificial Insemination with Donor's semen）は除外する」と定義している。生殖補助医療は子を望む男女に対して、男女双方の配偶子を体外で取り扱うことにより妊娠に導く不妊治療であるといえる。不妊は男性側に原因がある場合、女性側に原因がある場合、その両方に原因がある場合、原因がわからない場合などがあり、原因に応じた最適な治療方法が選択される（**図11-1**）。

男性側の原因には性機能障害、造精機能障害、精路通過障害などがある。性機能障害が原因の場合、基礎疾患（精神疾患や糖尿病など）の治療、勃起不全治療薬による薬物治療がおこなわれる。造精機能障害が原因の場合、生活習慣（禁煙、適度な運動、睡眠など）の改善をおこないつつ、漢方薬やビタミン剤（ビタミンB1、ビタミンB2、ビタミンEなど）、ホルモン剤による薬物治療がおこなわれる。精巣やその上の精索部に静脈の拡張（静脈瘤）がみられる場合は静脈瘤手術が適用される。精路通過障害が原因の場合は、精路の塞がっている部分を除き精路を再建する手術がおこなわれる。いずれの原因においても、前述した治療による妊娠が困難な場合には人工授精、体外受精、顕微授精が適用される。

女性側の原因には、排卵因子、卵管因子、子宮因子、頸管因子、免疫因子がある。排卵障害など排卵に原因がある場合は、排卵誘発剤などによる薬物

	原因	治療	治療
男性側の原因	性機能障害 • 性欲（性衝動）障害 • 勃起障害 • 射精障害など	• 基礎疾患の治療 • 薬物治療（勃起不全治療薬など）	人工授精
	造精機能障害 • 無精子症 • 乏精子症 • 精子無力症など	• 生活習慣改善 • 薬物治療 （漢方薬，ビタミン剤，ホルモン剤など）	
	精索静脈瘤	• 静脈瘤手術	↓
	精路通過障害	• 精路再建手術	
女性側の原因	排卵因子 • 排卵障害など	• 排卵誘発剤	体外受精 生殖補助医療
	卵管因子 • 卵管の癒着など	• 子宮鏡下選択的卵管通水術 • 癒着剝離術（腹腔鏡，開腹） • 卵管形成術（腹腔鏡，開腹）	
	子宮因子 • 子宮内膜症など	• 薬物治療 • 病巣を切除する手術（腹腔鏡，開腹）	↓
	頸管因子 • 子宮頸管の炎症 • 子宮粘液の分泌	• 薬物治療（抗生剤）• 薬物治療（ホルモン剤）	顕微授精 生殖補助医療
	免疫因子 • 抗体が精子を攻撃しているなど		
原因がない （原因がわからない）		• タイミング法 • 排卵誘発剤	

図 11-1　不妊治療の流れ

出典：筆者作成

治療がおこなわれる。卵管の癒着など卵管に原因がある場合は、子宮鏡下選択的卵管通水術[1]などがおこなわれる。また、腹腔鏡あるいは開腹による手術（癒着剝離術、卵管形成術）などがおこなわれる。それでも妊娠しない場合は、体外受精が適用される。子宮因子の代表的な病気は子宮内膜症である。その場合、まずは薬物による治療がおこなわれ、次に腹腔鏡あるいは開腹により病巣を切除する手術がおこなわれる。それでも妊娠しない場合は、人工授精、体外受精、顕微授精が適用される。頸管因子が原因の場合、子宮頸管に炎症がある場合は抗生物質による薬物治療、粘液分泌に問題がある場合はホルモン剤を用いた薬物治療がおこなわれる。免疫因子が原因の場合は、人工授精や体外受精の適用となる。

男女ともに原因不明の場合、まずはタイミング法、排卵誘発剤による治療がおこなわれ、それでも妊娠しない場合は人工授精、体外受精／胚移植、顕微授精／胚移植が適用される。ここでは、原因を取り除く治療をおこなっても妊娠にいたらない、原因不明の場合などにおこなわれる一般不妊治療（タイミング法、排卵誘発剤による治療、人工授精）と生殖補助医療（体外受精／胚移植、顕微授精／胚移植）について解説する。

(1) タイミング法

排卵日を予測し、もっとも妊娠しやすいタイミングで性交をおこない、妊娠の確率を高める方法である。基礎体温（第7章「生命の誕生」）を測定し排卵日が近づいてきたら（月経10～12日目ごろ）受診し、超音波検査で卵胞の計測をおこなうとともに、血中のエストロゲン値を測定し排卵日を予測してもらう。主治医から「○月○日に夫婦生活をおこなってください」などの指示があったタイミングで性交をおこなう。後日、排卵のタイミングが適切であったかどうかを超音波検査で確認することもできる。排卵障害や黄体機能不全がある場合は、排卵誘発剤治療を併用しておこなうことがある。

(2) 排卵誘発剤による治療

内服薬と注射の2つの方法がある。内服薬による方法には、クロミフェン、シクロフェニルという名称の薬が用いられ、クロミフェン療法、シクロフェニル療法といわれている。いずれも間脳の視床下部の脳下垂体に働きかけ、卵胞刺激ホルモン（FSH）の分泌を促し、卵胞を発育させ排卵を促す。頸管粘液が少なくなる、子宮内膜が薄くなるなどの影響があるといわれている。子宮内膜が薄いと妊娠率が低くなることが報告されているため、卵胞が成熟した時点で、子宮内膜を厚くするヒト絨毛性ゴナドトロピン（human chorionic gonadotropin：以下、hCG）製剤などの投与がおこなわれることもある。

注射による排卵誘発には、ヒト閉経後ゴナドトロピン（human menopausal

gonadotropin：以下、hMG）製剤が主に用いられるが、FSH 製剤が用いられることもある。内服薬が「卵胞を発育させ排卵を促す」といういわば間接的な機序であるのに対して、hMG 製剤は卵巣に直接作用する。数回にわたって超音波検査をおこない、卵胞が規定の大きさに育ったら hCG 製剤に切り替え、排卵を促す。自然の周期では 1 個か 2 個の卵胞が選択されて発育するが、hMG 製剤による排卵誘発は、調整ができず複数の卵胞が発育してしまう。その結果、多胎妊娠になる場合がある。また、卵巣過剰刺激症候群（ovarian hyperstimulation syndrome：OHSS）を起こす可能性がある。卵巣過剰刺激症候群とは、卵巣が膨れ上がり腹水や胸水が溜まり、呼吸困難を起こすこともある。重症になると腎不全や血栓症などの合併症を引き起こすことから、早期の発見と対応が必要である。薬による卵巣過剰刺激症候群は薬を注意することにより改善することが多いので、治療中に「お腹が張る」「吐き気がする」「急に体重が増えた」「尿量が少なくなる」「体がむくむ」「気持ちが悪い」などの症状が現れたら、医師に相談する必要がある。

(3) 人工授精

男性の精液を洗浄、濃縮し、活動性の高い精子を取り出し、女性の子宮腔内、子宮頸管内、卵管内、腹腔内に注入する方法である。基礎体温、超音波検査、血液検査、尿検査などで排卵日を予測して実施される。

精液の検査の結果、自然妊娠が難しいと判断された場合や、女性の子宮頸管粘液に問題がない場合、タイミング法を試しても妊娠に至らない場合などに適用される。卵管の癒着など、卵管因子が解決困難な場合は、人工授精は適用されない。女性の排卵に問題がある場合は排卵誘発剤による治療が同時に行われる。

人工授精には夫の精子を用いる配偶者間人工授精と提供精子を用いた人工授精がある。また、夫が抗がん剤治療、放射線治療などを受けるような場合、治療前に精子を凍結保存し、それを用いて人工授精がおこなわれることもある。

人工授精の妊娠率については、治療を受けるものの年齢によっても違いがあるが、多くの産婦人科が 1 回の施行で 5 ～10％であること、妊娠にいたった夫婦の約8割が3回目の施行までに、約9割が5回目の施行までに妊娠していることから、3～5回おこなっても妊娠に至らない場合は、体外受精などの生殖補助医療への切り替えを考える必要がある。

(4) 体外受精／胚移植、顕微授精／胚移植

現在の日本における生殖補助医療とは、体外受精、顕微授精、胚移植のことである。体外受精は、体外に卵子を取り出し、シャーレ上で媒精する（運動性の高い精子を振りかける）ことによって受精させ、一定期間培養した受精卵（胚）を子宮腔内に移植する。前準備として、排卵誘発剤を用いた排卵誘発と、採卵、採精が必要である。通常、採卵はhCG製剤投与後36時間（排卵日の直前）におこなわれる。同じ日に採精を行い、受精の準備を整える。

顕微授精は、体外に卵子を取り出し、顕微鏡下で極細いガラス管を用いて精子を卵子の細胞質内に移植することによって受精させ、一定期間培養した受精卵（胚）を子宮腔内に移植する。

また、妻や夫が抗がん剤治療、放射線治療などを受けるような場合、治療前に卵子や胚を凍結保存し、それを用いて体外受精、顕微授精、胚移植をおこなうこともある。

■コラム　ノートパソコンを膝の上に置いて使うのはキケン⁉

男性の陰嚢は、精巣の温度を精子の形成に最適な温度（34～35度）に保つ働きをしている。アメリカでおこなわれた研究によると、ノートパソコンを膝の上に乗せて使用すると陰嚢の温度が上昇（60分の使用で2.6～2.8度上昇！）するそうだ。長期間の使用は精子形成に悪影響を与える？　と断言するには、さらに研究を重ねる必要がありそうだが、精巣が熱に弱いことは、発熱性疾患や停留睾丸などで実証されていることを考えると、ノートパソコンの使い方には気をつけた方が良さそうだ。しかし、この研究結果をよく見ると、ノートパソコンなしの状態（座っただけ）でも陰嚢の温度が2.1度上昇することが示されている。ときどき立ち上がることが大事なのかもしれない（Sheynkin, et al　2005）。

日本では、1983（昭和58）年に最初の体外受精による出生児の報告がされており、1992（平成4）年に最初の顕微授精による出生児の報告がされている。その後の生殖補助医療技術の進歩は日進月歩であり、今では、不妊症のために子を持つことができない人々にとってなくてはならない治療であるといえる。その一方で、提供された精子・卵子・胚を用いる方法や代理懐胎等については、親子関係の確定や商業主義、法の整備等の観点から、課題を残している。

第2節　日本における精子・卵子・胚の提供等による生殖補助医療

2020（令和2）年11月現在、日本には精子・卵子・胚の提供等による生殖補助医療を規制する法律はない。日本産科婦人科学会は、学会のホームページ上に「胚提供による生殖補助医療に関する見解」を掲出し、そこに「生殖補助医療は日本産科婦人科学会の会告に準拠し、医師の自主規制のもとにAIDを除いて婚姻している夫婦の配偶子により行われてきた（2018年7月13日更新）」と記している。

2020年11月20日、第三者から卵子や精子の提供を受けた生殖補助医療で生まれた子供の親子関係を明確にする民法の特例法案が、参院本会議で可決された。この法案には「第三者の卵子で出産した場合、卵子の提供者ではなく産んだ女性を母とし、妻が夫の同意を得て妊娠した場合、夫は自分の子であることを否認できない」としたものであり、子が出自を知る権利の規定や、代理懐胎の可否、卵子や精子の売買・あっせんに関する規制は、2年後をめどに法的な措置を検討するとして見送りにされた。この法案に対しては修正をもとめる声があがっている。

厚生科学審議会生殖補助医療部会が、「生まれてくる子の福祉の優先」「人を専ら生殖の手段として扱わない」「安全性への配慮」「優生思想の排除」「商業主義の排除」「人間の尊厳」などの観点から、①精子・卵子・胚の提供等による生殖補助医療を受けることができる者の条件、②精子・卵子・胚の提供をおこなうことができる者の条件、③提供された精子・卵子・胚による生殖補助医療の実施条件、④インフォームド・コンセントとカウンセリング、⑤実施医療施設および提供医療施設、⑥公的管理運営機関の業務を検討し、2003（平成15）年に「精子・卵子・胚の提供等による生殖補助医療制度の整備に関する報告書」として報告している。本節には、厚生科学審議会生殖補助医療部会の報告内容を抜粋しまとめる。

(1) 精子・卵子・胚の提供等による生殖補助医療を受けることができる者の条件

精子・卵子・胚の提供条件

精子・卵子・胚の提供のすべてに共通する条件は、下記３点とされている。

- 子を欲しながら不妊症のために子を持つことができない法律上の夫婦
- 自己の精子・卵子を得ることができない法律上の夫婦
- 加齢により妊娠できない夫婦は対象外

提供された精子による人工授精、体外受精については「精子の提供を受けることができる医学的な理由」、提供された卵子による体外受精については「卵子の提供を受けることができる医学的な理由」が別に明文化されている。その概要は、**表 11-1** の通りである。

提供された胚の移植に関する条件

提供された胚の移植に関しては、さらに下記３つの条件が提示されている。

- 子の福祉のために安定した養育のための環境整備が十分になされることを条件とし、胚の提供を受けなければ妊娠できない夫婦に対する最終的な選択である
- 提供を受けることができる胚は、他の夫婦が自己の胚移植のために得た胚に限る。精子・卵子両方の提供によって得られる胚の移植は認めない
- 個別の事例ごとに、実施医療施設の倫理委員会及び公的管理運営機関の審査会にて実施の適否に関する審査をおこなう

表 11-1　精子・卵子の提供を受けることができる医学的な理由

精子の提供を受けることができる医学的な理由	
「精子が存在しないか、または、精子に受精能力がない」ことを明確に判断できる	(1) 無精子症と診断され、かつ、精巣生検法による精子回収を行った結果、成熟精子が存在しない (2) 無精子症と診断され、かつ、仮に精巣生検法による精子回収を行っても精巣内に成熟精子が存在しないものと医師によって判断されている (3) Globozoospermia（奇形精子症の一つで、全ての精子が巨大な円形の頭部を持ち、受精能力がないもの）と診断されている (4) 死滅精子症と診断され、かつ、精巣生検法による精子回収を行っても生存精子が得られない
「精子が存在し、かつ、精子に受精能力がない」ことを明確に判断することはできないが、精子に受精能力がないことが推定される	(1) 夫婦間の卵細胞質内精子注入法（ICSI：顕微授精）を相当回数実施したが、妊娠に至らなかった場合で、かつ、その原因が妻側にないものと医師によって判断されている (2) 夫婦間の卵細胞質内精子注入法を相当回数実施したが、受精卵が得られなかった場合で、かつ、その原因が妻側にないものと医師によって判断されている
卵子の提供を受けることができる医学的な理由	
「卵子が存在しないか、または、卵子に受精能力がない」ことを明確に判断できる	(1) 卵巣（性腺）形成不全 (2) 卵巣性無月経 (3) 両側卵巣摘出術後 (4) 放射線、抗癌剤などの外因による卵巣機能の廃絶
「卵子が存在し、かつ、卵子に受精能力がない」ことを明確に判断することはできないが、卵子に受精能力がないことが推定される	(1) 夫婦間の卵細胞質内精子注入法（ICSI：顕微授精）を相当回数実施したが、妊娠に至らなかった場合で、かつ、その原因が夫側にないものと医師によって判断されている (2) 夫婦間の卵細胞質内精子注入法を相当回数実施したが、受精卵が得られなかった場合で、かつ、その原因が夫側にないものと医師によって判断されている
※加齢により妊娠できない夫婦は対象とならない。「加齢により妊娠できない」ことの具体的な判定は医師の裁量とする。 ただし、実施に当たって医師が考慮すべき基準を国が法律に基づく指針として示す。考慮すべき基準の具体的な内容としては、自然閉経の平均年齢である 50 歳ぐらいを目安とし、それを超えて妊娠できない場合には、「加齢により妊娠できない」とみなすこととする。	

出典：厚生労働省『「精子・卵子・胚の提供等による生殖補助医療制度の整備に関する報告書」について』「別紙 1 精子の提供を受けることができる医学的な理由」「別紙 2 卵子の提供を受けることができる医学的な理由」（https://www.mhlw.go.jp/shingi/2003/04/s0428-5b.html、2021 年 1 月 20 日確認）より著者作成。

提供された胚による子は、提供を受け養育することとなる夫婦の両方の遺伝的要素が受け継がれない。しかし、日本の民法における嫡出推定制度や認知制度にあるように必ずしも血縁主義が貫徹されているわけではなく、実親子関係とは別に養親子関係も認められていることから、遺伝的要素を受け継がないということのみをもって、当該生殖補助医療が子の福祉に反するとはいえないと考えられることから、上記のような条件のもと認められたという経緯がある。

代理懐胎（代理母・借り腹）

代理懐胎は、現在の日本では禁止されている。代理懐胎には、夫の精子を妻以外の第三者の子宮に医学的な方法で注入して妻の代わりに妊娠・出産してもらう代理母（サロゲートマザー）と、夫の精子と妻の卵子を体外受精して得た胚を妻以外の第三者の子宮に入れて、妻の代わりに妊娠・出産してもらう借り腹（ホストマザー）の２種類が存在する。いずれの場合も、下記が禁止の結論にいたった理由としてあげられている。

- 第三者の人体そのものを妊娠・出産のために利用するものであり「人を専ら生殖の手段として扱ってはならない」という基本的考え方に反する
- 第三者に子が胎内に存在する約10か月にわたって受容させ続けることから「安全性に十分配慮する」という基本的考え方に照らして容認できない
- 代理懐胎を依頼した夫婦と代理懐胎をおこなった人との間で生まれた子を巡る深刻な争いが起こり得ることが想定され（アメリカなどで実例がある）、「生まれてくる子の福祉を優先する」という基本的考え方に照らして望ましいものとはいえない

子宮に移植する胚の数の条件

子宮に移植する胚の数については、多胎のリスクや減数手術に関する倫理的な問題の観点などから、１回に子宮に移植する胚の数は、原則として２個、移植する胚や子宮の状況によっては医師の裁量によって３個までとされてい

る。

(2) 精子・卵子・胚の提供等をおこなうことができる者の条件

提供者の年齢及び自己の子供の有無

精子を提供できる者は、満55歳未満の成人、卵子を提供できる者は、すでに子のいる成人、かつ、満35歳未満であることが条件とされている。ただし、自己の体外受精のために採取した卵子の一部を提供する場合には、すでに子がいることを要さないとされている。理由としては下記4点が明記されている。

- 加齢と精子の異常の発生率との関係については必ずしも明確にはなっていないが、それを示唆する研究もある
- 卵子の提供者が満35歳以上の場合には、卵子の異常等の理由から、妊娠率が低下し、流産率が増えることが予想される
- 卵子の採取に伴う排卵誘発剤の投与による副作用、採卵の際の卵巣、子宮等の損傷等により卵子の提供者自身が不妊症となるおそれがないとはいえない
- 自己の体外受精のために採取した卵子の一部を提供する場合には、卵子の提供者が当該卵子の提供により不妊症となるような身体的危険性を新たに負うものではない

同一の者からの卵子提供の回数制限、妊娠した子の数の制限

同一の人からの採卵の回数は3回まで、同一の人から提供された精子・卵子・胚による生殖補助医療を受けた人が妊娠した子の数が10人に達した場合には、以後、その者の精子・卵子・胚を当該生殖補助医療に使用してはならないとされている。これは、近親のカップル発生の可能性が高くなることを懸念して設定された数である。そのため、提供された精子・卵子・胚を使用して第1子が生まれた後、提供された精子・卵子・胚の残りを第2子以降のために使用することについては、「生殖補助医療を受けた人が妊娠した子の数が10人に達した場合」の条件に反しない範囲で認められている。

提供者の感染症及び遺伝性疾患の検査

提供された精子・卵子・胚の採取、使用にあたっては、当該精子・卵子・胚からのHIV等の感染症に関する十分な検査や遺伝性疾患のチェック等の予防措置が講じられねばならないとされている。感染症に関しては、血清反応、梅毒、B型肝炎ウイルスS抗原、C型肝炎ウイルス抗体、HIV抗体等についての検査が、採取時とウインドウ・ピリオド[2)]が終了した後におこなわれる。遺伝性疾患に関しては、日本産科婦人科学会の会告「非配偶者間人工授精と精子提供に関する見解」に準じることとし、提供者が自己の知る限り、2親等以内の家族および自分自身に重篤な遺伝性疾患等がないことについて、チェックをおこなうこととされている。

(3) 提供された精子・卵子・胚による生殖補助医療の実施条件

精子・卵子・胚の提供の対価

精子・卵子・胚の提供をめぐる商業主義的行為を防止するため、精子・卵子・胚の提供にかかわる一切の金銭等の対価を供与すること及び受領することは禁止されている。ただし、精子・卵子・胚の提供にかかわる実費相当分および医療費について提供することは認められている。具体的には下記の費用があげられる。

- 精子・卵子・胚の提供に際して必要な実費相当分（提供のために要する交通費、通信費、休業に伴い減少した所得など）
- 卵子のシェアリングの場合を除き、精子・卵子・胚の提供に要する医療費の全額

他の夫婦が自己の体外受精のために採取した卵子を用いた体外受精（卵子のシェアリング）が認められている。その際は、提供を受ける者が、採卵の周期に要した医療費等の経費の半分以下を負担することが認められている。提供を受ける者の金銭的負担や提供してもらう卵子の数などの諸条件は、一律に基準を定めることは困難であることから、提供を受ける者と提供者の間で匿名性を担保できる方法で契約を交わし、当該契約のもとにおこなわれる。

ただし、金銭の授受は、実施医療施設または公的管理運営機関が、提供を受ける者と提供者の間の匿名性を担保できる方法でおこなう。

精子・卵子・胚の提供における匿名性

精子・卵子・胚を提供する場合には匿名とされている。匿名性を保持しないと、提供を受ける側が提供者の選別をおこなう可能性があることや、両者の家族関係に悪影響を与える等の弊害が予想されるためである。

兄弟姉妹等からの精子・卵子・胚の提供については、厚生科学審議会生殖補助医療部会は、当分の間、認めないとしている。これを認めることとすれば、必然的に提供者の匿名性が担保されなくなり、また、遺伝上の親である提供者が提供を受けた人や提供により生まれた子にとって身近な存在となることから、提供者が兄弟姉妹等ではない場合以上に人間関係が複雑になりやすく、子の福祉の観点から適当ではない事態が数多く発生することが考えられること、またこのことが兄弟姉妹等に対する心理的な圧力となり、兄弟姉妹等が精子・卵子・胚の提供を強要されるような弊害の発生も想定されることなどが、その理由に挙げられている。

出自を知る権利

提供された精子・卵子・胚による生殖補助医療により生まれた子または自らが当該生殖補助医療により生まれたかもしれないと考えている者であって、15 歳以上の者は、精子・卵子・胚の提供者に関する情報のうち、開示を受けたい情報について、氏名、住所等、提供者を特定できる内容を含め、その開示請求をすることができる。

厚生科学審議会先端医療技術評価部会の下に 1997（平成 10）年 10 月 21 日に設置された「生殖補助医療技術に関する専門委員会」は、「提供された精子・卵子・胚による生殖補助医療により生まれた子は、成人後、当該提供者に関する個人情報のうち、当該提供者を特定することができないものについて、当該提供者がその子に開示することを承認した範囲内で知ることができる」としていたが、「子の福祉の観点から考えた場合、このような重要な権利が提供者の意思によって左右され、提供者を特定することができる子とできない子が生まれることは適当ではない」「生まれた子が開示請求できる年齢を超え、かつ、開示に伴って起こりうる様々な問題点について十分な説明を受けた上で、それでもなお、提供者を特定できる個人情報を知りたいと望んだ場合、その意思を尊重する必要がある」などを含め、いくつかの理由により上記のような結論に至ったことが明記されている。

精子・卵子・胚の提供により生まれた子に対し提供者に関する個人情報を開示することは、当該子のアイデンティティにかかわる重要な問題であり、開示請求があった場合に機械的に開示するという対応では開示請求者の抱える問題をより複雑化させる場合も生ずると考えられる。このため、開示の請求を求めてきた者に対し、公的管理運営機関は開示に関する相談に応ずることとし、公的管理運営機関は予想される開示に伴う影響についての説明をおこなうとともに、開示にかかわるカウンセリングの機会が保障されていることを相談者に知らせることとされている。特に、相談者が提供者を特定できる個人情報の開示まで希望した場合は、その事案の性質上、特段の配慮がなされる必要がある。また、児童相談所等は、当該者やその家族に対して、必要に応じて公的管理運営機関と連携をとりつつ対応する必要がある。

提供者については、希望した場合、提供をおこなった結果子供が生まれたかどうかだけを、公的管理運営機関から知ることができる。

近親婚とならないための確認

提供された精子・卵子・胚による生殖補助医療により生まれた子、または自らが当該生殖補助医療により生まれたかもしれないと考えている者であって、男性は18歳、女性は16歳以上の者は、自己が結婚を希望する人と結婚した場合に近親婚とならないことの確認を公的管理運営機関に求めることができる。確認の請求にあたり、公的管理運営機関は確認に関する相談に応ずることとし、確認に関する相談があった場合、公的管理運営機関は予想される確認に伴う影響についての説明をおこなうとともに、確認にかかわるカウンセリングの機会が保障されていることを相談者に知らせることとされている。

精子・卵子・胚の提供者と提供を受ける者との属性の一致

精子・卵子・胚の提供者と提供を受ける者との属性の一致について、ABO式血液型（A型・B型・O型・AB型）は、提供を受ける者の希望があり、かつ可能であれば、提供者との属性を合わせることができる。それ以外の属性については、希望があっても属性を合わせることは認めないとされている。

提供された精子・卵子・胚の保存期間、提供者が死亡した場合の精子・卵子・胚の取り扱い

提供された精子・卵子・胚の保存期間について、精子・卵子については2年間とし、胚及び提供された精子・卵子より得られた胚については、10年間とする。ただし、精子・卵子・胚の提供者の死亡が確認されたときには、提供された精子・卵子・胚は廃棄するとされている。

(4) インフォームド・コンセント（十分な説明と同意）、カウンセリング

提供された精子・卵子・胚による生殖補助医療をおこなう医療施設は、当該生殖補助医療を受ける夫婦に、また、精子・卵子・胚を提供する医療施設は、提供者とその配偶者に十分な説明をおこなわなければならない。そして、書面による明確な同意取得、同意撤回に対応する必要がある。また、提供を受けた夫婦およびその家族と、提供者およびその家族は、カウンセリング機会や子供が生まれた後の相談対応が保障される必要があるとされている。

(5) 実施医療施設及び提供医療施設

提供された精子・卵子・胚による生殖補助医療を実施する実施医療施設、実施医療施設への精子・卵子・胚の提供をおこなう提供医療施設は、厚生労働大臣または地方自治体の長が指定する。いずれも指定医療機関でのみ実施が認められている。実施医療施設及び提供医療施設を指定した者は、定期的な報告、必要に応じた報告徴収、立入検査など、当該施設の指導監督をおこなう。実施医療施設の責任者は、倫理委員会を設置し、提供された精子・卵子・胚による生殖補助医療を受けるための医学的理由の妥当性についてや、

適切な手続のもとに精子・卵子・胚が提供されることについて、夫婦の健康状態、精神的な安定度、経済状況など夫婦が生まれた子供を安定して養育することができるかどうかについてなどの審議をおこなうこととされている。

(6) 公的管理運営機関

公的管理運営機関は、同意書、同意撤回書の保存、同意書の開示請求への対応、個人情報の保存、出自を知る権利への対応、医療実績等の報告の徴収並びに統計の作成及び公表、精子・卵子・胚のコーディネーション業務及びマッチング業務、胚提供にかかわる審査業務、子供が生まれた後の相談業務などを実施する。

(7) 規制方法

規制方法については、「営利目的での精子・卵子・胚の授受・授受の斡旋」「代理懐胎のための施術・施術の斡旋」「提供された精子・卵子・胚による生殖補助医療に関する職務上知り得た人の秘密を正当な理由なく漏洩すること」については、罰則を伴う法律によって規制する必要があるとまとめている。

第3節　出生前検査（出生前診断）

(1) 出生前検査

出生前検査とは、広義には、お腹のなかにいる赤ちゃんが、先天的な病気を持っていないかどうか調べる検査のことであり、染色体疾患を判定する遺伝学的検査と脳や臓器の異常を調べる形態学的検査がある。狭義には遺伝学的検査のことを指し、染色体疾患の診断をおこなうことから、出生前診断といわれている。

狭義の意味での出生前検査も、大きくは、非確定的検査（それだけでは診断がつかない検査）と、確定的検査（それだけで診断が確定する検査）の２つに分類される。非確定的検査には母体血を用いた新しい出生前遺伝学的検査[3]（以下、NIPT）、コンバインド検査、母体血清マーカー検査などがある。

NIPTは、母体の血液を用いて胎児の染色体を調べる遺伝学的検査である。日本には2013年に導入された。妊娠10週以降に検査をおこない、21トリソミー[4)]、18トリソミー[5)]、13トリソミー[6)]の検出が可能である。母体から採血した血液を用いて少ない負担で検査をおこなうことができる上に、検査の精度が非常に高い（感度96.5%、特異度99.9%）と言われている。あくまでも非確定的検査の位置づけであるが、絨毛検査や羊水検査などの確定的検査を実施しない場合もある。

コンバインド検査は、超音波検査と血液検査を組み合わせておこなう検査である。妊娠11週〜13週に検査可能である。超音波検査は胎児の首の後ろのむくみを測定する血液検査は、胎児または胎盤由来のタンパク質やホルモンに関する血清マーカーの解析をおこなう。21トリソミー、18トリソミーが検出可能である。

母体血清マーカー検査は、コンバインド検査の血液検査と同様に、胎児または胎盤由来のタンパク質に関する血清マーカーの解析をおこなう。妊娠15週〜17週に検査可能である。21トリソミー、18トリソミー、神経管閉鎖障害（二分脊椎や無脳症など）を調べる。

以上の非確定的検査は、血液検査と超音波検査のため、母体への侵襲が少なく、検査による流産や死産のリスクはない。しかし、いずれの検査においても結果が「陽性」の場合、診断を確定させるために確定的検査を受ける必要がある。

確定的検査には絨毛検査と羊水検査がある。絨毛検査はお腹に針を刺して胎盤の絨毛細胞を採取する。妊娠11〜14週に実施する。羊水検査はお腹に針を刺して羊水を採取する。妊娠15〜16週に実施する。絨毛検査も羊水検査も超音波で確認しつつ外から針を刺すため、破水、出血、子宮内感染などが生じる可能性がある。また、流産や死産が絨毛検査では1％の確率で、羊水検査では0.2〜0.3%の確率で起こるといわれている。

(2) 遺伝カウンセリング

厚生労働省は、「母体血を用いた新しい出生前遺伝学的検査に関する指針」に、出生前検査については、その高度な専門性と結果から導き出される社会的影響を考慮すると、検査前後における専門家による十分な遺伝カウンセリングにより、検査を受ける妊婦やその家族等に検査の意義や限界などについて正確に理解していただくことが必要であると記載している。出生前検査を受けるか、受けないか、受ける場合どのような検査を受けるか、もし陽性だった場合どうしたら良いのかなど、臨床遺伝専門医や認定遺伝カウンセラーのカウンセリングを受ける必要がある。かかりつけの産科医や医療スタッフに相談し、専門外来を紹介してもらうことも可能である。

検査前のカウンセリング

検査前のカウンセリングは、検査を受けるかどうかの意思決定にかかわるものである。先天性疾患の意味、染色体疾患について、検査の詳細、検査結果の意味と課題、検査結果を受けての決断など、十分な理解と気持ちの整理をし、今後のことを考えた上で、検査にのぞむことができるよう相談を進めていく。

検査後のカウンセリング

検査後のカウンセリングは、陽性の場合と陰性の場合がある。陽性の場合は、時間的制約があるなかで妊娠継続か、妊娠中断かの意思決定をしなければならない。出生前診断が無秩序ないのちの選別にならないよう、また、どちらを選んでも、後悔や悔いが残らないよう相談支援を進めていく必要がある。妊娠継続を選んだ場合は、染色体疾患のある子供を育てることになるため、妊娠中のケア、妊娠中にしておくべきこと、誕生後の育児のことなどまで話をしていく必要がある。陰性の場合、「陰性の意味」も踏まえて今後に向けた相談援助をしていく必要がある。

注

1）子宮用の内視鏡を見ながら、卵管内に卵管カテーテルを挿入し生理食塩水等を注入する方法。

2）ウイルスなどの病原体に感染してから検査で抗体を検出できるようになるまでの空白期間のこと。

3）母体血を用いた出生前遺伝学的検査、新型出生前検査などともいわれる。NIPTはNon Invasive Prenatal Testingの略で、無侵襲的出生前遺伝学的検査と訳される。無侵襲とは、生体を傷つけない、患者に痛みなどの負担を与えないという意味である。

4）ダウン症候群ともいわれる。

5）18番目の染色体に異常がみられる。出生児3,500～8,500人に1人の頻度でみられ、女児に多い（男：女=1：3）といわれている。胎児期からの成長障害、先天性心疾患、呼吸器、消化器、泌尿器、筋骨格などへの合併症、難聴、悪性腫瘍などがみられる。エドワード症候群といわれることもある。

6）13番目の染色体に異常がみられる。出生児5,000～12,000人に1人の頻度でみられるといわれている。小頭症、頭皮欠損、頭蓋骨部分欠損、小眼球症など、多くの症状を呈する。パトウ症候群といわれることもある。

引用・参考文献

厚生労働省「『精子・卵子・胚の提供等による生殖補助医療制度の整備に関する報告書』について」2003年（https://www.mhlw.go.jp/shingi/2003/04/s0428-5.html、2020年12月2日確認）

厚生労働省「重篤副作用疾患別対応マニュアル　卵巣過剰刺激症候群（OHSS）」2011年（https://www.mhlw.go.jp/topics/2006/11/dl/tp1122-1r01.pdf、2020年12月2日確認）

厚生労働省「『母体血を用いた新しい出生前遺伝学的検査』の指針等について（周知依頼）」（https://www.mhlw.go.jp/content/11908000/000559100.pdf、2020年12月2日確認）

日本卵子学会編『生殖補助医療（ART）――胚培養の理論と実際』近代出版、2017年

日本産婦人科学会「栗林先生・杉山先生の開業医のための不妊ワンポイントレッスン11 生殖補助医療（ART）」（https://www.jaog.or.jp/lecture/11-生殖補助医療（art）、2020年12月2日確認）

Sheynkin, Y. R., Jung, M., Too, P., Soulsinger, D. & Komareff, E., Increase in scrotal temperature in laptop computer users, *Human Reproduction*, 20(2), 2005, pp. 452-455

柴原浩章・森本義晴・京野廣一編『図説よくわかる臨床不妊症学――生殖補助医療編 第3版』中外医学社、2018年

課題

⑴ 生殖補助医療とは何か、どのような場合に適用されるのか、説明してみよう。

⑵ 精子・卵子・胚の提供等による生殖補助医療に関する課題を整理してみよう。

⑶ 出生前診断とは何か説明してみよう。

参考図書

浅井美智子『日本における生殖医療の最適化』大阪公立大学共同出版会、2019 年

坂井律子『いのちをえらぶ社会 出生前診断のいま』NHK 出版、2013 年

山中美智子・玉井真理子・坂井律子編著『出生前診断 受ける受けない誰が決めるの？――遺伝相談の歴史に学ぶ』生活書院、2017 年

第12章　次世代育成

第1節　深刻な少子化の進展

日本の少子高齢化は現在も進行し続けており、人口ピラミッドは年少人口の少なさを物語っている（**図12-1**）。1年の出生数が260万人台ともっとも多かった第二次世界大戦後の1947（昭和22）年から1949（昭和24）年は「第1次ベビーブーム」と呼ばれ、この年に生まれた人々は現在全員が高齢者となっており、超高齢社会の要因となっている。この第1次ベビーブームの約20年後、1971（昭和46）年から1974（昭和49）年にかけて生じた「第2次ベビーブーム」は、第1次ベビーブーム期に生まれた人々が結婚・出産を迎え

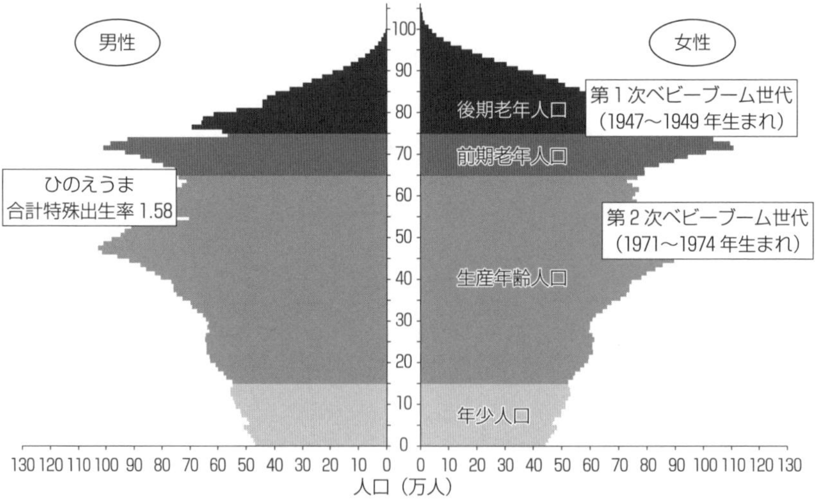

図12-1　日本の人口ピラミッド（2020年推計）

出典：国立社会保障・人口問題研究所「人口ピラミッド」（http://www.ipss.go.jp/site-ad/TopPageData/PopPyramid2017_J.html、2020年12月7日確認）より筆者作成

たために生じた。近年、出生数は減少が続き、2019（令和元）年は約86万人となっている（厚生労働省 2020）。

また、合計特殊出生率[1)]は人口維持のために必要とされている2.1を下回り、出生数は減少を続けた。さらに、1990（平成2）年の「1.57ショック[2)]」、2005（平成17）年の総人口の初めての減少により、人々に日本の少子化の深刻さが印象づけられた。少子化により人口が減少すると、必要な労働力が減少し経済成長が停滞したり、税金や保険料の減少により社会保障や行政サービスの基盤が揺らいだりし、子育てにも影響が出る悪循環が生じる。では、少子化の要因として何があげられるだろうか。ここでは主に2つの要因について、以下の項で詳しくみていきたい。

(1) 晩婚化・非婚化の進行による未婚率の増加

少子化の要因のひとつとして、未婚率の増加がある。日本では結婚しないで子供をもうける夫婦は欧米に比べて極めて少ないため、未婚率の上昇に伴って出生率は減少する。従来は非常に少なかった生涯未婚率（50歳時点で一度も結婚したことのない人の割合）は年々上昇し、2015（平成27）年は男性が約23%、女性が約14%となっている（国立社会保障・人口問題研究所 2020）。また、初婚年齢の平均は、1975年時点では夫、妻とも25歳前後であったが、2018（平成30）年には女性が約29歳、男性が約31歳となっており、晩婚化も進んでいる（厚生労働省 2020a）。

この背景として、ライフサイクルの変化、女性の高学歴化や社会進出の進展に伴う経済的自立などが社会的な背景となっていると考えられる。また、若年層を中心とした雇用状況の悪化や、「パラサイト・シングル[3)]」という言葉があるように、快適だった親との同居から自立して、結婚生活を営むことへのためらいがあることも要因として挙げられる。

(2) 夫婦の出生力の低下

結婚しても子供を産もうとしないことや、あまり多く産もうとしないという、夫婦の出生力の低下も指摘されている。ほぼ5年ごとにおこなわれている出生動向基本調査では、夫婦の完結出生児数（夫婦の最終的な出生子供数の

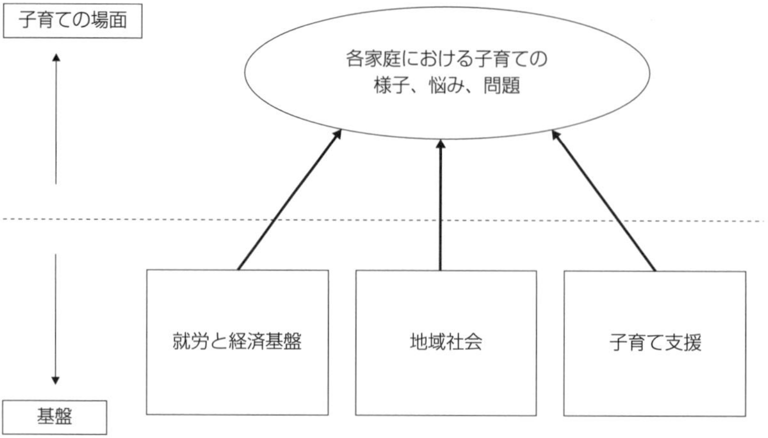

図 12-2　子育て基盤の概念図

出典：松田茂樹・汐見和恵・品田知美・末盛慶『揺らぐ子育て基盤――少子化社会の現状と困難』勁草書房、2010 年、p. 8 より筆者作成

こと）は 2010（平成 22）年から 2 人を下回っており、出生子供数 1 人（一人っ子）の夫婦が増加している（国立社会保障・人口問題研究所 2017）。この背景には、仕事と子育ての両立による負担感、現代の子育て家庭の経済的な負担の大きさ、晩婚化による不妊や子育ての身体的負担の増加があるとされている。つまり、各家庭における子育ての悩み、問題などの「子育てそのものの負担」が子供を産み育てることへの抵抗につながっている。この負担感を解消するためには、就労、地域社会、子育て支援を要素とする子育て基盤を整える必要がある（**図 12-2**）。

第 2 節　人間関係の希薄化と子育て支援のあり方

(1)　人間関係の希薄化と子育て家庭の孤立

ひと昔前は、4、5 歳の幼児が地域のなかで子供同士遊んだり、さらに幼いきょうだいを連れて遊んだりする姿を見た。しかし、最近は子供だけで遊ぶことはほとんどなく、必ず親が一緒にいる。これは、子供だけで遊ばせることへの社会の目が厳しくなったこともあるが、地域住民がお互いを知らず、ほとんどが「見ず知らずの人」となり、地域社会が子供にとって安全とはいえなくなったことも影響している。

従来日本では、子育てはその保護者および家庭の責任であるとされ、子育て支援政策は、家庭における子育て機能が低下した際、それを補完するために事後的に対応する限定的なものとして推進されてきた。また子育て家庭は、自らの地縁・血縁ネットワークを生かし、子育てにかかわる負担をその家庭内のみで担うのではなく、近所の人や親類と助け合いながらともに子供を育てることがごく自然におこなわれていた。しかし、都市化、核家族[4)]化、共働き家庭の一般化等の影響により、自然発生的な地縁・血縁ネットワークを子育て家庭が自ら構築することは困難となり、家庭が孤立し、子育てにかかわる負担が保護者とその家庭に大きくのしかかってくるようになってきた。このことが育児不安や児童虐待[5)]といった課題増加の大きな要因と考えられ、こうした子育て家庭をめぐる環境の変化から、子育て機能が低下した特定の家族だけでなく、すべての子育て家庭を対象とした子育て支援政策が必要となってきている。児童の権利に関する条約においても、子育ての第一義的責任は保護者にあると定めるとともに、国に対し子育てをおこなう保護者に、必要な援助をおこなうことを求めている。

(2) 子育て支援のあり方

そもそも子育て支援とは子供が心身ともに健全に育ち、その子に応じた発達を保障し、それを社会が責任を持って助けることである。1947 年に制定された児童福祉法の第 2 条には「国、地方公共団体は、児童の保護者とともに、児童を心身共に健やかに育成する責任を負う」としており、地域の子育ての社会的責任を明言している。子供は社会的存在であり、子供が健全に成長できるよう、社会は家庭を支援する義務がある。そのためにも、地域社会が子供を育てる場として、子育てしやすい場でなくてはならない。

さて、それでは、日本においてどのような子育て支援政策がおこなわれてきたのだろうか。

第3節　子育て支援政策の経緯

おもな子育て支援政策の経緯を**表 12-1** にまとめた。以下で内容に触れていきたい。

表 12-1　主な子育て支援政策の経緯

西暦（元号）	子育て支援政策
1947（昭和 22）年	児童福祉法制定
1948（昭和 23）年	母子衛生対策要綱の決定
1961（昭和 36）年	新生児訪問指導、3歳児健康診査
1965（昭和 40）年	母子保健法制定
1968（昭和 43）年	母子保健推進員制度の創設
1969（昭和 44）年	1歳6か月児健康診査 医療機関委託による妊婦および乳幼児健康診査
1994（平成6）年	エンゼルプラン（緊急保育対策等5か年事業）策定
1997（平成9）年	地域保健法施行：母子保健サービスの主体が市町村となる
1999（平成 11）年	新エンゼルプラン策定
2001（平成 13）年	健やか親子 21 策定
2003（平成 15）年	次世代育成支援対策推進法、少子化社会対策基本法施行
2012（平成 24）年	子ども・子育て支援関連三法可決（子ども・子育て支援新制度）
2016（平成 28）年	子育て世代包括支援センター設置の努力義務
2019（令和元）年	産後ケア法（略称）、成育基本法（略称）制定

出典：筆者作成

(1) 戦後の母子保健制度の整備

戦後の日本は、1947 年の児童福祉法の制定、翌年の母子衛生対策要綱の決定により、妊産婦、乳幼児に対する保健と福祉対策が相ついで実施された。しかし、1950 年代の後半においても、乳児や妊産婦の死亡率は先進諸国に比べて高く、地域格差が著しいなど母子の健康に関する多くの問題が取り残されていた。

このような状況において、1965（昭和 40）年に母子保健法が制定された。母子保健法の成立により、それまでの児童と妊産婦を対象とする母子保健から、さらに対象を広め、妊産婦になる前段階の女性の健康管理も含めた一貫した総合的な母子保健対策が推進されることになった。母子保健法施行後、

1968（昭和43）年度には母子保健推進員制度[6]の創設、1969（昭和44）年度の医療機関委託による妊婦および乳幼児健康診査[7]事業の実施など、必要な事業の整備がはかられた。

(2) エンゼルプラン・新エンゼルプラン

少子化対策に乗り出したのは、1990年の「1.57ショック」を契機にしている。1994（平成6）年に「今後の子育て支援のための施策の基本的方向について（エンゼルプラン）」が策定された。エンゼルプランは、政府による初めての少子化対策の具体的取り決めであった。これは、今後10年間に取り組むべき基本方向と重点施策を定めたものである。

そして、このエンゼルプランを実施するために、「緊急保育対策等5か年事業」が策定された。この事業は、1999（平成11）年度を目標として、保育所数を増やし、低年齢児保育、延長保育などの充実、地域子育て支援センターの整備等、保育サービスの拡充に重点を置いたものである。さらに、この事業の目標とされた1999年に、エンゼルプラン・緊急保育対策5か年事業を見直した「重点的に推進すべき少子化対策の具体的実施計画について（新エンゼルプラン）」が策定された。このプランは、少子化対策推進関係閣僚会議で決定された少子化対策推進基本方針に基づく重点施策の具体的実施計画であり、保育サービスに加え、雇用や性別役割分業の是正、子育て相談などにも目を向け、子育てしやすい社会を作っていくことを目的とした。

(3) 健やか親子21

2001（平成13）年に母子保健領域の国民健康づくり運動として「健やか親子21」が掲げられ、4つの主要課題と60を超える指標についての目標値が設定された。これをもとにさまざまな施策が10年間にわたり推進され、最終評価において約7割の指標で改善がみられた。「健やか親子21」は、安心して子供を産み、ゆとりを持って健やかに育てるための家庭や地域の環境づくりという少子化対策としての意義がある。4つの主要課題は①「思春期の保健対策の強化と健康教育の推進」②「妊娠・出産に関する安全性と快適さの確保と不妊への支援」③「小児保健医療水準を維持・向上させるための環境整備」④「子どもの心の安らかな発達の促進と育児不安の軽減」である。健やか親子 21 で掲げた指標のうち、大幅に改善したのは 10 代の喫煙率であった。高校 3 年生の喫煙率がベースラインの 36.9%から、第 2 回中間評価では 12.6%まで減少した。これは学校の敷地内禁煙の推進や健康教育によるものが大きい。また、育児に参加する父親の割合も 37.4%から 55.2%に増加し、世界のトップ水準にある乳幼児死亡率、妊婦死亡率はさらに減少した。反対に、悪くなっていた、または変わらない指標として、10 代後半の自殺率があり、男女ともに増加した。低出生体重児の割合も増加し、背景に妊娠中の体重管理不良や妊婦の喫煙などが考えられた。児童虐待死亡数は横ばいであり、児童相談所に相談があった虐待児数は年々増加している。これは、児童相談所等の支援機関の認知度向上の結果でもあるが、最終的には減少を目標としている。また、従来の健やか親子 21 の課題を見直し、現在は「健やか親子 21（第 2 次）」が 2015～2024 年の 10 年間にわたり進行中である。達成すべき 3 つの基盤課題「切れ目のない妊産婦・乳幼児への保健対策」「学童期・思春期から青年期に向けた保健対策」「子どもの健やかな成長を見守り育む地域づくり」と、2 つの重点課題「育てにくさを感じる親に寄り添う支援」と「妊娠期からの児童虐待防止対策」を掲げている。

(4) 子ども・子育て支援新制度

上記のようなさまざまな対策をおこなったにもかかわらず、日本の少子化は進行し続けた。そこで、次世代を担う子供を育成する家庭を社会全体で支援する目的で、2003（平成 15）年に次世代育成支援対策推進法が制定され、すべての地方自治体と 101 人以上の労働者を雇用する事業主は、次世代育成支援についての行動計画を策定することと定められた。同年には少子化社会対策基本法が制定され、2012（平成 24）年 8 月には、子ども・子育て支援関連 3 法[8]が可決された。これらは「子ども・子育て支援新制度」（**図 12-3**）と呼ばれ、次の 3 つのポイントを主として掲げている。

- 認定こども園、幼稚園、保育所を通じた共通の給付（「施設型給付」）及び小規模保育等への給付（「地域型保育給付」）の創設

子ども・子育て支援

■認定こども園制度の改善
■認定こども園、幼稚園、保育所を通じた共通の給付等の創設
■地域の子ども・子育て支援の充実

→ より子どもを生み、育てやすく

【主な内容】

○幼児期の学校教育・保育の総合的な提供

・幼稚園と保育所の良さをあわせもつ施設（幼保連携型認定こども園）の改善、普及の促進
・小学校就学前の子どもに対する学校教育や保育の給付を共通に

○待機児童対策を協力に推進

・認定こども園等のほか、小規模保育、保育ママなど多様な保育の充実により、質を保ちながら、保育を量的に拡大

○大都市部以外でも地域の保育を支援

・子どもの数が減少傾向にある地域でも、認定こども園等のほか、保育ママなどの小規模な保育の活用などにより、子どもに必要な保育を提供（地域型保育給付の創設）

○家庭・地域の子育て支援を充実

・市町村が地域の声を聞きながら、子育ての相談や親子が交流する場、一時的に預かってもらえる場を増やすなど、子育て支援を充実

図 12-3　子ども・子育て支援新制度の概要

出典：WAMNET「子ども子育て関連 3 法と子ども子育て支援新制度の概要」（https://www.wam.go.jp/content/wamnet/pcpub/top/appContents/wamnet_jidou_explain.html、2020 年 12 月 7 日確認）

- 認定こども園制度の改善（幼保連携型認定こども園の改善等）
- 地域の実情に応じた子ども・子育て支援（利用者支援、地域子育て支援拠点、放課後児童クラブなどの「地域子ども・子育て支援事業」）の充実

(5) 地方自治体がおこなう子育て支援

子育て家庭にとってもっとも身近な地域の公的機関は、市町村等の地方自治体である。子育て家庭の相談にのり、子育て支援事業を整備して、支援を必要とする家庭に紹介・提供し、地域の実情に応じたきめ細やかな子育て家庭を支援する取り組みを進めていくことが、市町村の役割として制度的にも強化されている。市町村が実施する子育て支援事業として、法定化されてい

る主なものは、「放課後児童健全育成事業[9]」「子育て短期支援事業[10]」「乳児家庭全戸訪問事業[11]」「養育支援訪問事業[12]」「地域子育て支援拠点事業[13]」「一時預かり事業[14]」である。これらの事業により、地方自治体の保健師や保育士などの支援専門職、教育職、子育て家庭の接点の機会が増え、地域の身近な相談役として頼れる存在となっている。

法定化された事業以外にも、「子ども・子育てビジョン」では、「ファミリー・サポート・センター事業[15]」の普及促進等が掲げられている。また、子育て当事者自身や児童委員、ボランティアなどが参画して、子育て家庭同士の交流や支え合いの場「子育てサロン」をつくる取り組みも広がっており、こうした地域住民による子育て支援活動を社会福祉協議会[16]等が支援している。

近年では2019年に母子保健法の一部を改正する法律（産後ケア法）公布により、各市町村が出産後1年未満の女性や乳児の心身状態に応じた保健指導や療養に伴う世話、育児に関する相談援助をおこなうよう整備されつつある。

■コラム　子育て世代包括支援センターの整備と法定化

2016（平成28）年、児童福祉法ならびに母子保健法が改正され、妊娠や子育ての不安、孤立などに対応し、児童虐待のリスクを早期に発見・予防するため、市町村は子育て世代包括支援センター（法律上は「母子健康包括支援センター」という名称）を設置するように努めなければならないことが明記された。さらに、「ニッポン一億総活躍プラン」（平成28年6月2日閣議決定）においては、2020（令和2年）度末までにセンターの全国展開を目指すこととされ、子育て家庭は全国どこにいても必要なサービスを受けることができるよう目指している。また、センター地域の実情に応じて柔軟に運営され、妊娠期から子育て期までの切れ目ない支援を提供するとともに、必要な専門機関等につなぐワンストップサービスの役割を担っている（**図12-4**）。

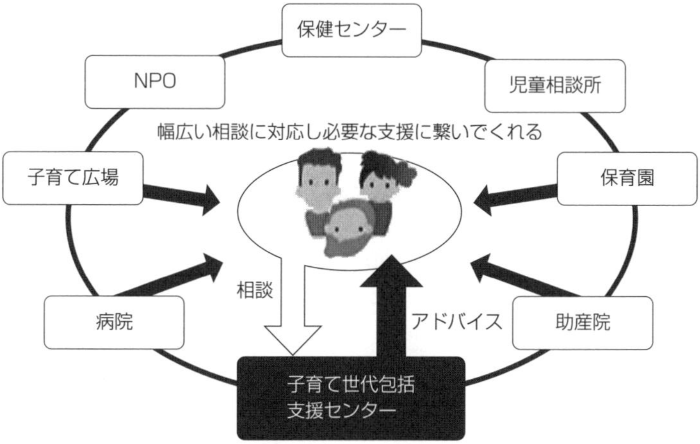

図 12-4　子育て世代包括支援センターのワンストップサービスの一例
出典：すくコム「子育て世代包括支援センターとは」(https://www.sukusuku.com/contents/255677、2020 年 12 月 7 日確認)

第 4 節　子育て支援・次世代育成の今後の課題

数々の子育て支援政策があるものの、それらが子育て家庭にとって利用しやすいものであるためには、必要な時に切れ目なく支援が提供されなければならない。そこで、2019 年に成育過程にある者およびその保護者並びに妊産婦に対し必要な成育医療等を切れ目なく提供するための施策の総合的な推進に関する法律（成育基本法）が施行され、従来の各政策を連動させ、地域で子育て家庭を切れ目なく支えるよう、法律によって後押しされる形となった（**図 12-5**）。しかしながら、地域によってはこれから支援体制を整備していく状況にあり、今後の課題であろう。

子供の育ちを保障するためには親・家族に対して、親類のサポートのみならず、国や地域の支援が必要であることが数々の調査から明らかにされている。地域の子育て支援者は、親の生活や心情の理解者であるという立場で親と信頼関係を築き、支援する役割を担っている。また、親のニーズを把握しながら、社会がそのニーズの実現に努力することが必要だが、ニーズという

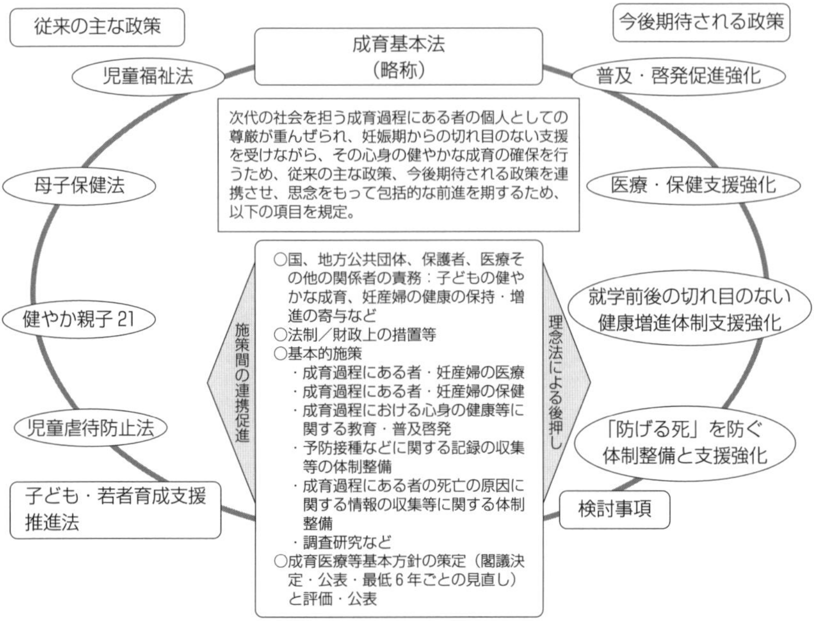

図 12-5　成育基本法の概念図

出典：公益社団法人日本小児科医会「成育基本法（略称）案によって実現を目指す政策群（自見はなこ議員作成）」(https://www.jpa-web.org/dcms_media/other/%E6%88%90%E8%82%B2%E5%9F%BA%E6%9C%AC%E6%B3%95%E6%A1%88%E5%AE%9F%E7%8F%BE%E3%82%92%E7%9B%AE%E6%8C%87%E3%81%99%E6%94%BF%E7%AD%96%E7%BE%A4.pdf、2020 年 12 月 7 日確認）より筆者作成

のは社会制度が変革されることで変化するものである。そのニーズの充足に向け、先を見据えた対策が必要となる。たとえば病児保育のニーズが高いため、直近の対策として病児保育施設を増やすことは必要であるが、本来は子供が病気になった時、親が安心して休暇を取れるよう社会制度を整備すべきであろう。また、そのようなマクロな制度の拡充とともに、ミクロな視点として地域の支援の質を高めることも重要な要素である。支援者がおこなう支援内容が子供に与える影響や効果を明らかにし、さらに支援者の専門性を高めていくことは、子育て支援ならびに次世代育成の今後の課題である。

注

1）ある年の15〜49歳の女性の年齢別出生率（何人いる女性から、何人の子供が産まれたかという割合）を足し合わせたものである。この値は、一人の女性がその年の出産パターンで仮に子供を産んだとしたら、生涯に何人出産するかということをあらわすものである。

2）1.57ショックとは、1989（平成元）年の合計特殊出生率が1.57と、「ひのえうま」という特殊要因により過去最低であった1966（昭和41）年の合計特殊出生率1.58を下回ったことが、翌年の1990年に人口動態統計表が公表されたことにより判明したときの衝撃を指している。

3）高等教育を修了し、自立する年齢となっても親と同居し、家事や経済面などの基礎的生活条件を親に依存している未婚者のことをいう。

4）社会における家族の形態のひとつ。「夫婦のみ」「夫婦と未婚の子供」「父親または母親とその未婚の子供」の世帯をさす。

5）児童虐待は18歳未満の子供に対して、保護者が暴行や傷害（身体的虐待）、著しい暴言や拒絶（心理的虐待）、わいせつな行為（性的虐待）、育児放棄（ネグレクト）をおこなうものである。近年は親が子供の前で、配偶者に暴力をふるったり、暴言を吐いたりする面前DV、虐待を受けた子供のきょうだいを心理的虐待として受理する背景があり、児童相談所の認知度も相まって児童虐待対応件数は年々増加している。

6）市町村に母子保健推進員を設置し、地域に密着した母子保健活動の推進をはかることを目的に創設された制度である。母子保健推進員は地域の保健師・助産師等有資格者や母子保健に熱意を持つ人々から選ばれ、市町村長の委嘱を受けて活動するボランティアである。推進員は担当地区の母子の家庭訪問や乳幼児健診・育児教室などの支援を通して、地域や家庭でおこっている母子保健上のさまざまな問題を身近な立場で把握し、母親の相談役となるとともに、住民と行政をつなぐパイプ役として活動している。

7）母子保健法（第12条・第13条）に規定されている。妊婦健康診査は、正常な妊娠の経過を妨げる合併症、特に流早産、妊娠高血圧症候群、胎児発育不全等の早期発見・早期治療と適切な生活指導を目的に実施されている。健診の結果は、医療機関から市町村に報告され、必要なケースには保健師や栄養士が保健指導をおこなっている。乳幼児健康診査は、乳幼児の健全な成長発達の促進と育児支援を目的に実施している。市町村保健センターなどで実施する公的な健康診査としては、乳児健康診査・1歳6か月児健康診査・3歳児健康診査と教育委員会が実施する就学時健康診断が法に定められている。

8）「子ども・子育て支援法」「就学前の子どもに関する教育、保育等の総合的な提供の推進に関する法律の一部を改正する法律」「子ども・子育て支援法及び就学前の子どもに関する教育、保育等の総合的な提供の推進に関する法律の一部を改正する法律の施行に伴う関係法律の整備等に関する法律」を指す。

9）保護者が労働等により昼間家庭にいない、小学校に就学している子供に対し、授業の終了後に児童館等を利用して適切な遊びや学習・生活の場を提供する事業。

10）保護者が病気や仕事により家庭で子供の養育が困難な場合や、育児不安や育児疲れなど身体的・精神的負担の軽減が必要な場合等に、児童養護施設等で一時的に養育する事業。

11）原則として生後4か月までの乳児のいるすべての家庭を、保健師、児童委員、母子保健推進員等地域の実情に応じた者が訪問し、子育てにおけるさまざまな不安や悩みを聞き、情報提供や適切なサービス提供に結びつける事業。

12）子育て不安や孤立感等を抱える家庭や、さまざまな原因で養育支援を必要とする家庭に対し、子育て経験者が、その家庭に訪問して育児・家事援助をしたり、保健師等による具体的な相談支援をおこなう事業。児童養護施設等を退所した後のアフターケアを必要とする家庭等に対する養育相談・支援も含まれる。

13）子育て家庭同士の交流の場（つどいの広場）や子育てに関する相談援助、情報提供等をおこなう事業。常設的につどいの広場を設置する「ひろば型」、専門的な支援・情報提供や地域支援を中心に実施する「センター型」、児童館に設置される「児童館型」の3類型がある。

14）家庭において保育を受けることが一時的に困難となった乳児または幼児を、昼間、保育所等で一時的に預かる事業。

15）乳幼児や小学生等の子供を預けたいと希望する家庭と、預かりたいと希望する地域住民との、住民同士の相互支援活動の調整をおこなう事業。早朝・夜間など保育所や学童保育の保育時間を超えて保育を要する場合の預かりや、病児・病後児の預かりなどがおこなわれている。

16）民間の社会福祉活動を推進することを目的とした営利を目的としない民間組織。社会福祉事業法（現在の社会福祉法）に基づき、設置されている。それぞれの都道府県、市区町村で、住民や関係機関の参加・協力のもと、地域の人びとが住み慣れたまちで安心して生活することのできる「福祉のまちづくり」の実現をめざしたさまざまな活動をおこなっている。

引用・参考文献

国立社会保障・人口問題研究所「現代日本の結婚と出産――第15回出生動向基本調

査（独身者調査ならびに夫婦調査）報告書」2017 年（http://www.ipss.go.jp/ps-doukou/j/doukou15/report15html/NFS15R_html07.html、2020 年 11 月 19 日確認）

国立社会保障・人口問題研究所「人口統計資料集 2020 年版」2020 年（http://www.ipss.go.jp/syoushika/tohkei/Popular/Popular2020.asp?chap=6&title1=%87Y%81D%8C%8B%8D%A5%81E%97%A3%8D%A5%81E%94z%8B%F4%8A%D6%8CW%95%CA%90l%8C%FB、2020 年 11 月 19 日確認）

厚生労働省「令和元年（2019）人口動態統計（確定数）の概況」2020 年-a（https://www.mhlw.go.jp/toukei/saikin/hw/jinkou/kakutei19/index.html、2020 年 11 月 19 日確認）

厚生労働省「令和元年（2019）人口動態統計月報年計（概数）の概況」2020 年-b（https://www.mhlw.go.jp/toukei/saikin/hw/jinkou/geppo/nengai19/、2020 年 11 月 19 日確認）

課題

(1) 日本の少子化の主な要因を 2 つあげ、その内容について説明してみよう。

(2) 健やか親子 21 とは何か。また、改善された指標や今後に残された課題についてまとめてみよう。

(3) 子育て支援の今後の課題を簡潔に述べてみよう。

参考図書

相澤仁編集代表、宮島清編『家族支援と子育て支援――ファミリーソーシャルワークの方法と実践』明石書店、2013 年

松田正巳『対象別公衆衛生看護活動（第 4 版）』医学書院、2017 年

松田茂樹・汐見和恵・品田知美・末盛慶『揺らぐ子育て基盤――少子化社会の現状と困難』勁草書房、2010 年

笹川拓也「地域社会における子育て支援の現状と課題――子育て支援制度の変遷と子育て家庭の現状について」川崎医療短期大学紀要、34、2014 年、pp. 13-18

第5部　生命と性の教育のあり方

1～4部における学びを基礎として、ここでは、生命と性について子供たちに具体的にどのように伝えていくべきかについて学ぶこととする。まず、明治以降の性教育の歴史や、第二次世界大戦後の文部科学省の性に関する教育の捉え方の変遷をたどることから始め、国際的な包括的性教育に関する指針や海外の性教育について理解することで視野を拡げたい。その上で、学校における生命と性の教育について、学習指導要領のもとでは、生命や性に関する事項を教科等の教育課程のなかでどのように取り扱うべきか、さらに、教科等横断的な性教育のあり方について考える。そして、学校だけでなく、家庭や地域社会との連携を重視しながら、生涯を通じた生命と性の教育のあり方やその課題について考察する。

Keywords
山本宣治、純潔教育、成熟期への到達、包括的性教育、科学とジェンダー平等に基づく性教育、関係性、学習指導要領、教科等横断的、生涯学習、連携・協働、SDGs

第13章　性教育の歴史

わが国において、科学的な研究を基礎に性教育の必要性が主張されたのは大正時代になってからであり、山本宣治《やまもとせんじ》などがその代表者とされている。本章では、明治以降から戦前までの生命と性の教育について、社会的な性の捉え方の変遷のなかでどのような教育活動がおこなわれてきたかについて概観することとしたい。

第1節　明治時代

(1) 天皇制教育の強化

1872（明治5）年の学制制定、1886（明治19）年の学校令公布により、近代の学校制度が形作られ、身分の違いに関係なく、さらに婦女子も学業を修めることができるようになった。続いて、1889（明治22）年公布の大日本帝国憲法、1890（明治23）年発布の「教育ニ関スル勅語」（教育勅語）によって当時の教育の基本理念が確立された。大日本帝国憲法を始め、学校令や教育勅語において一貫して示されていた指針は、主権在君観に基づく儒教的な道徳教育と富国強兵的思想であった。臣民（国民）は「君に忠にして親に孝」であることや国のために身を捧げ尽くすことが求められ、天皇を中心とした国家の安定をはかることを第一とする専制君主主義制度が築かれていった。特に、教育勅語は、当時の小学校および師範学校の教育、なかでも修身教育に大きな影響を与えた。また、家父長制度も重んじられ、男性中心の社会制度のなかで男尊女卑の性差別観が存続していた。

明治時代には、幕末に締結した不平等条約を撤廃すべく、文明開化や殖産興業により欧米列強諸国に追いつくことが国家的な目標であった。そのためこれまで比較的自由であった庶民の間の性にかかわる風俗や習慣についても風紀を乱すという理由から、国や行政による統制を受けるようになり、たとえば、盆踊りや男女混浴などが、地方条例により禁止されるようになった。

(2) 民権思想の広がり

明治時代において、欧米の新しい思想を学んだ知識人たちは、政府の封建的な制度や道徳教育のあり方を厳しく批判し、近代的な人間観によって国民を教育・啓蒙しようとした。たとえば、初代文部大臣を務めた森有礼《もりありのり》は、外交官としての経験をふまえ、国家全体の教育制度改革を推進するかたわら、女子教育の必要性を説くとともに、夫婦平等の権利と義務を主張した。慶應義塾の創設者である福沢諭吉は『西洋事情』『学問のすすめ』『新女大学』などを著し、自由平等の思想のもとに一夫一婦制を唱え、排妾運動や廃娼運動などの進歩的な啓蒙活動を展開した。また、詩人・小説家・思想家でありキリスト教徒でもあった北村透谷《きたむらとうこく》は、love の訳に「恋愛」という言葉をあて、恋愛の精神性や、互いの内面や人格の尊重を説いた。小説家であり医師であり、陸軍軍医総監でもあった森鷗外は 1909（明治 42）年に自らの性欲自覚史である「ヰタ・セクスアリス」を雑誌に発表し、当時の性否定思想に一石を投じた。

1900（明治 33）年に日本児童学会[1)]の機関誌である「児童研究」に、医師の富士川游《ふじかわゆう》による「学齢児童の色情に就きて」（富士川 1900）がドイツからの寄稿として掲載されている。富士川は 1908（明治 41）年に東京の高輪中学で性教育に関する講演をおこない（茂木 2009：19）、わが国の性教育実践の先駆者の１人とされている。同じく 1908 年には教育学者の乙竹岩造が欧州での視察成果として「現時欧州における性慾に対する教育及び飲酒に対する教育の状況に関する報告」（乙竹 1908）を発表している。乙竹も日本児童学会の役員として名を連ねており、明治後期には、欧米の性教育を参考にしながら、学会等の研究活動を通じて科学的に性を捉え、それを教育実践に還元しようとする動きがみられるようになった。

第２節　大正時代

(1) 大正デモクラシー

1913（大正２）年に、吉野作造がヨーロッパより帰国し、デモクラシーを民本主義として日本に紹介したことをきっかけに、政治だけでなく経済・社会面で、明治以来のさまざまな抑圧からの解放運動が盛んになった。これがいわゆる大正デモクラシーと呼ばれた動きであり、学問、文化、教育等の分野でも自由で新しい思想が提唱されるようになった。それにともない性に関する外国書籍の翻訳も盛んになり、さらには国内でも性に関する著書や研究論文が数多く発表されるようになった。たとえば、竹中繁次郎『性欲教育の話』(1916〈大正 5〉年)、沢田順次郎『性教育及び実施法』(1920〈大正 9〉年)、羽太《はぶと》鋭次『性欲教育の研究』(1915〈大正 4〉年)、『最近性欲教育』(1921〈大正 10〉年)などの著書が相次いで発刊された。当時は「性教育」よりも「性欲教育」という言葉が使われ、青少年の性欲についてどのように捉え、教育すべきかについて、医師や教員の立場から論じられているものが多かった。また、産婦人科医の荻野《おぎの》久作《きゅうさく》による排卵・受胎期に関する「荻野学説」[2]が発表されたのは 1924(大正 13)年であった。

(2) 性教育の芽生え

山本宣治は 1920 年より同志社大学予科や京都帝国大学の講師として、「人生生物学」や「性教育」などを講義し、『性教育』や『生理学研究』『若い男の性生活』などを出版したが、科学的な調査や研究をもとに人間の性を追求し、日本で最初に性教育の必要性を訴え、性教育を組織だって実施した人物とされている。山本は京都帝国大学の安田徳太郎と共同で 1923(大正 12)年から 1924 年にかけて、学生等を対象とした「性行動の社会統計調査」を実施している。これらの性行動調査等による科学的根拠をもとに、当時信じられていた自慰有害説に異論を唱え、「手淫」「自瀆」という言葉を「自慰」にするよう提案したことでも知られている(朝山 1989)。山本はその後、大学での性教育の実践とともに、産児調節運動を世界的に展開していたマーガレット・サンガー[3]が来日時(1922〈大正 11〉年)には通訳を務め、その講演内容を『山峨女史家族制限法批判』(1923〈大正 12〉年)として発刊し、産児調節運動にも注力した。しかしながら、その思想は禁欲や性をタブーとする当時の社会通念に反するところとなり大学を追われ、1929(昭和 4)年に国粋主義者に暗殺されることとなった。

(3) 女子教育と性教育

1890年に、女子高等師範学校が創立され、女子教育を担う教員養成が始められ、1899（明治32）年に高等女学校令が制定されたものの、当時は、男女別学体系のもと、女子教育と男子教育は別種であり、女子教育の主眼は修身および家庭経済であり、いわゆる「良妻賢母」養成のための教育であった。すなわち、当時の女子教育のあり方は、まだ従来の儒教的女性観を踏襲したものであった。

大正デモクラシー運動が盛んになったころ、女性の社会的地位向上をめざす活動が女性自身によっておこなわれるようになった。1920年に、平塚雷鳥、奥むめお、市川房枝らが「新婦人協会」を結成、1924年には「婦人参政権獲得期成同盟」を結成し、婦人の公民権獲得をめざす活動をおこなった。また、前述のマーガレット・サンガー来日を機に「日本産児調節研究会」が1922（大正11）年に発足し、一般の婦人雑誌にも産児調節に関する記事が掲載され始め、山川菊栄、加藤シヅエなどが女性解放の視点から産児制限の必要を説き、啓蒙活動をおこなった。学校教育においては、大正末期ころから配属されるようになった学校看護婦によって、女子に対しての月経指導がおこなわれていた。

第3節　昭和初期（戦前）

(1) 性の商品化と性教育の多様化

昭和の初期には、資本家が営利目的で性の商品化を図るようになり、バーやカフェーなどが栄え、レビュー、少女歌劇なども大衆娯楽として浸透していき、性的なサービスや踊り子の露出度などが売り物として扱われるようになった。その一方で、学者や文化人たちは、これらの性風俗の乱れを社会問題としてとりあげ、教育の必要性について説いた著書を発刊する動きがみられた。なかでも、金沢医科大学教授の星野鉄男は、『性教育に就て』（1927〈昭和2〉年）や『性教育の実際』（1931〈昭和6〉年）を著し、性教育とは単に性に関する知識の教授だけではなく、人生の全体において真・善・美・聖の価値を実現させる全的教育とし、生物学、医学、心理学とともに倫理学、教育学、美学、社会学、経済学、宗教等の諸科学を合わせ、意育と情育および知育[4]が必要であることを説いた（星野 1927）。

(2) 戦争と性の抑圧

1931（昭和６）年の満州事変以来、1941（昭和16）年の太平洋戦争に向けて、日本国内の経済的不況は深刻な状況となった。政府は国家総動員法（1938〈昭和13〉年）、大政翼賛会の結成（1940〈昭和15〉年）などにより国家権力の支配を強め、思想統制の時代へと移っていった。このような軍国主義化の流れのなかで、一般庶民に対する性への禁圧はますます厳しいものになっていった。

一方、子沢山で貧乏に悩んでいる人びとのために、山本宣治や安田徳太郎らは大正期に盛んになっていた産児調節運動をさらに推進した。加藤シヅエ（後に石本静枝）らは1936（昭和11）年東京に「産児制限相談所」を開設し、避妊具の開発も進み、馬島僴《まじまゆたか》によるペッサリー（膣内に挿入する避妊器具）や太田典礼《おおたてんれい》によるリング（子宮内に挿入する避妊器具）などが考案された。しかしながら、富国強兵のための「産めよ、殖やせよ」という多産奨励政策のもと、1941年には人口政策確立要項が近衛文麿内閣において閣議決定され、結婚年齢を早め、各家庭５児以上をもうけることなどが奨励された。その結果、産児調節運動は弾圧され、産児制限も禁止されることとなった。

注

1）欧米の児童研究に関する流れを汲み、「児童の心身全体に関する研究を創むるに至れり」という理念のもと、1898（明治31）年に高島平三郎、塚原政次、松本孝次郎が中心となり雑誌「児童研究」を創刊した。さらに「児童研究」を機関誌とした「日本児童研究会」が1902（明治35）年に設立され、1912（明治45）年には「日本児童学会」と改称され学会となった。初代会長は心理学者の元良勇次郎《もとらゆうじろう》であるが、学会の役員や専門委員には児童心理学、小児医学、教育学、学校衛生学、特殊教育学、児童文学等の専門家が名を連ね、活発な研究活動がおこなわれた。設立から100年以上経過した現在も、日本児童学会では「児童の全人的発達の助長及びウェルビーイングの実現に寄与することを目的」とした学際性・総合性を重んじた活動が続けられている。

2）産婦人科医である荻野久作が1924年に『日本婦人科学会雑誌』（第19巻6号）に発表した、女性の月経周期と排卵期および受胎期との関係を示した学説。排卵の時期は、月経周期の長短にかかわらず、予定月経前第12～16日までの5日間であり、また受胎期は予定月経前の第12～19日までの8日間であることを示したもの。後の1930（昭和5）年に追試を経てドイツで論文として発表され、世界的な発見として認められ、受胎法や避妊法の理論的根拠とされるようになった。

3）女性解放運動の活動家として知られるが、女性の権利としての避妊知識普及に努めた人物でもある。貧民街での訪問看護活動をもとに、1912年にニューヨークでクリニック開設による産児制限の実践活動を始めた。この活動はその後世界的な運動に発展し、イギリスのマリー・ストープスとともに、現在の家族計画に大きな影響を及ぼした人物の1人とされる。サンガーはバース・コントロール（Birth Control）という言葉を提唱したが、産児制限や産児調節といった側面だけでなく、中絶防止や不妊治療、結婚相談という積極的な意味も含め、後に家族計画（Family Planning、あるいはPlanned Parenthood）という名称に改められた。

4）星野鉄男はその著書『性教育に就て』において、性教育を次のように定義している。「性教育とは性意識の下に身心の健全なる発育を目的として出生より結婚後の数年にわたりて実施する性に関しての意育と情育と知育とをいふのである」（星野 1927：18）。ここで意育・情育・知育の順にあげた理由として、性教育は単なる性に関する知識の教授（知育）ではなく、乳幼児期からの親子のかかわりなども含めて系統的に性の意志教育と性の感情教育を十分におこなった後に、科学的な性に関する知識を与えるべきであるとしている。

引用・参考文献

朝山新一『性教育――教師と両親のためのテキスト』中央公論新社、1989年

富士川游「学齢児童の色情に就きて」『児童研究』2(9)、1900年、pp. 12-18

星野鉄男『性教育に就て』基督教教育同盟会、1927年（https://dl.ndl.go.jp/info:ndljp/pid/1437572、2020年10月20日確認）

茂木輝順『性教育の歴史を尋ねる――戦前編』一般財団法人日本児童教育振興財団内日本性教育協会、2009年

乙竹岩造「現時欧州ニ於ケル性慾ニ対スル教育及飲酒ニ對スル教育ノ状況ニ関スル報告」『欧米教育視察報告十二集』1908年、pp. 140-155（https://dl.ndl.go.jp/info:ndljp/pid/809458、2020年10月20日確認）

課題

(1) 森有礼、福沢諭吉、森鷗外、平塚雷鳥などは歴史的にも著名な人物である。社会的にどのような影響を与えた人物であるか、改めて確認してみよう。

(2) 明治から第二次世界大戦以前までにかけて、わが国の生命と性の教育がどのように変遷したか、時代背景による影響をふまえて整理してみよう。

(3) 第3章「性観念の歴史と現在」にまとめられている性観念の歴史的背景が、明治から戦前の性教育のあり方にどのようにつながっているのか考えてみよう。

(4) 引用文献や参考図書にあげたように、明治・大正期の著作は国会図書館のデジタルコレクションからアクセスできるものが多い。原典にあたり、著者の性の捉え方や性教育に関する考え方を直接読み取ってみよう。

参考図書

星野鉄男『性教育に就て』基督教教育同盟会、1927年（https://dl.ndl.go.jp/info:ndljp/pid/1437572、2020年10月20日確認）

山本宣治『性教育』内外出版、1923年（https://dl.ndl.go.jp/info:ndljp/pid/935366、2020年10月20日確認）

第14章　生命と性の教育の考え方

第1節　戦後の純潔教育

(1) 文部省純潔教育委員会

終戦後、日本は連合国軍の占領下に置かれ、連合国最高司令官総司令部（GHQ/SCAP）の指導のもと、日本の「民主化」と「非軍事化」を目標とするさまざまな改革が進められていった。

終戦直後の混乱期には、当時の言葉で「闇の女」、つまり、個人的に売春をする女性（私娼）の増大が問題視され、その対策として、1946（昭和21）年、法務省、厚生省、文部省など関係する省庁による次官会議で「私娼の取締並びに発生の予防、及び保護対策」が決定され、「子女の教育指導によって正しい男女間の交際の指導・性道徳の昂揚を図る」「正しい文化活動を助成して青年男女の健全な思想を涵養する」といった方針が掲げられた（次官会議決定 1946）。

これを受ける形で、1947（昭和22）年、文部省社会教育局長通達として「純潔教育の実施について」が都道府県知事宛に発せられた。この通達のなかで、「本省に於いては近く純潔教育に関する権威ある委員会の設置運用をはかり、講師の養成、あはせて良書の選しょう、映画の製作をなす等の計画を持っている[1)]」と示されているように、同年、文部省純潔教育委員会が発足する（文部省社会教育局長 1946）。この文部省純潔教育委員会は、文部省や厚生省の官僚、医学者、教育関係者などのほか、キリスト教関係団体の廃娼運動家（伊藤秀吉、山室民子、岸登恒子、山本杉、久布白落実など）で構成されていた。そもそも「純潔教育」は、1930年代には廃娼運動家のなかで使われていた用語で、その意味では、戦前期の廃娼運動と戦後期の文部省社会教育局主導の純潔教育には、連続性がある。

純潔教育委員会は、民間情報教育局（CIE：GHQ/SCAP幕僚部のひとつで教育や文化政策を担当）のネルソン（John M. Nelson）らと協議を重ねた上で、1949（昭和24）年、「純潔教育基本要項」を発表し、純潔教育の「目標」「実施の方針」「場所」「方法」「純潔教育上の諸問題」を掲げた。たとえば、「目標」の前文には、「純潔教育は、単にいわゆる性教育の部面にとどまることなく、同時に一般道徳教育、公民教育、科学教育、芸能文化教育との連関において、（中略）綜合的に推進する」と示されていて、「純潔教育」は「性教育」を包括する概念として捉えられている。その上で、以下4点の目標が示されている。「(1) 社会の純化をはかり男女間の道徳を確立すること。(2) 正しい性科学知識を普及し、性道徳の高揚をはかること。(3) レクリエーションを奨励し、健全な心身の発達と明朗な環境をつくることに努めること。(4) 宗教、芸術、その他の文化を通じ、情操の陶冶、趣味の洗錬をはかること」（文部省純潔教育委員会 1949）。

そして、「純潔教育上の諸問題」の「2　恋愛と結婚について」の項では、「貞操は相手のためにのみ守るのでなく、自らの人格として必要であり、男女相互の倫理であることを自覚するように導くこと」と「貞操」を男女ともに守ることが「倫理」である旨が説明されている。この「純潔教育基本要項」は、純潔教育委員会委員の安藤画一（産婦人科医・慶應義塾大学教授）が執筆した「性教育のあり方」を収録した形で、『純潔教育基本要項（附 性教育のあり方）』として販売された。「性教育のあり方」では、「純潔とは性的純潔の意であって、男女間の肉体関係が性道徳の定むる規準に合致するをいい、純潔教育とは純潔の意義とその実行方法とを教えることをいう」と純潔教育を定義した上で、「純潔教育は性教育の一部——主として性道徳——を教育の対象とするものであります」と解説されている（安藤 1949）。つまり、「性教育」と「純潔教育」のどちらを上位概念とするか、委員の間で論議が分かれていたものの、男女ともに「貞操」や「性道徳」の規準を守らせるということは純潔教育の前提とされていたことがうかがえる。

(2)「成熟期への到達」

純潔教育委員会が純潔教育の普及を進めた一方で、戦後の学校教育改革において、保健教育のなかに性教育に関連する分野が位置づけられていく。

1949年、中学校と高等学校の体育科が保健体育科に改められ、同年には、『中等学校保健計画実施要領（試案）』を文部省が発表し、「健康に適した学校環境」「健康に適した学校生活」「学校保健事業」といった学校全体としての保健管理のあり方や、「健康教育の目標」や「健康教育の内容」等を示した。「健康教育の内容」として示された13項目のうちの1つに「成熟期への到達」という項があり、指導内容は**表14-1**のとおり、性教育に大きく関連する内容がまとめて構成されていた。功刀（2017）は、「成熟期への到達」を「健康教育の内容」の1項目として入れるように提案したのは、「CIEの中等教育担当顧問のオズボーン（M. L. Osborne）であった可能性が高いように思われる」と考察する。

そして、1951（昭和26）年度から使用が開始される中学校と高等学校の保健の教科書は、『中等学校保健計画実施要領（試案）』に示された「健康教育の内容」に基づいて作成され、たとえば、高等学校用教科書『健康と生活』（1951年）には、**表14-2**のような内容が掲載されたように、このころの保健の教科書は、一定レベルの分量で、性教育に関する内容が含まれていた。

表14-1 『中等学校保健計画実施要領（試案）』「成熟期への到達」指導内容

1．成熟の過程について。
2．青年期に起る身体上の変化について。
イ．身長の増大と成人としての釣合の発達。
ロ．内分泌腺系統の調整。
ハ．男性の生殖系統はどんな性質のものか。
ニ．女性の生殖系統はどんな性質のものか。
ホ．月経とは何であるか。それについて知っておくべき大切なことがらは何か。
ヘ．月経閉止とは何か。
ト．精液射出とは何か。
3．どうして、子孫を永続させるか。またこの問題についてわれわれが知っておくべきことがらは何か。
イ．新生の個体は1つの卵と1つのスパームとの所産である。
ロ．双生児の原因は何か。
ハ．子供がどのようになるかを決定するものは何か。
4．われわれが関心をもたねばならない性に関連した若干の問題。
イ．健全な男女関係。
ロ．不健全な男女関係。
5．遺伝とは何か。

出典：文部省「中等学校保健計画実施要領（試案）」1949年

表 14-2 『健康と生活』の「成熟期への到達」

1．青年の身体的変化
（1）成熟の過程
（2）思春期の身体的変化
（3）内分泌腺およびホルモン
（4）性器の構造とはたらき
（5）月経と月経時の衛生
（6）受精
（7）更年期
2．結婚と遺伝
（1）本能の調節と結婚の目的
（2）結婚前の性についての注意と男女交際
（3）結婚と健康
（4）結婚と遺伝
（5）優生保護法と優生手術
3．性病とその予防
（1）性病とその感染
（2）梅毒とその予防
（3）淋病とその予防

出典：教育文化研究会『健康と生活』教育図書、1951 年

(3) 純潔教育分科審議会

文部省純潔教育委員会は、1949 年の文部省組織規程に基づき、社会教育審議会の純潔教育分科審議会へと改組される。同審議会は、1950（昭和 25）年に、青少年向けの読みものとして『男女の交際と礼儀』を刊行し、男女間のモラルやエチケットについて解説している。そして、1955（昭和 30）年には、純潔教育分科審議会が作成した「純潔教育の普及徹底に関する建議」が文部大臣に提出され、「純潔教育の正しい普及をはかるために、文部省は資料作製、研究集会の開催、実態調査、指導者の養成等を実施するよう措置されたい」という要求が掲げられた。さらに、「『性教育』と『純潔教育』とは相違があるわけではない」「純潔教育は、いわゆる封建的貞操観、道徳観、宗教的禁欲主義などの先入観のみによって行われることはのぞましくない」などと述べられていて（文部省社会教育審議会 1955）、「純潔教育基本要項」で示された「純潔教育」と「性教育」の関係性の捉え方が変化してきていることも感じられる。また、この「建議」とともに作成された「純潔教育の進め方（試案）」

では、「胎児期」「新生児期」「乳児期」「幼年期」「少年期」「青年期」と、各段階における、純潔教育の進め方が示され、たとえば、「幼年期」に「赤ちゃんはどこから生れるか」と質問された場合の対処法、「少年期」における「両親および指導者の心がまえ」や「性に関する知識の与え方と導き方」、「性的刺激をさける」という留意点、「青年期」における「性についての教育の要項」などが解説されている。「青年期」では、「中等学校保健計画実施要項単元十『成熟期への到達』を活用し、純潔教育の充実に役だてる。同じく、その内容をも、PTA、婦人団体等を通じて、成人層に普及をはかることがのぞましい」と指摘され、「成熟期への到達」を学ぶことへの期待が大きいことがうかがえる（文部省社会教育審議会純潔教育分科審議会 1955）。なお、純潔教育分科審議会は、1961（昭和 36）年に正式に廃止された。

「純潔教育の普及徹底に関する建議」を受け、「純潔教育資料作成費」が予算化され、文部省社会教育局は、保護者・青年・教職員向けの資料を発行していく。改訂版『男女の交際と礼儀』（1959〈昭和 34〉年）、『性と純潔——美しい青春のために』（1959 年）、『思春期までの子どもの指導——母親のよい理解のもとに』（1961 年）、『男性と女性——若い人々のために』（1962〈昭和 37〉年）、『性についての正しい考え方・青少年の性に関する問題』（1964〈昭和 39〉年）などが発刊された。

(4)「成熟期への到達」の消滅

『中等学校保健計画実施要領（試案）』の「健康教育の内容」に基づいた保健の教科書が使用され始めたのと同じ 1951 年には、サンフランシスコ講和条約が調印され、1952（昭和 27）年に発効された。これにより、連合国軍の日本の占領は終了し、日本は独立を回復する。この前後から「逆コース」と呼ばれる、占領下の民主化・非軍事化を否定する動きが顕在化する。たとえば、学校教育分野では、男女共修の教科として戦後に誕生した家庭科が、中学校では男子のみが学ぶ技術科と女子のみが学ぶ家庭科とに二系列化された技術・家庭科に変わり（1958〈昭和 33〉年『中学校学習指導要領改訂版』）、高等学校では、「(全日制の普通課程の）女子については（中略）履修させることが望ましい」（1956〈昭和 31〉年『高等学校学習指導要領一般編改訂版』）と示され、さらに、（普通科の）女子のみ必修（1960〈昭和35〉年高等学校学習指導要領改訂）へと変更され、中学校と高等学校の家庭科は原則女子のみが履修する教科となった。そして、1958年の学校教育法施行規則の改正によって小学校と中学校に「道徳の時間」が特設され、1958年改訂の中学校学習指導要領では、道徳の内容「２道徳的な判断力と心情を高め、それを対人関係の中に生かして、豊かな個性と創造的な生活態度を確立していこう。」のなかのひとつに、「(6) 異性関係の正しいあり方をよく考え、健全な交際をしよう。」と示された。この道徳の時間の特設は、戦前の軍国主義を推進したとみなされ戦後に停止された修身科が形を変えて復活した「逆コース」だともいわれた。

この「逆コース」とみられる動向は、性教育施策にもみられた。1952年に、文部省初等中等教育局で「中・高生徒の性教育の基本方針（案）」が作成されている。この「方針」では、「中学校、高等学校における生徒に対する性教育の基本は、生徒に性に関する知識を与えるというよりは、おう盛な活力、精力（エネルギー）を健全な方向に向けてやるような興味深い経験（スポーツ、広はんなレクリエーション活動等）を与えるようにすること」「生徒の生理的成熟、発達には著しい個人差があるから、個別的指導が本体であること」「いたずらに新しい知識を与えることは生徒の好奇心を刺激することにもなる」と、性教育に対し、非常に抑制的な考えが示されている。「成熟期への到達」が掲載された教科書が使用され始めてから１年足らずで、軌道修正のような方針が作成されたといえる。

そして、純潔教育分科審議会の「純潔教育の進め方（試案）」が発表された翌年の1956年には、「中学校保健体育科のうち保健の学習の指導について」（文部省初等中等教育局長通達）と『高等学校保健体育科編改訂版』によって、中学校と高校の保健の学習内容の改訂が発表された。この改訂によって、『中等学校保健計画実施要領（試案）』で示された「成熟期への到達」の単元は消滅し、「成熟期への到達」としてまとまって示された性教育に関する内容が、これ以降の教科書では簡略化、分散化されていく。「純潔教育の進め方（試案）」においても期待が寄せられていた「成熟期への到達」が消滅したことにより、中学校や高校の保健体育科で性教育をおこなう上での大きな足場のひとつが失われた。

第2節　純潔教育から性教育へ

(1)「純潔教育と性教育の関係について」

中学校学習指導要領が1969（昭和44）年に、高等学校学習指導要領が1970（昭和45）年に改訂され、特に理数系教科の教育内容が大幅に増えることになった。アメリカ合衆国とソビエト連邦の対立を背景に、1950年代後半以降、両国間の科学技術力競争がより激化し、教育内容に最新の学問成果を反映させる「教育内容の現代化」の動きが日本にも流入してきたからだ。

この学習指導要領の改訂によって、保健の教科書では、性教育に関する内容が増えた。たとえば、1972（昭和47）年度から使用され始めた中学校の保健の教科書には、「りん病」と「ばい毒」についての記述が各社とも掲載された。また、1973（昭和48）年度から使用され始めた高等学校の保健の教科書では、直前の教科書にはなかった女性の「性器の構造」を示すイラストや、「受胎調節」（避妊法）についても、コンドームやペッサリーなどの器械的方法、薬物的方法、荻野学説の利用などいくつかの種類を、多くの教科書が記述した。なかには「陰茎が膣内にそう入されることを性交という」（竹之下他 1973）と、性交の定義を記述した教科書もあった。

また、1972年、文部省社会教育局長裁定として、以下のような「純潔教育と性教育の関係について」（文社婦第80号）が出された。「近時、とくに青少年の性に関する教育の重要性が強調され、その具体的な施策が求められているなかで、純潔教育とは別に、性教育が必要であるとの論議もあります。／しかしながら、純潔教育と性教育とは、本来、その意義、理念つまり、目的及び内容が異なっているものではないと考えられます。／よって、純潔教育と性教育とが同義語であるとの見解に立って、事務をすすめることとします」（／は改行）。

この裁定に「純潔教育とは別に、性教育が必要であるとの論議」とあるように、この裁定が出された背景には、純潔教育への批判や純潔教育を性教育へと言いかえる動きがあった。たとえば、1967（昭和42）年に生物学者の朝山新一は、1949年の「純潔教育基本要項」について「“純潔教育”と言う言葉で表したのはすこしまずかった。（中略）“純潔”という観念にまとわりついてはなれなかった従来の肉体中心の処女性尊重思想と、因循で精神と主体性のない男性従属の性道徳を破棄するためにも、そういうあいまいな表現は避けるべきだった」（朝山 1967）と批判した。また、心理学者の前田嘉明を会長として 1966（昭和 41）年に設立された関西純潔教育研究懇話会が、1967 年に関西純潔教育研究会に、そして、1970 年には日本性教育研究会へと改称された（同会は、1984〈昭和 59〉年に日本性教育学会へと発展）。また、この裁定と同 1972 年には、朝山と産婦人科医の松村博雄らが中心となって、大手出版社小学館の支援を受け、文部大臣認可の財団法人日本性教育協会が設立された。以後、日本性教育協会は、性教育実践者や研究者の実践報告や研究成果を収集し、それらを提供することで、日本の性教育研究の中心的存在となっていった。

(2) 生徒指導としての「性に関する指導」

戦後 1951 年をピークに減少を続けていた少年非行は、1955 年以降増加に転じ 1964（昭和 39）年に「第 2 のピーク」を、1983（昭和 58）年に「第 3 のピーク」を迎えたと説明される（法務省法務総合研究所編 1989）。文部省初等中等局は、以下にあげる資料（1966 年に『生徒指導の実践上の諸問題とその解明』、1974〈昭和 49〉年に『思春期における生徒指導上の諸問題――高等学校編』『同――中学校編』、1977〈昭和 52〉年に『問題行動をもつ生徒の指導――高等学校編』『同――中学校編』、1979〈昭和 54〉年に『生徒の問題行動に関する基礎資料――中学校・高等学校編』）を刊行し、それらのなかで、少年非行のなかでも、性非行の防止という観点から、たとえば、男女交際、性的な関心が強い生徒、性的被害を受けた生徒への対応などについての解説を掲載した。

そして、1986（昭和 61）年には『生徒指導における性に関する指導――中学校・高等学校編』が刊行され、「性に関する指導」の目標として、以下の 5 点があげられた。「男性又は女性として自己の性の認識を確かにさせる」「人間尊重、男女平等の精神に基づいて男女の人間関係を築くようにさせる」「家庭や社会の一員として必要な基礎的、基本的事項を習得させる」「心身の発達に適応し、当面する諸問題を解決する力を養わせる」「青年期における人間としての望ましい生き方を学ばせる」。

また、同書では「『性教育』という言葉は、今日なお人によってその解釈が異なり、男女の身体的、生理的な事項やそれに関係する問題の教育や問題行動の防止のための指導という狭い概念でとらえているものが少なくない」と説明されている。同書の執筆者の1人でもある田能村は、「『性に関する指導』という名称について協力者の間から『性教育』と称すべきではないかという強い意見が出された」（田能村 1994）という。そして、「（当時の）文部省の担当官が性教育という言葉を嫌っていたということもありますが、各教科については『○○教育』といい、各教科にまたがる教育に関しては『○○に関する指導』と呼ぶようにしていると聞いておりました」（田能村・広瀬 2006）と、このとき文部省初等中等局が「性教育」という用語の使用に慎重だった理由を語っている。

第3節　エイズの予防対策としての性教育

1989（平成元）年の小学校学習指導要領の改訂（1992〈平成4〉年度完全施行）によって、小学校5年生の理科で、人間は「男女によって体のつくりなどに特徴があること」や「母体内で成長して生まれること」が学習内容に入った。くわえて、それまで存在しなかった小学校の保健の5・6年生用教科書が使用され始めた。大部分の人が小学校から性に関する事項を学ぶ時代が日本に到来することから、1992年は「性教育元年」とも呼ばれた。

このように、当時、性教育が大きく注目された背景には、80年代後半から日本でHIV／AIDSの問題が大きく浮上したことがあげられる。学校教育においてエイズをどう扱うかが議論となり、文部省体育局は1987（昭和62）年、「エイズの予防に関する知識の普及について」を各都道府県教育委員会など宛に通達した。くわえて、「うつると死に至る病」という当時のHIV／AIDSに対するイメージは、性教育を大きく推進させることになった。この「性教育元年」の前後には、各地の教育委員会が性教育の手引きや指導書を作成し、学校では性教育の研究授業がおこなわれ、その勢いは「性教育ブーム」と指摘されるほどであった。

そして、1999（平成11）年には、文部省が『学校における性教育の考え方、進め方』を発刊した。同書には、性教育の基本的な目標として、次の3点があげられている。「男性又は女性として自己の認識を確かにさせる」「人間尊重、男女平等の精神に基づく豊かな男女の人間関係を築くことができるようにする」「家庭や様々な社会集団の一員として直面する性の諸問題を適切に判断し、対処する能力や資質を育てる」。通達を除けば、文部省の指導資料のタイトルに、初めて「性教育」という言葉が使われたことになる。

そして、同書発刊以後、20年以上経過するが、現在のところ、文部科学省から、性教育に特化した指導資料は発刊されていない（なお、文部科学省が作成協力した『教職員のための指導の手引――UPDATE！　エイズ・性感染症』（2018〈平成30〉年）は、日本学校保健会による発刊である）。

注

1）文部省社会教育局長「純潔教育の実施について」（1947年）と次官会議決定「私娼の取締並びに発生の予防、及び保護対策」（1946年）は、国立教育政策研究所教育図書館の戦後教育資料デジタルアーカイブ（以下URL）で閲覧することができる（https://nieropac.nier.go.jp/lib/database/SENGO/EF10001340/008_040.pdf、2020年8月18日確認）。

引用・参考文献

安藤画一「性教育のあり方」社会教育連合会編『純潔教育基本要項（附 性教育のあり方）』印刷局、1949年

朝山新一『性教育――教師と両親のためのテキスト』中央公論社、1967年

法務省法務総合研究所編『平成元年版犯罪白書』大蔵省印刷局、1989年

次官会議決定「私娼の取締並びに発生の予防、及び保護対策（事務次官等会議決定）」1946年

功刀俊雄「1949年6月の『中等学校保健指導要領（案）』とは何か」『人間文化研究科年報（奈良女子大学大学院人間文化研究科）』32、2017年、pp. 177-190。

文部科学省社会教育局長「純潔教育と性教育との関係について」1972年

文部省純潔教育委員会「純潔教育基本要項」1949年

文部省社会教育局長「純潔教育の実施について」1946年

文部省社会教育審議会「純潔教育の普及徹底に関する建議」1955年

文部省社会教育審議会純潔教育分科審議会「純潔教育の進め方（試案）」1955年
竹之下休蔵他『高校保健体育』学研書籍、1973年
田能村祐麒「連載性教育小史㉔　文部省の「性に関する指導」——昭和50年代後半」『Sexual Science』24、1994年
田能村祐麒・広瀬裕子（対談）「性教育行政と現場——『バッシング』の中で考える」『セクシャルサイエンス』2006年9月号、2006年

課題

(1) 自分が小学校・中学校・高校で使用した教科書と、過去の教科書、あるいは、現在の小・中・高で使用されている教科書を比較し、性教育に関する記述がどのように変化しているのか・あるいは変化していないのかを比較してみよう。過去の教科書は、教科書研究センター附属教科書図書館（東京都江東区）で閲覧することができる。

(2) 現在の学習指導要領と過去の学習指導要領を比較して、性教育に関する内容にどのような変遷があるのかを調べてみよう。過去の学習指導要領は、国立教育政策研究所が作成した「学習指導要領データベース」（以下URL）で閲覧することができる（https://www.nier.go.jp/guideline/、2020年8月18日確認）。

参考図書

橋本紀子・池谷壽夫・田代美江子編『教科書にみる世界の性教育』かもがわ出版、2018年
三井善止編『新　生と性の教育学』玉川大学出版部、2005年
文部省『学校における性教育の考え方、進め方』ぎょうせい、1999年

第15章　海外の生命と性の教育

第1節　性教育をめぐる国際的指針には　どのようなものがあるか

各国が性教育の国際指針を取り入れた性教育実践を進めようとする背景には、インターネットの急速な普及によって、子供たちが性情報にさらされているという点がある。1999（平成11）年に世界性科学会（WAS）が、性の権利宣言を出して以降、国連諸機関を含む多様な国際機関が性や性教育に関する指針を出した（**表15-1**）。

2000（平成12）年には、パンアメリカン保健機関（PAHO）と世界性科学会が世界保健機関（WHO）と共同で『セクシュアル・ヘルスの推進――行動のための提言』を作成、行動戦略のひとつに「包括的性教育（CSE：Comprehensive Sexuality Education）をすべての人々に提供する」ことをあげた。包括的性教育とは、性を生物学・生理学的側面に加え、人間の心理的、社会・文化的な面も含めて捉え、性教育を「性の権利」とするセクシュアリティ教育のことである。ジェンダー平等や多様性の視点が強調される。

この包括的性教育のためのセクシュアリティ教育に関する指針として、国際連合教育科学文化機関（ユネスコ：UNESCO）等による「国際セクシュアリティ教育ガイダンス」と、WHOとドイツ連邦健康啓発センターによる「ヨーロッパにおけるセクシュアリティ教育スタンダード」を国際的な2大指針としてあげることができる。

2009（平成21）年に、ユネスコ等が「国際セクシュアリティ教育ガイダンス」を出したが、そこでは、5～8歳、9～12歳、12～15歳、15～18歳の発達段階ごとに学習目標が掲げられ、包括的性教育プログラムによる教育を受けた生徒と受けない生徒の性行動調査の結果も載せている（ユネスコ編 2017）。このガイダンスは2018（平成30）年1月に改訂され、①関係性、②価値・権利・文化・セクシュアリティ、③ジェンダーの理解、④暴力と安全の保持、⑤健康と幸福のためのスキル、⑥人間のからだと発達、⑦セクシュアリティと性の行動、⑧性と生殖の健康という8領域の広い射程からセクシュアリティを捉えている（ユネスコ編 2020）。

ここに示されるように「国際セクシュアリティ教育ガイダンス」は、科学的根拠とジェンダー平等や性の多様性を含む人権尊重を基盤にした包括的性教育を示している。

包括的性教育は、アメリカではエイズ予防や10代の予期せぬ妊娠・中絶を減らすことを直接的な目的にして始まり、2009年のユネスコのガイダンスは「禁欲主義教育」に対抗し、グローバルに性教育を普及させるために、広範な合意を得られる「性の不健康の防止」に重点を置かざるを得ない側面があった。

2010（平成22）年に、WHOヨーロッパ地域事務所とドイツ連邦健康啓発センターによって出された「ヨーロッパにおけるセクシュアリティ教育スタンダード　政策者、教育・健康機関および専門家のための枠組」み[1]では、よりセクシュアリティの局面を全方位的に捉え、セクシュアリティを誕生から人間の生涯にわたる「人格と性の成長・発達」として、彼らの性教育プログラムを「Holistic Sexuality Education」と表現している。つまり、より関係性の側面を重視し、人格的な結びつきを強調したのである。また、発達段階を0歳から設定し、発達段階ごとの到達目標（目安）を「知識・情報」「スキル」「態度」の3分野で示している。ユネスコの包括的性教育の枠組みも、2018年に「国際セクシュアリティ教育ガイダンス」が改訂されたことで、ジェンダーの理解や価値、文化などの側面が強化され、欧州のスタンダードの方に近づいているといえる。WHOヨーロッパ地域事務所はWHO加盟の欧州と中央アジアを含む53か国（英国も含む）をその対象地域として管轄し、その方針は国際的動向にも大きな影響を与える。

いずれにしろ、この両者が国連諸機関のいうCSEの普及に大きく貢献し、現在、オーストラリア、ニュージーランド、カナダ、民主党政権の米国、南アフリカ共和国、東アジア、南アジアの国々（中国、台湾、韓国、タイ等）でも包括的性教育が取り入れられている。

表 15-1　性の権利・性の健康・性教育に関する主要な文書や宣言（1999 年以降）

年	タイトル（日本語）	タイトル（英語）	発行者	発行者略称
1999 年	性の権利宣言	Declaration of Sexual Rights	世界性科学会	WAS
2000 年	セクシュアル・ヘルスの推進―行動のための提言	Promotion of Sexual Health. Recommendations for Action	パンアメリカン保健機関、世界保健機関、世界性科学会	PAHO, WHO, WAS
2002 年	性の健康と性の権利に関する仮定義	Working Definitions of Sexual Health and Sexual Rights	世界保健機関	WHO
2004 年	包括的性教育のためのガイドライン　第 3 版	Guidelines for Comprehensive Sexuality Education: Kindergarten through 12th Grade, 3rd Edition	アメリカ性情報・性教育評議会	SIECUS
2005 年	モントリオール宣言「ミレニアムにおける性の健康」	Montreal Declaration “Sexual Health for the Millennium”	性の健康世界学会	WAS
2006 年	性的指向および性別自認に関連する国際人権法の適用に関するジョグジャカルタ原則	Yogyakarta Principles - Principles on the application of international human rights law in relation to sexual orientation and gender identity	国際連合人権理事会（承認）	UNHRC
2006 年	包括的性教育のための枠組み	IPPF Framework for Comprehensive Sexuality Education	国際家族計画連盟	IPPF
2008 年	性の権利　国際家族計画連盟による宣言	Sexual Rights: An IPPF declaration	国際家族計画連盟	IPPF
2009 年	性教育国際指針―学校・教師と保健指導者のための証拠に基づくアプローチ	International Technical Guidance on Sexuality Education - An evidence-informed approach for schools, teachers and health educators	国際連合教育科学文化機関	UNESCO
2010 年	性の健康プログラムの開発　行動のための枠組み	Developing sexual health programmes - A framework for Action	世界保健機関	WHO
2010 年	ヨーロッパにおける性教育標準―政策決定者、教育及び健康関係当局及び専門家のための枠組み	Standards for Sexuality Education in Europe. A framework for policy makers, educational and health authorities and specialists	世界保健機関ヨーロッパ地域事務所、ドイツ連邦健康啓発センター	WHO ROE, BZgA
2014 年	性の権利宣言 改訂版	Declaration of Sexual Rights 2014	性の健康世界学会	WAS
2014 年	包括的性教育運用のためのガイダンス―人権とジェンダーに焦点をあてて	UNFPA Operational Guidance for Comprehensive Sexuality Education - A focus on Human rights and Gender	国際連合人口基金	UNFPA

注：表 15-1 の「発行者」の欄は国際機関の日本語訳で、発行者略称のみ掲載。なお、世界性科学会は 2005 年に世界性の健康学会（World Association for Sexual Health）に変更したが、略称は WAS のままである。2015 年以降、2017 年に「ジョグジャカルタ＋10」（YP＋10）が採択され（10 年ぶりの更新）、2018 年に「国際セクシュアリティ教育ガイダンス」が改訂される等、性に関する国際的指針は進展している。

出典：茂木輝順「性の権利/健康、性教育に関する国際的文書・宣言」民主教育研究所年報 2014『ジェンダー・セクシュアリティと教育』第 15 号、2015 年、p. 24

第2節　海外諸国の性教育

包括的性教育を実施している国のうち、ヨーロッパから性の多様性やジェンダー平等の進んでいる国としてフランスとフィンランドを、アジアから儒教的性規範を背景に1950年代に貞潔教育として出発し、現在、科学とジェンダー平等に基づく性教育へと発展しつつある韓国の性教育について紹介する。

(1) フランス

出産、育児を支援する制度や不妊治療のための環境が整備されているフランスは、西ヨーロッパのなかで出生率のもっとも高い国である。性をめぐる法制度についていえば、「性的同意年齢」（性行為の同意能力があるとみなされる年齢の下限）はパートナーが異性でも同性でも15歳。避妊が合法化されたのは1967（昭和42）年、中絶が条件つきで合法となったのは1975（昭和50）年である。さらに、2001（平成13）年には中絶可能期間の延長や未成年の中絶に対する保護者の同意不要などの改正がなされ、現在、中絶は原則、合法となっている。また、同性同士のパートナーシップ登録が始まったのが1999（平成11）年と比較的早く、同性婚法の成立は2013（平成25）年であった。

フランスの教育制度は、小学校が5年間、中学校が4年間、高校（リセ）が3年間で、その後に高等教育が続く。義務教育は6～16歳の10年間で、後期中等教育にあたる高校1年目で終了となる。

カトリック教会の影響が大きかったフランスでは、価値観にかかわる性教育や性に関する情報を学校で提供することは1920（大正9）年～1967年まで禁止されていた。避妊の合法化を受けて、教育課程基準に性教育が加えられ、1973（昭和48）年には性情報特別委員会が設立されて、性の生物学的側面についての教育が始まった。

教育省令による性教育の必修化が1998（平成10）年におこなわれ、2001年の中絶と避妊に関する法律の改正を受けて、学校性教育は教育法典に記載された。2003（平成15）年の教育省の回覧通知[2)]では、性教育の意義を「若者の

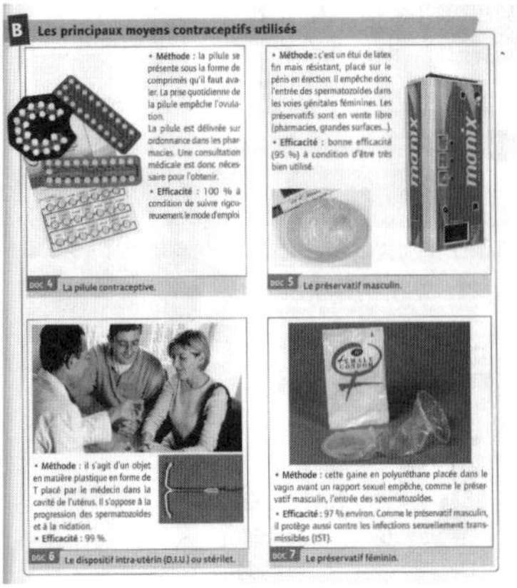

図 15-1　中学 2 年、生命と地球の科学、多様な避妊方法

注：女性用コンドームなども取り上げ、データや写真も添えて説明している。

出典：SVT4e, Bordas, 2011, p. 147

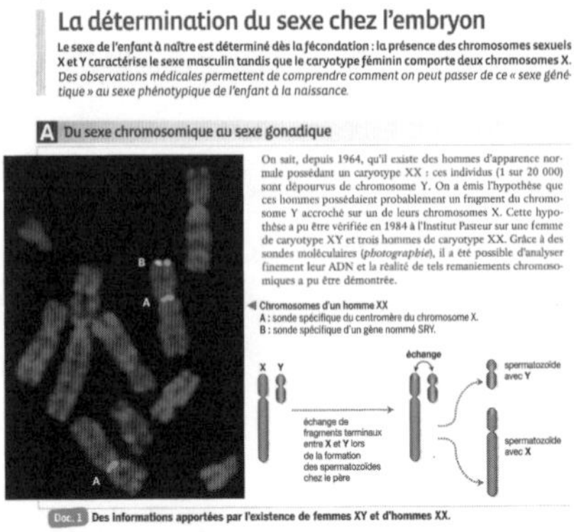

図 15-2　高校、科学、胎児の性決定の際の性染色体の役割

注：性の多様性の出現に関して、性分化のしくみに即して説明している。

出典：SCIENCES 1reL-ES, Bordas, 2011, p. 170

性的健康の支援と性差別主義や同性愛嫌悪との闘い」としており、性教育の内容は生物学的知識とともに人間の心理的、感情的、社会的、文化的そして倫理的な側面を反映するものであるとしている。この通知では、教育の担い手として、「生物（生命と地球の科学：Sciences de la vie et de la Terre)」担当教師、教育アドバイザー、医師、看護師、ソーシャルワーカーなどがあげられている。ファミリープランニング（家族計画センター、避妊の相談や診察、治療などをおこなっている）のスタッフも子供の性教育を担う医療従事者の一員と位置づけられ、週 1 回程度の学校への出前授業が導入される（中学校は男女別、高校は一緒で少人数のワークショップ形式が多い)。

中高とも保健分野の教科はなく、性教育に関連する事項は、「科学」のなかの生物領域で取り扱われる。2015（平成 27）年の教育課程基準（Programmes pour les cycles2, 3, 4）では、「生命と地球の科学」領域の「人間の体と健康」単元中に生殖とセクシュアリティの内容が取り上げられている。

中学校と高校 1 年生では、「生命と地球の科学」(生物と地学）は必修である。2011（平成 23）年に「生物」の教育課程基準が変わり、高校の教科書で性の多様性や性の快楽の側面、生命倫理を含む性の社会的側面なども扱われるようになった。中学校の「生命と地球の科学」の教科書では避妊の問題を多く扱い（**図 15-1**）、高校では不妊の問題や生殖補助医療についても扱っている。さらに、性の多様性を性分化のプロセスから解説する（**図 15-2**）という特徴がある[3)]。

(2) フィンランド

フィンランドで 2019（令和元）年 12 月に首相になったサンナ・マリンは 34 歳の女性で、5 つの政党の連立政権（5 政党とも党首がすべて女性）である。閣僚は女性が 12 人、男性が 7 人、平均年齢は 47 歳、女性の国会議員は 46％と、ジェンダー平等度の高さと若さが顕著だ。

性をめぐる法制度については、性的同意年齢は 16 歳で、相手が同性でも異性でも同じである。避妊のためのピルの合法化は他の北欧諸国と同様 60 年代初め（1961〈昭和 36〉年）、人工妊娠中絶の合法化は 1970（昭和 45）年であった。中絶は理由の別なく、原則として個人の自由に任されている。同性愛の合法化は 1971（昭和 46）年、パートナー法成立が 2002（平成 14）年、同性婚法は 2017（平成 29）年に成立した。フィンランドは 1970 年代以降、人間性や個人の幸福に対して、ルーテル福音教会の説く道徳性よりも科学性がより重視されるようになり、性的問題に対しても、適切で健康な性行動を説く医学的・心理学的対応を重視するように次第に変化してきた[4)]（Kontula 2015）。

フィンランドの教育制度は、基礎教育をおこなう総合制学校 9 年制（又は 10 年、7 ～16 歳）、その上に 3 年制の普通高校（ルキオ）と職業高校、その後に高等教育が続く。教育はいずれも無償で、性教育は 1970 年代の初めから必修である。性に関連する教育は、主に、総合制 3 ～ 6 学年の「環境」と、7 ～ 9 学年と高校の「人間生物学」と「健康教育」で扱っている。総合制学校は義務制で共通のカリキュラムだが、高校の場合、職業高校は「健康教育」はなく、「人間生物学」のある学校も少ないため、総合制 7 ～ 9 学年の学習内容が重要である。

2004（平成 16）年の総合制学校のナショナル・コア・カリキュラム（日本の学習指導要領にあたる）における 8 学年（14 歳）の評価基準として、「健康教育」では、性的健康の基本を知る、避妊の重要性と方法を知る、それを性行動に反映させることができる、責任のある性行動を正しいとするなど、「生物」では、セクシュアリティの多様な現れ方を説明する、生殖細胞・性交・受精・妊娠経過・誕生などを普通の言葉で説明するなどがあげられていた。知識を習得するだけでなく、自分の言葉で説明し、行動に反映させられるようになることが求められている。

2014（平成26）年に改訂されたナショナル・コア・カリキュラム（Finnish National Board of Education 2014）でも、この内容は基本的に引き継がれ、新たに、平等のための教育計画には、反差別の対象のひとつに性的指向も取り上げている2014年改正の反差別法にも言及している。2004年段階では、人間の多様性や個人の発達、ジェンダー平等の尊重という表現だったが（**図15-3**）、改訂版ではジェンダーの多様性がより具体的に取り上げられ、性自認とセクシュアリティの発達に関する理解と実践についても言及されている

Seksuaalivähemmistöt

Suurin osa ihmisistä on heteroseksuaaleja, eli he ovat seksuaalisesti kiinnostuneita vastakkaisesta sukupuolesta. On kuitenkin paljon ihmisiä, jotka kuuluvat erilaisiin seksuaalisiin vähemmistöihin ja he osoittavat sukupuolista kiinnostusta ja suuntautumista eri tavoin. On vaikeaa määritellä, mikä on normaalia seksuaalisuutta ja mikä ei. Se, mitä suurin osa ihmisistä seksuaalisilta ominaisuuksiltaan edustaa ei tarkoita normaalia eli yhtä hyväksyttävää tapaa toteuttaa seksuaalisuutta. Seksuaalivähemmistöjä on useita, ja näiden ryhmien edustajiin suhtaudutaan nykyään jo melko suvaitsevaisesti.

Homoseksuaalisuus ja biseksuaalisuus

Homoseksuaalisuuden käsite kuvaa sekä naista että miestä. Puhekielessä homolla tarkoitetaan yleensä miestä ja lesbolla naista. Homoseksuaalisten ihmisten tunne-elämä ja tarpeet eivät eroa mitenkään heteroseksuaalisten vastaavista ominaisuuksista. Homoseksuaalisuutta on pyritty kuitenkin selvittämään geeniperimän, äidin sikiöajan hormonierityksen ja lapsuuden tunnesuhteiden avulla. Homoseksuaalit ovat kokeneet tällaisten syiden etsimisen loukkaavaksi, koska selitysmallien avulla homoutta pidetään poikkeavuutena.

Biseksuaalisuus on eri asia kuin homoseksuaalisuus. Biseksuaalisuus tarkoittaa ihmisen seksuaalista kiinnostusta molempia sukupuolia kohtaan. Kiinnostus riippuu kuitenkin yksilöstä, ei pelkästään sukupuolesta. Bi-ihmisillä on kyky nähdä molempien sukupuolten erilaisia ominaisuuksia ja eroottisia viestejä.

Homoseksuaalisuus saattaa herättää ihmisissä ristiriitaisia tuntemuksia, vaikka homoseksuaalisuutta on esiintynyt kautta historian. Suvun jatkaminen on merkittävä osa ihmisten seksuaalisuutta. Koska suvun jatkaminen liittyy heteroseksuaalisuuteen, saatetaan sitä pitää luonnollisempana kuin homoseksuaalisuutta.

Suomessa homoseksuaalisuus oli lain mukaan rangaistavaa aina vuoteen 1971 saakka. Vuonna 2003 Suomessa astui voimaan laki samaa sukupuolta olevien parisuhteesta. Laki antaa oikeuden parisuhteen viralliselle rekisteröinnille. Rekisteröinti on kuitenkin avioliitosta erillinen oikeudellinen instituutio, vaikka parilla on samat oikeudet ja velvollisuudet kuin aviopuolisoilla. Parisuhteensa rekisteröinyt homopari ei voi kuitenkaan adoptoida lasta eikä ottaa yhteistä sukunimeä.

Kreikan Lesbos-saarella eli antiikin aikana naisrunoilija Sapfo, joka kirjoitti naisia ylistäviä runoja. Naishomoseksuaaleja alettiin hänen mukaansa kutsua lesboiksi.

Rekisteröidyssä parisuhteessa oleva pariskunta ei voi adoptoida lasta.

Tehtäviä

1. Tulisiko sinun mielestäsi homopareilla olla oikeus lapsen adoptioon?
2. Mitä tarkoittaa sanonta "tulla ulos kaapista"?

図15-3　高校、健康教育、パートナー法成立後の幸福な同性カップル

注：2002年にパートナー法が成立、その後の様子が説明されている。

出典：Lukion terveystieto ote, TERVEYDEN PERUSTEET TE1, Otava, 2004, p. 78

図15-4　中学校、健康教育、多様な性のあり方

注：思春期の子供たちに性的指向や性自認の多様性について考えさせる。

出典：VIRE TERVEYSTIETO 7-9, OTAVA, 2016, p. 155

（図 15-4）。

■コラム　子供の性的発達を支える社会のネットワーク

筆者が 2013 年に訪問したヘルシンキにあるフィンランド家族連盟では、ちょうど男子向けのインターネット用ゲーム（性知識の獲得を競うゲーム）を開発・発表したところだった。ここは、教師用の性教育ガイドブックの作成や、子供のためのクリニック、無料の男性向け電話相談などの活動をしている[5)]。ユヴァスキュラの公立キルピセン中学校では、歩いて 5 分ほどの市営病院の一角にある子供のための家族計画アドバイスセンターに、毎年総合制の 8 年生が訪問するようにカリキュラムで決められている。最初は教師が引率しておこなって、2 時間の授業を受けることになっており、クラミジアの尿検査や妊娠テストなどを体験するが、ピルも 6 か月無料でもらえる[6)]。こんな子供のための施設は各地で独自に設けられているが、ヘルシンキでは 100 ほどの市立青少年センターや、1974（昭和 49）年創設の同性愛者の団体 SETA なども活動している。

(3) 韓　国

韓国社会では「性と政治」は深く関係しており、政権の交代によってもその内容は変化する。朴政権下の 2013 年 5 月に国家水準学校性教育標準案が出され、多様な性については、次第に取り扱いが難しくなっていった。しかし、2017 年 5 月から文政権となり、性教育の位置づけも変化し、2018 年に人権保障やジェンダー平等、民主市民教育の観点をもりこんだ性教育標準案の改編計画が立てられた。しかし、2020（令和 2）年現在、性教育関係部局の取り組み姿勢の違いもあり、未だ、改編案は作成されていない。

性教育に関連した省庁としては、女性家族部、保健福祉部、教育科学技術部の 3 つがあり、いずれも、女性団体を中心とした NGO との連携の部分が大きいという特徴がある[7)]。韓国独自の組織である女性家族部は、人権教育の一環として子供や成人への性暴力や日本軍「慰安婦」問題に取り組んでいる。教材開発や暴力予防教育としての「性人権教育（人権を基軸とした包括的性教育）」の専門講師の養成や教員研修、警察や福祉施設等の職員対象の講座の開催などをおこなう。2008（平成20）年には、この部の一機関として青少年性文化協議会が発足し、民間と政府の協力による青少年性文化センターが全国に設立された。ここは、子供たちが体験学習を通じて正確な性知識を習得し、健康的な性のアイデンティティを持った主体として成長できる場として各地に設けられ、2018年時点で58か所ある。

保健福祉部は日本の厚生労働省にあたり、障害児・者を対象とした出張授業や研修をおこない、性暴力被害にあった子供や成人の保護等にも取り組んでいる。教育科学技術部は、日本の文部科学省にあたり、教育現場におけるカリキュラム立案にかかわる。2010（平成22）年度からは「保健」科目が設置、義務化された。この科目の担当者は日本の養護教諭と同様に、学校保健に責任を持ちつつ、健康教育を担当する教員資格を持つ保健教師である。韓国の性教育は「性人権教育」に象徴されるように、人権教育の一環として取り組まれ、性教育に取り組む民間団体と省庁、学校現場とが密接に連携していると同時に、保健、体育、家庭科、道徳など多数の教科で扱われるのが特徴である。

韓国の教育制度は日本と同じ小学校6年間、中学校3年間、高校3年間で高等教育に続くというものであるが、保健の教科書では（橋本 2016）、2009年版の小学校5年生の場合、「性と健康」の単元中「性暴力」の項目の学習目標は、「状況別の対処法を覚えて、実践できる」とされている。性暴力被害にあったときには、親や先生に話す、警察に通報する、服を着替えたり、洗ったりせずにすぐに病院で手当てを受けると記述されている。また、女性のための緊急電話番号も掲載されている。総じて、「自分の体は自分で守る」ことが強調されている（**図15-5**）。韓国では、性暴行が横行しているため、「家庭暴力防止および被害者保護に関する法律」を始め関連法が改正され、小学校から高校までの性暴力に対する予防教育の実施がより具体的な形で義務化されたことにもつながっている。

また、二次性徴の説明箇所で、乳幼児から成人までの裸体の男女が挿絵として掲載されている。「父親になるための準備をする！」という項目で、「もし、勃起ができなかったら」という質問に対して、「勃起は男性の精液を効果的に女性の膣のなかに送るために起こる現象です」のような説明がされている。

小学校6年生保健（2009年版）の「性と健康」単元では、「弟の誕生」「異性の友だちとのマナー」「性暴力とその対処法」「性は売り買いしない」「男女差別はしない」などの項目がある。「弟の誕生」の学習目標には「受精過程がわかる」があげられ、性交を連想できる挿絵も掲載されている[8)]。「人の性交は動物の交尾と何が違う？」の質問には、「動物は種族の繁殖のためで、人は愛し合っていることを確認するために性交をする」と書かれている。

また、内分泌かく乱物質による汚染で、50年前に比べて、男性の精子の数が半減し、先天異常の頻度が増えた、「売春防止法」は2004（平成16）年9月に施行されたなども教えている。

中学校保健（2013年版）の「性と健康」の単元中、「性が及ぼす影響と多様な性文化理解」では、性の概念には、セックス、ジェンダー、セクシュアリティの3つの意味が込められているとして、それぞれ説明されている。単元の後半で、世代間の性文化の違いや多文化のなかでの違いについて述べ、「性役割の変化」「女性の再婚および財産相続禁止制度の廃止」などとともに、「同性愛差別の禁止」があげられ、現在の韓国は、国家人権委員会法で同性愛者への差別を禁じていると述べている。また、「異性交際および性役割と両性平等」はセットで取り上げられ、「固定観念をすてた性役割再設定の例を説明できる」なども求められている。異性交際のルールとしては、つき合い始め、発展期、別れるときのそれぞれについて述べ、「性的自己決定権」の重要性が強調され、その基準についても触れている。「妊娠と避妊」については妊娠の準備から、つわりの症状、出産過程、さらに、避妊までを扱う。緊急避妊ピルも取り上げており、コンドームの装着方法も図示されている（**図15-6**）。性の商品化と性暴力、また、性感染症についても扱っており、性暴行の証拠の確保は48時間以内に、早く病院に行かなければならないという点も強調されている。

韓国の保健の教科書は、日本と比較して、小学校から人間の性と生殖、性行動に関する生理学的、社会的、文化的側面の知識と実践的スキル、さらに、

図 15-5　小学校 5 年生、保健、性暴力への対処法「自分の身は自分で守る」

注：大声を出す、「火事だ！」と叫ぶ、店に駆け込む、嚙みつくなど具体例を説明。

出典：생활속의 보건（生活のなかの健康），YBM, 2015, p. 93

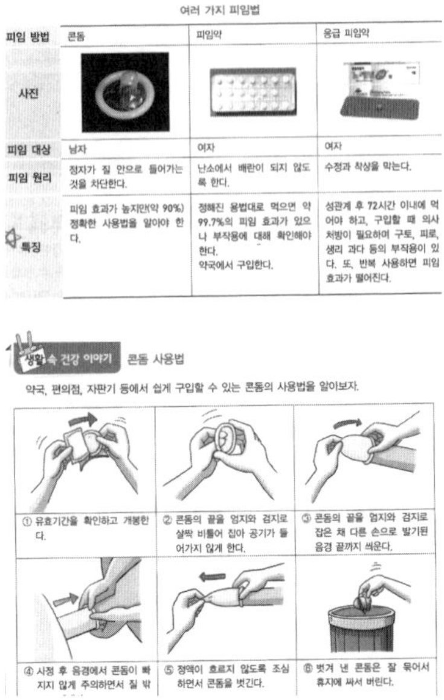
여러 가지 피임법

피임 방법	콘돔	피임약	응급 피임약
사진			
피임 대상	남자	여자	여자
피임 원리	정자가 질 안으로 들어가는 것을 차단한다.	난소에서 배란이 되지 않도록 한다.	수정과 착상을 막는다.
특징	피임 효과가 높지만(약 90%) 정확한 사용법을 알아야 한다.	정해진 용법대로 먹으면 약 99.7%의 피임 효과가 있으나 부작용에 대해 확인해야 한다. 약국에서 구입한다.	성관계 후 72시간 이내에 먹어야 하고, 구입할 때 의사 처방이 필요하며 구토, 피로, 생리 과다 등의 부작용이 있다. 또, 반복 사용하면 피임 효과가 떨어진다.

생활 속 건강 이야기　콘돔 사용법

약국, 편의점, 자판기 등에서 쉽게 구입할 수 있는 콘돔의 사용법을 알아보자.

① 유효기간을 확인하고 개봉한다.
② 콘돔의 끝을 엄지와 검지로 살짝 비틀어 잡아 공기가 들어가지 않게 한다.
③ 콘돔의 끝을 엄지와 검지로 잡은 채 다른 손으로 발기된 음경 끝까지 씌운다.
④ 사정 후 음경에서 콘돔이 빠지지 않게 주의하면서 질 밖
⑤ 정액이 흐르지 않도록 조심하면서 콘돔을 벗긴다.
⑥ 벗겨 낸 콘돔은 잘 묶어서 휴지에 싸서 버린다.

図 15-6　中学校、保健、避妊方法のいくつかとコンドームの装着方法について

注：コンドームの装着の仕方だけでなく、処理についても説明している。

出典：중학교 보건（中学校保健），와이비엠 2013, p. 114

相談機関へのアクセスなども含めて、具体的な解決方法や対処法を提供しようとしているという特徴がある。

注

1）池谷壽夫「『ヨーロッパにおけるセクシュアリティ教育スタンダード』はどんな内容？」浅井春夫・艮香織・鶴田敦子編著『性教育はどうして必要なんだろう？　包括的性教育をすすめるための 50 の Q&A』大月書店、2018 年、pp. 152-156 にわかりやすく解説されている。

2）L'education ala sexualitedans les ecoles, les colleges et lycees *CIRCULAIRE*, No 2003-027 Du 17-2-2003

3）詳しくは、橋本紀子「フランス」橋本紀子・池谷壽夫・田代美江子編著『教科書にみる世界の性教育』かもがわ出版、2018 年、pp. 52-66 を参照。

4）第二次世界大戦で、敗戦国となったフィンランドは60年代にソ連への賠償金を払い終え、70年代に単線型の教育制度の確立・普及や大量生産・大量消費の時代への移行によって、人々の意識も科学的・合理的なものへと変化していったと思われる。

5）詳しくは3）と同書、橋本紀子「フィンランド」の項（pp. 48-50）を参照。

6）詳しくは、橋本紀子『フィンランドのジェンダー・セクシュアリティと教育』明石書店、2006年、pp. 163-164を参照。

7）詳しくは3）と同書、艮香織・朴恵貞「韓国」の項（pp. 133-149）を参照。

8）日本でもこれと類似の挿絵は、1990年代に小学校で生徒の副読本として利用されていた。山本直英・高柳美智子、東京書籍編集部編『ひとりで、ふたりで、みんなと　性ってなんだろう』東京書籍、1991年。

引用・参考文献

Finnish National Board of Education, *NATIONAL CORE CURRICULUM FOR BASIC EDUCATION 2014*, 2014

橋本紀子「(5) 韓国の性教育関連教科書の分析」（Ⅱ海外諸国の性教育の現状と教科書の収集・分析）『〈性〉に関する教育の内容講成・教育課程とジェンダー平等意識・セクシュアリティ形成』日本学術振興会科学研究費研究成果報告書、252-264、2013-2015年度、基盤研究B課題番号2528522　研究代表者橋本紀子、2016年3月

Kontula, O., Sexual Revolution and Sexual Rights in Finland, *SexuS Journal* 1(1), 2015, p. 20

ユネスコ編『国際セクシュアリティ教育ガイダンス――教育・福祉・医療・保健現場で活かすために』浅井春夫・艮香織・田代美江子・渡辺大輔訳、明石書店、2017年、pp. 40-50

ユネスコ編『[改訂版] 国際セクシュアリティ教育ガイダンス――科学的根拠に基づいたアプローチ』浅井春夫・艮香織・田代美江子・福田和子・渡辺大輔訳、明石書店、2020年

課題

(1) ユネスコ「国際セクシュアリティ教育ガイダンス」の特徴について、参考文献にあたり、まとめてみよう。

(2) 第2節で紹介した3か国の学校性教育と日本の学校性教育の異なる点についてまとめ、それに対するあなたの意見を述べなさい。

参考図書

浅井春夫『包括的性教育——人権、性の多様性、ジェンダー平等を柱に』大月書店、2020年

橋本紀子・池谷壽夫・田代美江子編著『教科書にみる世界の性教育』かもがわ出版、2018年

第16章　学校における生命と性の教育

第1節　学校の性教育

本章において「学校」とは、学校教育法第1条に示される学校のうち、小学校、中学校、義務教育学校、高等学校、中等教育学校、特別支援学校を指すものとする。

また「性教育」[1]とは、「性に関する指導」「性に関する教育」「生命（尊重）に関する教育」そして従来（1972〈昭和47〉年以降）「性教育」と呼ばれてきた教育活動を指すものとする。「性教育」は必ずしも学校だけでおこなわれるものではないが、本章では、学校で実施されるそれを「性教育」と表すものとする。

(1) 用語「性教育」

学校教育において「性」をどのように扱うかについては、これまで政治[2]問題となることが多かった。それは性が生き方に直結しているがゆえに、個々人の生き方の問題と切り離すことが難しく、生きる上での利害関係（実利や思想信条を含む）が折り合わないからである。さらには、政治問題だけではなく、宗教問題として論争を呼ぶことも多い。

「性教育」という用語の歴史は長く、1972年まで遡る（第14章「生命と性の教育の考え方」）。「性教育」は日常的に用いられる用語となって久しく、そのイメージは人それぞれである。性教育は、教室（や体育館）等で集団を対象とする形態の集団性教育と、保健室等で個々に対応する個別性教育に分かれるが、一般的には「性教育」のイメージは前者（集団性教育）に偏っている。集団を対象にして、性を一律に扱うことの是非は近年問題となってきている。

(2) 近代教育としての性教育

近代教育[3]の要件は、「期間（時間）」「計画」「組織」である。計画は、何らかの（目的の下の）目標を立てておこない、そこに到達したかどうかの評価[4]をおこなうことが中心となる。この近代教育の要件は、性教育にもあてはまる。

個別性教育の場合、目標は対象児童生徒の性の問題（行動）の解決（もしくは未然防止）になる。評価は、問題が解決されたかどうかを見れば良い。

集団性教育の場合、目標（不明確な場合も多々あるが）を性行動の変容とする場合もあるが、集団を対象とした一律の教育で行動変容を望むことは難しい[5]。あわせて、行動の評価も難しい。現実的には「生きる力」の涵養が目標となる。すなわち、到達目標は性の課題[6]を自ら（あるいは協働して）解決していく力を得ることとなる（狭義の性教育）。評価は発達段階に合った生きる力や態度が身についたかどうかを見ることになる。

それとは別に、生き方を選択していく力を得ることを到達目標と掲げることもある（広義の性教育）が、本章では狭義の性教育を扱うこととする。

第2節　教科等における性に関連する内容

(1) 教育課程と性教育

学校は法令[7]に基づいた組織であり、何をどの程度（量・内容）教えるかが定められている。何をどの程度教えるのかについては、法令に書かれている教育課程を参照すれば良い。

学校教育法第33条には、教育課程は「文部科学大臣が定める」とあるように、教育課程は（文部科学）省令すなわち施行規則によって規定されている。

学校教育法施行規則には教育課程が規定されているが、そこには学校で教えられることは教科と教科以外[8]によって構成されているのがわかる。ここで重要なのは、「性教育」についての言及がないことである。性教育、それ自体は、法令にある教育課程には明示されていない。

(2) 各教科等における性に関連する内容

法令の教育課程に明示されていない性教育はどのように実践されうるのだろうか。まず、各教科等における性に関連する内容を見ていく。

「保健」と性に関する内容

教科で教える内容は、学習指導要領にて標準化されている。性に関連する内容を扱う教科は複数あるが、その中心となっているのは保健[9)]である。

小学校の「体育（保健）」では、まず第４学年で「体の発育・発達」という単元[10)]内容において性に関連する内容を学ぶ。教科書の単元には「育ちゆく体とわたし」等の表現が用いられている。ここの到達目標は体の発育・発達について「理解すること」および「課題を見つけ、その解決に向けて考え、それを表現すること」とされている（小学校学習指導要領）。したがって児童が理解したかどうかについては筆記テストによって評価する。

中学校の「保健体育」では、まず第１学年で単元内容「心身の機能の発達と心の健康」において生殖機能の成熟について学ぶ。なお、この内容の取り扱い（中学校学習指導要領）においては、「妊娠の経過は取り扱わないものとする」という制限が記されている。発達段階（第１学年）から見た内容の抽象度の高さと他教科での学習進度に関連していると考えられる。さらに中学校の「保健体育」では第３学年で「後天性免疫不全症候群（エイズ）及び性感染症」についても取り扱う。

高校に入ると「生涯を通じる健康」という単元内容において、家族計画を始めとした人生設計にかかわる知識を学ぶことになる。これらは、第１学年および第２学年にて学ぶ。ここの教育目標は生涯を通じる健康について「理解を深めること」および「課題を発見し、解決方法を思考し、判断するとともに、それらを表現すること」とされている。また、この内容の取り扱い（高等学校学習指導要領）にて、「生殖に関する機能については、必要に応じ関連付けて扱う程度とする」という制限的な表記が用いられている。

「家庭」と性に関する内容

保健の授業以外の教科で、性に関連する内容を扱うのは「家庭」である。中学校の教科「技術・家庭」の「家庭」分野では、「家族・家庭生活」という単元内容で自身の成長とともに、家族の形成について学ぶことになる。性と家族は密接に関連しており、性に関連する内容といえる。

(3) 教科以外と性に関する内容

教科以外には、「道徳」「特別活動」そして「総合的な学習の時間」がある。「道徳」は2018（平成30）年度（中学校は翌年度）から「特別の教科　道徳」として扱われるようになった。教科等横断的におこなわれる「道徳教育」の核となる授業である。「特別活動」の時間は、性教育として外部講師が招かれ、講演する枠にあてられることが多い。

「特別の教科　道徳」と性教育

道徳の授業における性に関連する内容はページ数を増している。「特別の教科　道徳」の教科書を見ると、特に性の多様性についてページが多く割かれるようになってきた。

特別の教科「道徳」の内容は、主として4つに分かれている。

A　自分自身に関すること
B　人との関わりに関すること
C　集団や社会との関わりに関すること
D　生命や自然、崇高なものとの関わりに関すること

「特別の教科　道徳」の小学校学習指導要領を見ると、異性の理解とかかわり、多様化する社会での他者理解と望ましい態度、そして生命尊重等が含まれている。いずれも性に関連する内容として授業を組み立てることが可能である。

なお、「特別の教科　道徳」の授業は中学校でも展開される。中学校の学習指導要領においても同様の記載がみられる。

特別活動と性に関する内容

特別活動の時間は、いかなる内容でも教えて良いというわけではない。学習指導要領にその枠組が示されており、そこに関連づけた内容を扱う。性に関連する内容に結びつけられる箇所をいくつか抜き出した表が、**表 16-1** である。テーマによっては外部講師による性に関する講話の内容を位置づけることが可能であることがわかる。

(4) 性の多様性に関連する記述

2017（平成 29）年の学習指導要領改訂で、性の多様性に関連する記述がどう変化したかを示す（**図 16-1**）。性の多様性への配慮がみえる。

表 16-1　特別活動における性に関連する内容

［学級活動］
2 内容
(2) 日常の生活や学習への適応と自己の成長及び健康安全
イ　男女相互の理解と協力
　男女相互について理解するとともに、共に協力し尊重し合い、充実した生活づくりに参画すること
ウ　思春期の不安や悩みの解決、性的な発達への対応
　心や体に関する正しい理解を基に、適切な行動をとり、悩みや不安に向き合い乗り越えようとすること

出典：文部科学省「中学校学習指導要領（平成 29 年告示）」2018 年、p. 163

小学校学習指導要領解説　体育編

平成 20 年
「思春期には、初経、精通、変声、発毛が起こり、また、異性への関心も芽生えることについて理解できるようにする。さらに、これらは、個人によって早い遅いがあるもののだれにでも起こる、大人の体に近づく現象であることを理解できるようにする」

↓

平成 29 年
「思春期には、初経、精通、変声、発毛が起こり、また、異性への関心も芽生えることについて理解できるようにする。さらに、これらは、個人差があるものの、大人の体に近づく現象であることを理解できるようにする」

「だれにでも起こる」という表現がなくなっている。

中学校学習指導要領解説　保健体育編

平成 20 年
「また、身体的な成熟に伴う性的な発達に対応し、性衝動が生じたり、異性への関心などが高まったりすることなどから、異性の尊重、性情報への対処など性に関する適切な態度や行動の選択が必要となることを理解できるようにする」

↓

平成 29 年
「また、身体的な成熟に伴う性的な発達に対応し、**個人差はあるものの、**性衝動が生じたり、異性への関心などが高まったりすることなどから、異性の尊重、性情報への対処など性に関する適切な態度や行動の選択が必要となることを理解できるようにする」

「個人差はあるものの」という表現が挿入されている。

図 16-1　性の多様性への配慮

出典：文部科学省「中学校学習指導要領（平成 29 年告示）解説 保健体育編」2018 年より筆者作成

第3節　性教育を展開する工夫

(1) 教科等における性教育の可能性

これまで各教科等において扱われている性に関する内容を見てきた。では、各教科等において展開される性に関連する授業は、性教育としてみなすことが可能だろうか。それを考えるには近代教育の要件のひとつである計画、その中心となる目標と評価に着目すれば良い。

中学校の「保健」の授業を例に考えてみよう。「保健」では性感染症について学ぶ。前述したように性感染症（小単元）は学習指導要領で取り扱うことになっているため検定教科書に示されており、そこに記された知識を深めることが到達目標のひとつとなる。知識に関する目標に到達したかどうかは、知識の理解度を問う評価方法（筆記テスト等）によって確認される。ただし、この目標・評価は、性教育のものではなく、「保健」のものである。

性に関連する内容が、ある教科で扱われたとしても、それはあくまでもその教科の教育実践であり、実践がその教科内に留まる場合は、性教育としてみなすことは難しい。目標・評価が教科から独立しえないからである（教科以外の特別活動などにおける実践は目標・評価次第では性教育とみなすことが可能である）。

(2) 教育課程の時間

上述の通り、教科等をそれぞれ見ていくと、性教育としての実践的な内容を組み込むためには、特別活動のうち１〜２時間にとどまらざるを得ない。あるいは、総合的な学習の時間に性教育をあてることも考えられる。それにしても、性教育を推進していく場合、時間をどこで確保するかが大きな問題となる。

そこで学校教育法施行規則に規定されている教育課程にかかる標準時間を見ていこう。**表 16-2** は小学校の教科等の授業時数である。

小学校の１単位時間は、45 分、中学校は 50 分である。いずれも膨大な時間数であり、それらは学校教育法施行規則に示された教科等により埋められ

表 16-2　教科等の授業時数（小学校）

区分		第1学年	第2学年	第3学年	第4学年	第5学年	第6学年
各教科の授業時数	国語	306	315	245	245	175	175
	社会			70	90	100	105
	算数	136	175	175	175	175	175
	理科			90	105	105	105
	生活	102	105				
	音楽	68	70	60	60	50	50
	図画工作	68	70	60	60	50	50
	家庭					60	55
	体育	102	105	105	105	90	90
	外国語					70	70
道徳の授業時数		34	35	35	35	35	35
外国語活動の授業時数				35	35		
総合的な学習の時間の授業時数				70	70	70	70
特別活動の授業時数		34	35	35	35	35	35
総授業時数		850	910	980	1015	1015	1015

出典：文部科学省「小学校学習指導要領（平成 29 年告示）」2018 年、p. 12

ている。

この状況から性教育の時間を割りあてるには、どうすれば良いのだろうか。それには比較的新しい考え方である、教科等横断的な考え方をすれば良い。

(3) 教科等横断的な性教育

社会が変化するにしたがい、学校教育への要求は増大している。その要求に応えるために、これまでの教科等に加わる形で、さまざまな学習内容が導入されてきた。たとえば、キャリア教育、食育、がん教育、人権教育、情報教育等々である。性教育もそのひとつであった。これらはいずれも教科等横断的な視点に立った資質・能力の育成が求められる学習内容であり、先述の教科等横断的な取り組みとして展開されている。

(4) 教科等横断的な性教育の編成

教科等横断的な性教育（以下、「横断的性教育」とする）の編成には、２パターンある。ひとつはある学年内における教科等を横断するパターンである。もうひとつは、学年をまたいで、場合によっては校種をまたいで教科等を縦横断するパターンである。これらの考え方によって、性教育の時間は実質的に拡大することができる。

小・中・高すべての学習指導要領総則には、学校における「体育・健康に関する指導」の進め方が示されているが、そこでは教科等横断的に取り組むことが求められている。

「横断」という表現は、2008（平成20）年の学習指導要領総則には皆無であったが、2017年の学習指導要領総則には頻出している。新学習指導要領の要点のひとつであるカリキュラム・マネジメントの充実に即した新しい概念であり、学習指導要領に「教科等横断」の考え方が初めて取り入れられた。

横断的性教育の編成の前に

横断的性教育はどのように編成すれば良いのだろうか。各教科等から、性に関連する授業を並べれば良いのだが、それでは単に「性に関連する内容を扱う授業」の目録・リストに過ぎない。**表16-3**にリストの例を示す。

これを性教育たるものにするには、近代教育の要件に立ち還り、計画、すなわち目標・評価を設定する必要がある。

表16-3　中学校3年生を対象にした「性に関連する内容を扱う授業」リストの例

教科等	単元（小単元）等	対象単位
保健	健康な生活と疾病の予防（性感染症）	クラス
道徳	性の多様性	クラス
理科	生命の連続性（有性生殖）	クラス
家庭	家族・家庭生活（成長の振り返り）	クラス
特別活動	外部講師「SNSと性被害」講話	学年

出典：筆者作成

そもそもなぜ横断的性教育を編成するのか。単に性教育の時間を拡大したいからなのか。そうではなく、横断的な実践でなければ得られない目標があるからである。さらにはその目標の背景に、性に関連する課題があるからである。すなわち、横断的性教育の編成の前にすべきことは、個々の問題から課題を抽出し、それに対応する目標を立てることである。

横断的な、あるいは縦横断的な性教育の課題設定については、松浦（2018）に例が複数掲載されている。性被害・性加害をテーマとした複合単元[11]（横断的性教育）が多いのは、実践を提供した特別支援学校における特異的な課題として議論、抽出されたからである。

横断的性教育の課題

性教育は法令の教育課程に示されていないので、その実践を推進するためにはそれなりの課題が背景に求められる。狭義の性教育でいえば、それは性の課題になる（**表 16-4**）。

なお、このなかで「性感染症」は、授業「保健」でその知識理解を取り扱うので、「知識理解を深める」という課題のみでは、横断的性教育を編成す

表 16-4　横断的性教育の背景となる課題（例）

• 生まれてきたこと
• 成長すること（二次性徴）
• 月経の悩みやトラブル
• 性的コンテンツへの対応
• 若年妊娠（10 代妊娠）
• 予期しない妊娠
• 人工妊娠中絶
• 性感染症
• 性被害、性加害
• 性的虐待
• 性の多様性
• 交際（SNS 含む）のあり方
• 家族のかたち
• 多様な文化における性
• 宗教と性（海外ルーツの子供含む）
• 性と生殖に関する権利と健康

出典：筆者作成

る際の課題とはならない。

これらの課題は地域によって異なる。たとえば、「若年妊娠」については、都道府県格差があることが知られている。都道府県によって、それを横断的性教育の課題とするかどうかは議論を必要とする。

また、これらの課題は時代によって変化する。たとえば、わが国の「若年妊娠（10代妊娠）」の割合は欧米と比較してきわめて低いレベル（一桁少ない）にあるが、わが国だけに着目してこの20年間の推移をみると、2020（令和2）年は20年前と比較して約3分の1まで低下してきている。課題として抽出するかについては、20年前の議論と現在の議論ではその内容が異なる。

さらに、これらの課題は文化[12]によって異なる。たとえば、「人工妊娠中絶」は宗教によってその対応が世界で二分されている。きわめて宗教的な問題である。海外にルーツを持つ子供の増加[13]は、多様な宗教を持つ子供の増加を意味している。この多様な社会のなかで、宗教的な論争を呼んでいる事項を課題として抽出するかどうかは今後ますます議論が必要になる。

■コラム　望まない妊娠

妊娠は胎児（おなかのなかの赤ちゃん）と不可分であるので、望まない妊娠とは、胎児を望まないということに直結している。胎児を生命とみなす場合（胎児は生命体ではないとみなす思想もある）、それは「望まない生命（いのち）」ということになり、この用語の差別性・選別性が明らかになる。欧米では1980（昭和55）年以降、この表現「unwanted pregnancy」は減少した。わが国でも、2015（平成27）年以降、国の母子保健行政や虐待防止施策のなかで用いられなくなってきており、代わりに「予期しない妊娠」や「思いがけない妊娠」といった表現に切り替えられている。誰がいつ望まないのかという視点からの解説が、「健やか親子21最終評価報告書」（厚生労働省、2013年）に記されている。

到達目標と指標設定

先に挙げた課題等への対応を念頭に、横断的性教育の目標を設定することになる。**表 16-4** の上記課題のなかには、(性) 行動の帰結として生じる課題が多く含まれており、到達目標とそれに対応する評価方法の設定に工夫が必要となる。これを指標設定という。

課題の例を「若年妊娠」としよう。いかにして横断的性教育は「若年妊娠」にアプローチするだろうか (**表 16-5**)。

表 16-5 目標のレベルと指標設定 (例)

1. 若年妊娠割合を減少させる (保健指標)
2. 妊娠につながる性行動を変容する (行動指標)
3. 同上の性行動への態度を変容する (態度指標)
4. 同上の性行動への知識理解を深める (知識指標)
5. 若年妊娠が課題とならない社会を設計・発表する (協働指標)

出典：筆者作成

学校における性教育の実践が、保健指標や行動指標のレベルに影響することは容易いことではない。児童生徒の生きる社会は膨大な情報流量のなかで大きく動いており、そこから独立したかたちの性教育は現実的には不可能だからである。

現実的には、普通教育[14)]のなかでは、横断的性教育の目標レベルは3、4、5であり、対応する指標は、態度、知識、そして協働となる。これらの3つは、まさに生きる力といって良い。

目標と評価の合致

横断的性教育の編成に際して重要なのは、目標を立てることにあると述べた。目標は評価と対をなすものである。この目標は、評価可能な目標 (到達目標) にすることが必要である。現実は、この悪い例 (**表 16-6**) のように理想を述べた目標が多い。

知識理解の評価

「理解」は学校教育の最重要キーワードのひとつであり、学習指導要領の目標に頻出する。また「理解」は「学力」に比例する。学校では、知識などの「理解」を通して、課題に対する解決策を見出し、人に伝えることができるようにする。

表 16-6　到達目標の書き方

到達目標の悪い例
「この授業群を通して、性を豊かに捉え、ひいては豊かな人生を生きていくことができる」
到達目標の良い例
「性の多様性を理解する（知識指標：筆記テスト）」
「性の多様性を尊重する態度を得る（態度指標：事前事後アンケート）」
「性の多様性を尊重する社会のために生徒ができること（協働指標：発表と成果物、グループワークへの関与の評価）」

出典：筆者作成

理解の程度を測ることは、横断的性教育の目標設定によっては必須となる。そのレベルを**表 16-7** に示す。どのレベルの理解を求めるかは、知識理解をどこまで深めるかという目標（どの程度身につけさせたいか）に依存している。

表 16-7　理解の段階と評価手段

1. 何となくわかった気がする（挙手）
2. イメージを選ぶことができる（ワークシート）
3. 文字で答えることができる（筆記テスト）
4. 他の人に説明できる（アクティブ・ラーニング）
5. 自ら問題を作成し、互いに解答し合う（アクティブ・ラーニング）

出典：筆者作成

態度の評価

態度は行動との切り分けが難しい概念である。態度に関する研究者（Krech 1962）の知見は**表 16-8** のようになる。

表 16-8　Krech の態度分類

態度の分類	
情動的成分	例：好き嫌い
認知的成分	例：良い悪い
行動傾向成分	例：行動するだろう、行動はしないだろう

出典・Kreach, D., Crutchfield, R. S. & Ballachery, E. L. *Individual in Society*, McGraw-Hill, 1962 より筆者作成

態度はさまざまな尺度によって把握される。横断的性教育の前後において、態度の変容をみるアンケートを実施することは（自分たちで作成したアンケー

トで良い)、実践の評価に不可欠なものである。その際は、変容を見ることができるよう記名式でおこなう。

なお、性に関する態度を計測する学術的尺度については、荒堀・松浦(2012) に詳しい。

■コラム　記名式アンケート

性の問題は個人レベルから社会レベルまで裾野が広い。ある児童生徒の性の問題をクラスの児童生徒の前で取り上げることはきわめて難しい(場合によっては人権問題となる)。さらに個人レベルの性の問題は、重大な生命の問題(本人、相手、胎児等)に関係する。よって性の問題への対応は個別指導にならざるをえない。誰がそのアンケートに答えたかを把握することは、性の問題を、責任を持って扱う際の第一歩である。もちろん、記名式アンケートを実施するに足る信頼関係が教える側と学ぶ側のあいだに構築されている必要がある。記名式アンケートの実施に不安を覚える場合には、信頼関係を見直してみると良い。

第4節　性行動に影響する因子

(1) 学力と性行動

性行動、特に「望ましくない性行動」を予測しうる因子には遺伝・環境などさまざまなものが考えられるが、そのなかでも影響力が強い因子として、教育の成果としての「学力」があげられる。「学力」は教育の成果(遺伝を除外する)である。なお、この教育は性教育を意味しているのではなく、近代教育を意味している。

たとえばある学校の「望ましくない性行動」を減らすには、その学校の「学力」を向上させることがもっとも近道である。では、そもそも「学力」とは何なのか。

(2) 学力と「生きる力」

学力をどう定義づけるかは、時代によって変わる。具体的には、社会からの要請と近未来[15)]の社会像によって変わる。学力とは、「今の社会と近未来の社会」を「社会人として生きていく力」といえる。

たとえば、「読み書きそろばん」の技能習得が「学力」とされた時代は、「その社会とその近未来の社会」を生きていくのにそれが必要な力だと仮定されていたわけである。

いまそれは「生きる力」として表現されている。2008年・09年に改訂された学習指導要領で、脱ゆとり教育の目玉として「生きる力」が用いられた。そして、次の2017年・18年改訂の新学習指導要領にもこの「生きる力」は引き継がれ、「生きる力」を育むために求められる資質・能力として新たに3つの要素が定義された。

(1) 知識及び技能が習得されるようにすること。
(2) 思考力、判断力、表現力等を育成すること。
(3) 学びに向かう力、人間性等を涵養すること。

これらを学力の3要素という。これは小学校から大学まで一貫している。この3つ目の「学びに向かう力、人間性等の涵養」は新たに設定された学力要素である。文部科学省は3つ目の学力要素を「主体性を持って多様な人々と協働して学ぶ態度」と表現し、1つ目と2つ目の要素を基盤として高校までに養われるべきであり、大学の入学選抜の段階において評価するとしている。キーワードは「主体性」「多様性」「協働性」であるが、このなかの最重要用語は、「協働」である。2008年改訂の学習指導要領には記述がみられなかった「協働」が、2017年改訂の学習指導要領には頻出していることから導き出すことができる。

つまり、今の児童生徒・学生に求められる学力は、知識・技能系の学力と、思考力・判断力・表現力系の学力に加えて、主体性・多様性・協働性の新しい学力、この3つによって構成されていることになる。

横断的性教育の編成においては、この３つ目の学力に基づいた課題設定と内容の組み立てを考慮すべきである。いわゆる上述の「協働」の指標の設定を重要視する時代になっている。

(3) 読解力

近年、読解力について注目がなされている。読解力とは、書かれている内容（文脈）を論理的に把握し、判断する能力のことである。平易にいえば、文章の意味内容の理解である。

国立情報学研究所の新井紀子教授を中心とした数学者グループによる大規模RST（リーディングスキルテスト：読解力テスト）の結果から**表16-9**に示した結果が導き出されている（新井 2018）。

表16-9　わが国における読解力調査の結果（2016年～）

- 中学校卒業段階で約３割が（教科書の）表層的理解もできない
- 学力中位の高校では、半数以上が内容理解を要する読解はできない
- 読解能力値は中学生の間は平均的には向上する
- 読解能力値は高校では向上していない
- 読解能力値と家庭の経済状況には負の相関がある

出典：新井紀子「AI vs 教科書が読めない子どもたち」東洋経済新報社、2018年、pp. 227-228

ここから導き出せることは、たとえば「保健」の教科書の内容を理解していない子供が多数存在するということと、経済的に厳しい環境ではその傾向がさらに強いということである。知識理解を基盤にした性教育の展開以外に、代替ルートを用意する必要がある。

(4) 行動変容モデル

他者の行動を変容させることは難しい。健康に関する行動変容モデルは、1950年代から研究されてきている。当初、KAPモデルという知識・態度・実践変容モデルが開発されたが、行動の予測精度が高くはなく、次第に勢いを失った。その後、多数のモデルが世に出ているが、確たるモデルにはたどり着いていない。

性行動は、食事や運動という“一般的な”健康行動とは異なり、遺伝や環

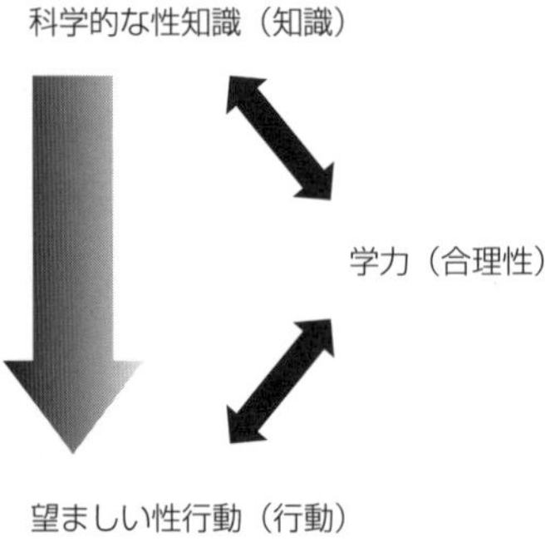

図 16-2　合理的行動原理（松浦）
出典：筆者作成

表 16-10　合理的行動原理が見込めない場合の対応

①不安定な環境から行動できない	⇒	保健福祉的対応
②快不快に基づく行動をしがちだ	⇒	認知行動療法的対応
③ピア圧力からの影響を受けがち	⇒	小集団への支援介入

出典：筆者作成

境の影響を大きく受けるので、モデル化は遅れている。さらにいえば、性行動変容に関するプログラムでは、対象者が期待とは真逆の方向に振れることがある（Wiggins et al. 2009）。

(5) 性行動へのアプローチ

性行動変容に寄与するいくつかのモデルを下記に紹介する。まずは合理的行動原理（**図 16-2**）である。近代教育の根幹をなすモデルといえる。

一方、性行動変容には合理的行動原理が見込めないことが多く、代替ルート（**表 16-10**）を確保しておく必要がある。合理的行動原理モデルについては、集団性教育が可能であるが、望ましい変容が見込めない場合には、個別性教育や小集団性教育の範疇となる。

性の３要素＋１：四段階法

- 身体性の世界（出生～小学校低学年） 身体性
  - 身の回りのものに注意を向ける
- 関係性の世界（小学校中学年） 関係性
  - 自分は関係のなかで生きている
- 抽象性の世界（小学校高学年） 抽象性
  - “いのち” という概念を理解し始める
- 社会性の世界（中学生以降） 社会性
  - 見ず知らずの人たちと生きることをイメージする

図 16-3　経験的な発達モデル（松浦）

第５節　発達に即した性教育

(1) 発達段階

人間は生涯発達する存在である。ただし、子供の発達は、定型発達という用語があるように、おおよその年齢で、脳神経系の発達状況を区分けする（マイルストーン[16]を置く）ことができる。この見方により、たとえば乳幼児健診は組み立てられている。

普通教育もこの見方を採用する。小学校・中学校、そして高等学校（の部分）が学齢進行になっているのはこれゆえである。性に関する発達についていえば、二次性徴はある程度の学齢にてマイルストーンを置くことができる。

子供の発達段階[17]を見るにはどうしたら良いか。それは学習指導要領を横断的に見れば良い。各教科は同じ学年で同じレベルの脳神経系発達を見越して内容が経験的に記述されている。たとえば、「数学」の授業において、中学校１年生の方程式を小学校４年生が学ぶことができない（脳神経系の発達が追いついていない）ように、「保健」の授業において、中学校１年生の生殖機能の成熟を小学４年生が学ぶことはできない。

学習指導要領は、脳神経系の発達に合わせた教授内容の積み重ねリストとみなすことができる。そしてそれは、教科横断的に確認できる。たとえば、「いのち」という概念は、いつから理解可能であろうか。「いのち」という概念は高度に抽象化された概念である。「い」と「の」と「ち」のひらがなは、未就学児でも読むことができるが、「いのち」が身近な生き物に宿り、そして周りの人にも宿り、さらにはこの自分にもそれが宿っており、それはいずれも有限である（自らが死ぬ存在と認識する）という高度な抽象理解は小学校５年生になるのを待たなければ、理解は難しい。小学校５年生からの国語や社会、算数の教科書が急に抽象度を上げてくるのは、10歳を超えるころにこの抽象能力が急速に発達するからである。発達モデルを**図16-3**に示す。

学習指導要領を教科横断的にみてみると気づくことがある。それは毎学年に指定されている教科（算数、社会など）と、２学年の幅を持たせて指定されている教科（国語、体育など）があるということだ。それは学習内容を積み上げる幅ではあるが、発達段階の幅と考えることも可能である。

■コラム　二次性徴

「二次性徴」は誤解の多い用語である。まず「第二次性徴」という表現は誤訳である。「第二次成長」に至っては、まったく本質を外れた表現となる。「二次性徴」は英語で「secondary sex characters」である。「secondary」は時間的な順番の2番目を表す「second」ではなく、重要度・解像度が2番目を表している。では一番重要度・解像度が高いものは何というのかというとそれは「primary sex characters」であり、一次性徴と訳される。3番目に重要度・解像度が高いものは何かというと、「tertiary sex characters」であり、三次性徴という。では何の重要度・解像度かというと、それは「性徴」、すなわちオスとメスの区別のことである。オスとメスの区別がほぼ可能な特徴を「一次性徴」といい、例としては出生後の性腺による区別がある。オスとメスの区別がある程度可能な特徴を「二次性徴」という。「三次性徴」はオスとメスの区別が「場合によっては」可能という特徴をいう（たとえばスカートを履いているかどうか、黒いランドセルを背負っているかどうか等の社会的な性表現が該当するので時代や社会によって変化する）。よって、「二次性徴が思春期に発来する」という表現は、厳密にいうと正しくはなく、「思春期になると二次性徴が観察できる」ということになる。

(2) 各教科にみる発達段階

発達段階と学習について、中学校１年生の方程式を例にした。教科横断的にみると、数学で方程式を学ぶことのできる発達段階において、生殖機能の成熟を学ぶことができる。中学校３年生を例にすると、数学で因数分解を学ぶことのできる発達段階において、性感染症を学ぶことができるといえる。

性教育の対象となる児童生徒の発達段階を知るには、学んでいる数学等の教科書を見ると良い。またこれは、一人ひとりの生徒の学力の観点からも重要である。教科書にある因数分解の理解が難しい学力の生徒は、教科書にある性感染症の理解が難しいと予測できる。その場合は、先述の「合理的行動原理が見込めない場合」のアプローチをすることを考慮する。

第６節　新しい性教育の視点

子供にとって性の問題は、一人ひとり個別に存在する問題である。問題を抽象化した「課題」を扱う集団性教育ではそこに対応することは難しい。集団性教育の前後に、個別性教育の用意をすることが望まれる。

(1) 集団性教育の弊害

クラスや学年を対象とする集団性教育（発達段階に依存する）は、性を一律に扱うことから逃れ得ない。これは以前より指摘されていた弊害であるが、特に昨今、性の多様性や性被害の観点（これらは発達段階に依存しない）から疑義が出ており、「集団性教育は必ず誰かを傷つけている」ことが共通認識となりつつある。

(2) 性教育の結果

個別性教育は、子供一人ひとりに対して指導や助言・支援をおこなうわけであるが、必ずしも子供が教育する側の期待通りに変容するとは限らない。期待とは逆に動くこともある。

これは集団性教育にもあてはまる。これまでこれが問題にならなかったの

表 16-11　授業前後の態度指標の変化（単位：ケース）

	指標 1	指標 2
負の組み合わせ	79	54
正の組み合わせ	<u>21</u>	<u>35</u>
同順位	109	120
有意差*	p＜.001	p＝0.043

注：
指標 1「性行動は相手の体や心を傷つける可能性があると思う」
指標 2「自分の体を大切にしている」
負の組み合わせ＝望ましい変化：授業前より授業後の方が「そう思う」傾向が強くなった
正の組み合わせ＝望ましくない変化：授業前より授業後の方が「そう思わない」傾向が強くなった
＊ Wilcoxon の符号付順位検定の結果
出典：樋口善之ほか「「健やか親子 21」思春期の保健対策の強化と健康教育の推進における指標「性行動による性感染症等の身体的影響等について知識のある高校生の割合」に関する研究――高等専門学校における性教育による指標の変化」、厚生労働科学研究「健やか親子 21 を推進するための母子保健情報の利活用および思春期やせ症防止のための学校保健との連携によるシステム構築に関する研究　平成 19～20 年度　総合研究報告書（主任研究者　山縣然太朗）」2009 年、pp. 153-163 より筆者作成

は、多くの性教育実践が無記名で取り組まれていたからである。無記名では、ある子供の前後の比較ができない。望ましくない方向に動く変容を見過ごしてきたことになる。

厚生労働科学研究として、望ましくない性行動を予測する態度指標 2 つが開発され、厚生労働省の健やか親子 21（第 1 次）の指標として組み入れられた（山縣他 2009）。これらの指標を、高校生（高専の高校生）を対象にした性教育授業（13 回授業）の前後で計測してみたところ、**表 16-11** の結果が得られた。

ここでは「負の組み合わせ」が望ましい変化を示し、「正の組み合わせ」が望ましくない方向の変化を示す（態度指標）。どちらの指標についても、ケース数は「負の組み合わせ＞正の組み合わせ」となっており、前後の連結をしていなければ、「総じて」望ましい方向に向かった実践であったと結論づけられたはずである。

しかしこの実践では、連結可能匿名化の方法を開発・導入したので、どの

複合単元「性の多様性を包括的に学ぼう」

教科等	単元（小単元）等	対象単位
態度評価	性に関する事前アンケート（養護教諭）	個別／記名
個別性教育	性に関する相談（養護教諭）	個別
理科	生命の連続性：有性生殖	クラス
道徳	性の多様性［教科書使用］	クラス
特別活動	外部講師講和「LGBT を考える」	学年
道徳	性の多様性［教科書使用］	クラス
特別活動	性の多様性を尊重する社会を考える	クラス協働活動
態度評価	性に関する事後アンケート（養護教諭）	個別／記名
個別性教育	性に関する相談（養護教諭）	個別

目標と評価：
①「性の多様性を理解する（知識指標：道徳教科書からの簡便な筆記テスト）」
②「性の多様性を尊重する態度を得る（態度指標：事前事後アンケート）」
③「性の多様性を尊重する社会のために生徒ができること
　（協働指標：発表と成果物、グループワークへの関与の評価）」

図 16-4　中学 3 年を対象にした横断的性教育の例（年度当初からの実践順）
出典：筆者作成

生徒がどのように変容したのかが一人ひとりについて明らかになった。望ましい変容の影に隠れて、相当数のケースが逆方向に変容していた（**表 16-11** 下線のケース数である）。この研究の文脈からいえば、集団性教育により、相当数のケースが望ましくない性行動に向かう可能性があったということになる。

集団性教育はその効果を測る場合、子供一人ひとりの変化を把握しておく必要がある。それを怠れば、性教育による望ましくない方向への変化を見逃すことになる。

「性教育は良い結果をもたらす（悪い結果はもたらさない）」という無謬前提から離れ、「性教育は良い結果も悪い結果ももたらす可能性がある」という可謬前提に立ち、性教育のどんな結果にも対応できる体制を整えておきたい。

(3) 横断的性教育と個別性教育

これまで、集団性教育のみでは、子供の性の問題に対応することが難しいことを説明してきた。そこを打破するには、どうしたら良いのだろうか。そのためには、横断的性教育を編成する際に、授業（集団対象）と個別性教育を結びつける工夫をすれば良い。

図 16-4 に、横断的性教育の編成例を示した。個別のアンケートとともに、個別の性教育を組み合わせて編成した。

この例は中学校３年生時点の横断的性教育の編成例であるが、これを中学校１年生から３年生までの学年を縦横断する編成にすることも可能である。ただしその際にも、性に関連する内容の目録（リスト）に留まることなく、まずは課題を背景にした到達目標を設定し、それに合致する評価方法（指標設定）をおこなうことを心がけたい。もちろん個別性教育を前後等、要所要所に組み込むことを忘れないようにする。

注

1）「性教育」という用語は、国の教育行政で35年ほど生き延びた“長寿”用語であった。2006（平成18）年ころより文部科学省はこの用語「性教育」を使用しておらず、「性に関する指導」もしくは「性に関する教育」といった用語を使用している。

2）政治とは、ある考えのもとに参集することである。それは多様な利害関係を生むことになる。

3）わが国では用語「教育」は300年以上にわたって用いられている表現であるが、近代教育が展開されたのは明治時代以降となる。近代教育とは、近代人を養成する教育であり、それは理性（合理的思考）をもとに知性（選択行動）を発揮する人間のことである。

4）評価とは、目標に達したかどうかを判断することである。目標なしの評価はありえない。

5）到達目標を具体的に記述しない文化は、大学を含む教育現場にながらく見られていた。「目標と評価」が導入される前は、不明確な（具体的に記述されない）目標をもとにした「成果と課題」という思考が主流であった。性教育も例外ではない。性教育の場合、不明確な目標と対になっていた（成果となっていた）振り返り方法は「感想文」であった。

6）性の問題はさまざまであり、児童生徒１人ひとりに存在する。課題は、議論の上でそれらの問題を抽象・捨象（残す、残さないを決めた）して、抽象度を上げたものである。子供個人には課題は存在せず、問題が存在すると捉えると良い。

7）法令とは、法律、政令、省令の三層構造を指す。法律は国会議員で構成される国会にて制定される。政令は内閣によって定められ、省令は省庁によって定められる。政令を施行令、省令を施行規則として表現する。

8）学校で教えられていることは、教科と教科以外に分類される。教科と教科以外を併せて「教科等」という表現が用いられる。

9）保健の授業は、校種によって扱われ方が異なる。小学校では教科「体育」のなかの「保健」“領域”として存在する。中学校では教科「保健体育」のなかで「保健」“分野”として扱われる。高等学校では教科「保健体育」に属する“科目”「保健」として設定されている。保健の授業は、小学校から中学校そして高校へ、“領域”から“分野”そして“科目”へと拡大し、その枠を広げていることがわかる。

10）単元とは、授業内容のまとまりのことである。検定済教科書の単元は、学習指導要領の「各学年の目標及び内容　2　内容」に対応している。その下の単位を本章では小単元と呼ぶことにする。

11）教科等を横断する授業内容のまとまりを複合単元と呼ぶことにする。

12）行動様式のことである。行動様式とは多くの人々がとる行動のことである。

13）厚生労働省の「『外国人雇用状況』の届出状況まとめ（令和元年10月末現在）」によると、2019年で約166万人である。わが国は、今後ますます異なる宗教背景を持つ多様な社会となる。

14）日本国憲法第26条にある用語で、専門教育・職業教育と対をなす表現である。小・中学校の義務教育と高校普通科等の教育を含む。

15）本章では「将来」は自分が生きている範囲内のこと、「未来」は自分が亡くなってからのこと、「近未来」は、教える側が亡くなっているが、学ぶ側は生きている範囲のこととする。

16）脳神経系の発達において、多くの子供がある時期に、このようなことが可能になるという目印のこと。

17）脳神経系の発達段階のことである。運動発達にも直結する。さらには、社会的発達にも直結する。

引用・参考文献

荒堀憲二・松浦賢長編『性教育学』朝倉書店、2012年

新井紀子『AI VS 教科書が読めない子どもたち』東洋経済新報社、2018年

Krech, D., Crutchfield, R. S. & Ballachery, E. L., *Individual in Society*, McGraw-Hill, 1962

松浦賢長『ワークシートから始める特別支援教育のための性教育』ジアース教育新社、2018年

山縣然太朗他「健やか親子21を推進するための母子保健情報の利活用および思春期やせ症防止のための学校保健との連携によるシステム構築に関する研究」平成19〜20年度総合研究報告書、2009年

Wiggins M., et al., Health outcomes of youth development programme in England: prospective matched comparison study, *British Medical Journal*, 339, 2009

課題

(1) 学習指導要領を読み、性教育として扱うことのできる教科等の記述を探してみよう。

(2) 学習指導要領から、教科等を横断する自分なりの「性教育」を組み立ててみよう。

(3) 教科等を横断する教育にはどのようなものがあるか調べてみよう。

(4) 横断的性教育の課題例を見て、各課題に対応するためには、どの教科等のどの単元を組み合わせると良いかを自由にプランニング（計画）してみよう。

参考図書

荒堀憲二・松浦賢長編『性教育学』朝倉書店、2012年

日本性科学会編『セックス・セラピー入門——性機能不全のカウンセリングから治療まで』金原出版、2018年

松浦賢長『ワークシートから始める特別支援教育のための性教育』ジアース教育新社、2018年

第17章　生涯を通じた生命と性の教育

第1節　現代社会の生命や性の課題

(1) 子供や若者の現状

現代の子供たちは、第4章「青少年の性意識・性行動」でも述べたように、一昔前と比べると、身体発育に関しては体位の向上がみられ、性的成熟も早期化している。性行動や性意識については、1980年代から活発化、低年齢化が進んだものの、近年では、その傾向に二極化・分極化が認められ、若者たちの対人関係意識に変化が生じている。性意識・性行動の変化に即して、2000（平成12）年までは顕著に増加していた20歳未満の人工妊娠中絶率は2001（平成13）年をピークとして減少し、10代の出産率も大きく減少している。ただし、絶対数は少ないもののローティーンの妊娠や出産は横ばい状態であることは看過できない。

性感染症（STI）の罹患状況については、第5章「性感染症」に詳説されているが、性器クラミジア感染症、淋菌感染症の罹患者数は、全体では減少傾向にあるものの、20歳代の占める割合が多くなっている。梅毒については近年急増しており、特に20歳代の女性における増加傾向が認められている。HIV/エイズ感染も同様に若年層の感染報告が多くなってきている。HIV/エイズについては、第6章「HIV/AIDS」にまとめられており、ウイルスが特定されてから約40年が経過しているが、依然としてワクチンは開発できず予防手段が限られている状態が続いている。

前述のように、生活環境が改善され栄養状態が豊かになり、発育加速現象が進む一方で、思春期から青年期にかけて男女ともやせの割合が増加している。特に女性のやせ志向が進み、2019（令和元）年の国民健康・栄養調査によると20代女性の約2割は「やせ」となっている（厚生労働省 2020）。「やせ」あるいは「不健康やせ」は、摂食障害や無月経などの生殖機能障害につながる可能性があり、リプロダクティブ・ヘルスの観点からも女性のやせ志向については憂慮されなければならない。さらに、妊娠期までやせ志向が持ち越された場合、胎児期の低栄養状態が将来の健康リスクと関連するというDOHaD仮説[1)]も明らかにされており、「やせ」や「不健康やせ」の問題は次世代の子供たちの生き方を左右するという意味で、生命と性の教育において取りあげるべき課題のひとつといえる。

(2) 社会の変化

情報化社会はより一層進展し、現代の子供たちはデジタル・ネイティブともいわれ、生まれたときからインターネットにつながったICT（情報伝達技術）環境のなかで膨大な情報に触れて育っている。性に関する情報についても、制限なく容易に入手することができるため、情報リテラシーを持たない子供たちが、SNSなどを介して性の商品化にかかわる性的被害を受けることも増えている。また、麻薬・覚醒剤への誘惑に巻き込まれる機会も少なくない。

子供たちが育つ環境の変化のなかで、もっとも大きな変化のひとつとして、少子化の進行があげられる（第12章「次世代育成」）。少子化の背景には、子供を産み育てることを選択できない社会があり、このような状況もわが国にとっての生命と性の課題と考えられる。少子化の要因のひとつに、人間関係の希薄化が指摘されている。都市化や核家族化が進んだ結果、地域社会において人間同士がつながり、ともに助け合うという共助意識が薄れ、家庭の養育機能の低下を招いている。その延長上に、子供を産み育てにくい社会や、育児放棄や虐待などの不適切な養育の増加という現象が生じていると考えられる。

これまでに述べたように、情報化や少子化が進みつつある現代社会では、結果として、人間関係の希薄化がさらに深刻になることが予想される。子供たちの心の育ちには人々との触れ合いやかかわり合いが欠かせない。親子関係を基盤として、保育者や教師、あるいは親戚や近隣も含めた他の大人、そして友だちとの、多様で豊かなかかわりのなかで、社会性を獲得し、自他への思いやりが育つことになる。また、他者とのかかわりのなかでは、必ずしも自分の思い通りにならずストレスや葛藤が生じる場合もある。この経験はレジリエンス[2)]を養うことにつながる。自尊心や自己肯定感、レジリエンスを育み、自己を確立するためにも、他者との関係性を重視することが必要であり、これも生命と性の教育の課題としてあげられる。

また、医療や科学技術の進歩により、生命や性についての考え方が大きく変わってきている。iPS 細胞、ES 細胞などの医療適用や、不妊治療や出生前診断などの生殖補助医療をはじめとした「命のはじまり」にかかわる技術、そして臓器移植等の「命のおわり」にかかわる技術開発にともない、生命や死の定義を考えること、あるいは生命を人為的に操作することに対する生命倫理観の確立も重要な課題である。

以上のように、現代社会においては、生命や性に関する問題や課題は山積しており、それらの解決のためには、保護者、教師および社会全体で共通の認識を持ち、家庭・学校・社会が連携・協働して教育実践にあたり、課題を解決していくことが求められる。

第 2 節　家庭・学校・社会における教育

(1) 概念の共有

まず、生命と性の教育にかかわる者すべて、すなわち保護者、教師、保育者、保健・医療・福祉従事者、相談機関、警察および行政担当者などが、人間の生命と性についての共通概念を持ち、教育にあたることが必要である。その概念とは、第 1 章「生命と性の概念」でふれたように、人間の性を生物学的および心理学的、社会・文化的な側面とともに人格的次元を含み、「セックス」「ジェンダー」「セクシュアリティ」の 3 つの側面として幅広く捉えることであり、生命と性の教育の目標について、人格の完成や豊かな人間形成といった全人的な認識を持つことである。

第 3 章「性観念の歴史と現在」において記載されているように、仏教や儒教による影響があるため、日本では性に対するネガティブなイメージが根強く、公の場で性に関してオープンに語ることを避ける傾向がある。そのような土壌に加えて、性教育という言葉には「性器教育」や「初経教育」、あるいは「性交教育」の意味合いが強い。そして性教育の推進は性交渉を活発化させるという、いわゆる「寝た子を起こすな」という考え方も依然として残っている。その背景には、性教育を、生殖器のしくみや月経・射精あるいは、妊娠成立の過程や避妊などに関する生理学的・解剖学的な知識を伝達する教育と捉えている傾向がある。これに対して、世界的流れのなかの性教育の概念に、ユネスコ、ユニセフ、WHO などが提唱している包括的性教育がある(第 15 章「海外の生命と性の教育」)。その目的は、自らの健康と幸福（well-being）および尊厳を実現すること、尊重された社会的、性的関係を育てること、個々人の選択が自己や他者の幸福にどのような影響を与えるかについて考えられること、生涯を通じて自らの権利を守ることを理解することである。包括的性教育では、性に関する科学的根拠に基づいた知識、コミュニケーション・スキル、態度、および価値観などを、年齢や成長に見合った段階を踏んで身につけるためのカリキュラムが組まれており、開始年齢は５歳とされている。包括的性教育の概念を参照し、人間らしく生きるために性に関する教育は欠かせないものと位置づけ、子供たちがポジティブに性を捉えられるように生命と性の教育をおこなっていく必要がある。

(2) 生涯学習の視点

生命と性は密接に結びついており、人間が生まれてから死ぬまでかかわりを持ち続けるテーマである。さらに、性を生殖として次世代の生命を創り出すものと考えれば、生命の連続性や人間の生き方にも関連が深い。そういった意味から、生命と性の教育は、学校や家庭においてのみ実施されるものではなく、人間の一生という時系列に沿って、さまざまな発達課題を解決していくという生涯学習の視点で捉える必要がある。したがって、生命と性の教育の場は、家庭・学校・社会すべてであり、それぞれが役割を分担、補完しあって、一生にわたって総合的な学習が展開されることになる。

家　庭

家庭では、生まれたときから（もしくは胎児期から）生命と性の教育がおこなわれている。まず、保護者との愛着関係が子供の心の育ちにとって不可欠であり、人間として生きるための基盤となる。保護者や周囲の人が自分に接する態度から人間関係について学び、保護者同士の関係、さらにはきょうだいとのかかわりやその他の人との関係性のなかで、自分の生き方や価値観を形成していくことになる。特に、家庭において十分に尊重され、大切にされ、自分自身がかけがえのない生命であるという認識を子供が持てることは、その後の人生において自己の存在意義を確かにするためのもっとも重要な要素である。

日本では家庭での性教育に関して、羞恥心やタブー意識が強く、学校に一任するという傾向がみられるが、倫理観や価値観は家庭において保護者がモデルとなって教えることが望ましく、学校と十分に連携をとりながら生命と性の教育を展開する必要がある。先述のように、保護者は、生命や性に関する学びは人間として幸福に育つために重要であることを認識し、自分の命を大切にするために性について知ることが必要であることを子供に伝え、日常の親子の会話のなかで性に関する疑問や悩みを解決できるような関係性を持つようにすべきである。また、家庭での教育を抵抗なく実施するために、保護者を対象とした教育も必要であり、学校や地域の保健・医療機関などが家庭への支援をおこなう体制の整備も求められる。

学　校

日本における学校での性教育への取り組みは、1992（平成4）年が「性教育元年」とされ、2000年ごろにかけて積極的な取り組みが進んだ（第14章「生命と性の教育の考え方」）。その後、性教育バッシング等の流れにより、積極化に歯止めがかかった状況となった（広瀬 2014）。一方、情報化社会の進展により、性に関するさまざまな情報の入手が容易になるなど、子供たちを取り巻く環境が大きく変化しており、学校の性教育に対する期待や要望は、家庭からも社会からも高まってきている。しかしながら、いまだに性教育について正面から積極的に取り組む学校は多くない。その理由のひとつとして考えられることは、生命や性の教育について、その重要性が認識されながらも、性教育という教科はなく、学習指導要領にも明記されていないため、何を目標として、いつどのように実施すべきかわからないという状況がある。

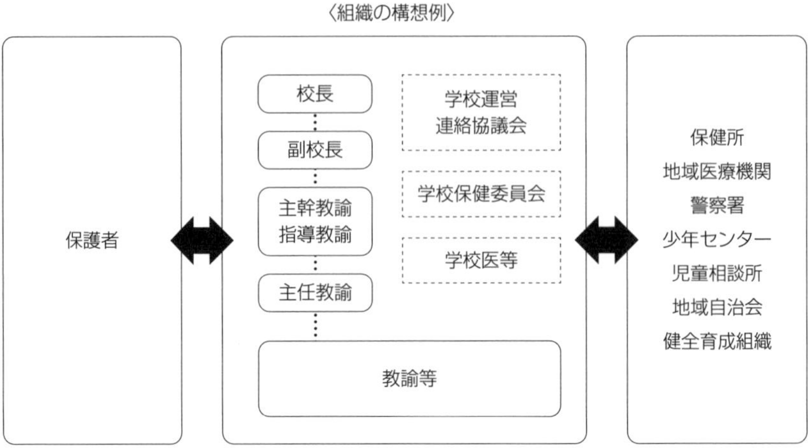

図 17-1　学校における生命と性の教育の組織

出典：東京都教育委員会『性教育の手引』2018 年、p. 19

第 16 章「学校における生命と性の教育」でもふれたように、性教育は教科等横断的視点で取り組むべきものであるため、授業だけではなく、学校生活のあらゆる場面でなされるべきもので、学校における目標を明確にした上で、学校全体で取り組む必要がある。そのためには**図 17-1** に示したように、校長以下教師間の意志統一や情報共有をはかりながら、地域社会や家庭とも連携・協働した実施体制を構築することが重要である。

生命と性の教育の核となる教科に保健の時間があるが、小学校の場合は教科「体育」のなかの保健領域として、中学校は教科「保健体育」のなかの保健分野として授業がおこなわれる。学校教育法施行規則および学習指導要領に示されている授業時数にすると、小学校では３・４年生の場合は体育科全体で各学年 105 時間であるのに対して、保健領域は２学年合計で８時間である。５・６年生は体育が各学年 90 時間に対して、保健領域は２学年合計で 16 時間。中学校では保健体育の授業時数が各学年 105 時間に対して、保健分野は３学年合計で 48 時間が配当されている。つまり体育や保健体育全体のなかの保健の授業時数割合は、小学校３・４年生で４％、５・６年生で９％、中学生で 15％にすぎない。また、大学の教員養成課程においては「教科体育」「体育科指導法」のなかで保健分野の教授法を学ぶことになるが、ここでも体育分野に重点が置かれる場合が多い。これが「雨降り保健」とみなされてしまう要因でもある。さらに、教員養成課程において性教育に特化した科目は必修とされていないため、実際に教員として学校で性教育をおこなうにあたり、どのように取り組めば良いのか困惑してしまうことになる。教科等横断的視点で取り組むべき学習内容として、プログラミング教育、主権者教育、消費者教育などが新しく取りあげられているが、性教育についても実践力を涵養できるような教員養成課程段階からの教師教育が必要といえる。

社　会

社会においては、家庭や学校において望ましい生命と性の教育を実践できるような環境を整えていくことが求められる。たとえば、先述のような家庭機能の脆弱化や人間関係の希薄化の進行に対しては、地域社会において子育て支援プログラムや住民参加型の行事を実施したり、ボランティアやスポーツ、文化活動の機会をもうけたりすることによって、地域住民同士のかかわりや社会貢献の機会がうまれ、自己実現や他者を思いやる心の育成をはかることができる。

また、国際的にも日本の固定的性別役割分業意識が根強いことが指摘されている（第3章「性観念の歴史と現在」）。この点を解消し、ジェンダー平等や男女共同参画型社会を実現するためには、働き方改革や子育てや家庭支援の充実をはかり、性別を問わず、その職業生活と家庭生活との両立が可能になるような法律や政策の立案を含めた社会環境の整備が大切である。

現在わが国は超高齢社会に入り、老人や障害者などが生活しやすいバリアフリー社会の実現が進められているが、性の多様性を理解しすべての人を対象とした人権尊重のための心のバリアフリーを社会全体ではかっていくことも課題である。さらには、情報化社会のなかで氾濫する有害情報から、青少年を保護するしくみを検討することも必要であり、関係省庁や自治体、情報産業およびPTAなどの教育団体の協力が望まれる。

(3) 持続可能な社会を実現するために

国際連合は2015（平成27）年９月の国連サミットで「持続可能な開発のための2030アジェンダ」を採択し、2030（令和12）年を達成年限としてSDGs（Sustainable Development Goals：持続可能な開発目標）を掲げている。また、2019年に開催されたSDGサミットでは、取り組みの拡大・加速の必要性が求められ、2030年までをSDGs達成に向けた「行動の10年」とした（United Nations 2019）。SDGsは17のゴール、169のターゲットから構成され、地球上の「誰一人取り残さない（leave no one behind）」ことを謳っている。SDGsには性の健康やジェンダーに関する内容も含まれており、ゴール３においては、リプロダクティブ・ヘルスの実現や性感染症としてのHIV/エイズの根絶に向けての対処が、ゴール４においては、すべての人々への包摂的かつ公正な質の高い教育の一環としての包括的性教育の実現が、ゴール５においては、ジェンダー平等の達成のために、女性差別の撤廃や性暴力の排除、リプロダクティブ・ヘルスに関する情報提供や教育保障のための法整備などが達成目標として設定されている。日本においても2030年に向けて、SDGs達成のために積極的な対策が実行されつつあるが、政府による取り組みだけでなく、市民一人ひとりの行動や意識改革が求められている。

2020（令和２）年の新型コロナウイルス感染症の流行にみられるように、現代社会において生じる問題の多くは、国境を越えて国際社会の連携のもとに解決策を考えなければいけない時代となっている。生命と性の教育に関する課題も、国内だけではなく国際社会にも視野を拡げ、グローバルな視点から取り組みについて検証していくことが必要といえる。

注

１）胎芽期・胎生期から出生後の発達期における種々の環境因子が、成長後の健康や種々の疾病発症リスクに影響を及ぼすという概念。“Developmental Origins of Health and Disease”の頭文字をとったものである。胎児期（母体の妊娠期）に低栄養状態であることが、成人期における心血管障害（心筋梗塞、高血圧、糖尿病など）のリスク因子となることが、さまざまな研究で明らかにされている。胎児プログラミング仮説、あるいは、疫学的な研究から最初にこの説を提唱したイギリスのデイビッド・バーカー医師の名前からBarker仮説ともされる。

2）resilience。もともとはボールなどの弾力を表す言葉であるが、心理的な回復力、立ち直る力、復活力などを表している。逆境や困難に直面しても適応でき、良い結果を出せる能力のこと。

引用・参考文献

広瀬裕子「学校の性教育に対する近年日本における批判動向――『性教育バッシング』に対する政府対応」『専修大学社会科学年報』48、2014年、pp. 193-211

厚生労働省「令和元年『国民健康・栄養調査』結果の概要」2020年（https://www.mhlw.go.jp/content/10900000/000687163.pdf、2020年12月9日確認）

United Nations, *Sustainable Development Agenda*（https://www.un.org/sustainabledevelopment/development-agenda/、2020年12月9日確認）

課題

(1) 生命や性のあり方に関する現代社会における課題について整理してみよう。さらに、その課題に対して、どのような教育が必要か考察してみよう。

(2) 包括的性教育の概念から、自分が受けた性教育を振り返り、家庭・学校・社会における生命と性の教育について見直してみよう。

(3) SDGsグローバル指標のなかの性や生殖に関する健康やジェンダー平等に関する目標について、下記外務省のサイトを参照し、日本の進捗状況を検証してみよう。外務省「Japan SDGs Action Platform　SDGsグローバル指標（SDG Indicators）」（https://www.mofa.go.jp/mofaj/gaiko/oda/sdgs/statistics/index.html、2020年12月9日確認）

参考図書

フクチマミ・村瀬幸弘『おうち性教育はじめます――一番やさしい！防犯・SEX・命の伝え方』KADOKAWA、2020年

国際連合広報センター「2030アジェンダ」（https://www.unic.or.jp/activities/economic_social_development/sustainable_development/2030agenda/、2020年12月9日確認）

東京都教育委員会「『性教育の手引き』の改訂について」2019年（https://www.kyoiku.metro.tokyo.lg.jp/press/press_release/2019/release20190328_02.html、2020年12月9日確認）

ユネスコ編『改訂版　国際セクシュアリティ教育ガイダンス　科学的根拠に基づいたアプローチ（日本語版）』2020年、明石書店

索　引

■サ行

■ナ行

■ハ行

■ワ行

執筆分担（2021 年 1 月現在）

近藤洋子（こんどう・ようこ）
玉川大学教育学部教育学科教授
編者　第 3 章・第 4 章・第 13 章・第 17 章

林　大悟（はやし・だいご）
玉川大学文学部国語教育学科教授
第 1 章

山口意友（やまぐち・おきとも）
玉川大学教育学部教育学科教授
第 2 章

増田美恵子（ますだ・みえこ）
順天堂大学大学院医療看護学部准教授
第 5 章・第 9 章

山下和予（やました・かずよ）
元国立感染症研究所感染症疫学センター
第 6 章

渡邉多恵子（わたなべ・たえこ）
淑徳大学看護栄養学部看護学科教授
第 7 章・第 11 章

緑川喜久代（みどりかわ・きくよ）
三育学院大学看護学部看護学科講師
第 8 章

茂木輝順（もてぎ・てるのり）
女子栄養大学非常勤講師
第 10 章・第 14 章

氏原将奈（うじはら・まさな）
淑徳大学看護栄養学部看護学科助教
第 12 章

橋本紀子（はしもと・のりこ）
女子栄養大学名誉教授
第 15 章

松浦賢長（まつうら・けんちょう）
福岡県立大学看護学部看護学科教授
第 16 章

「生命《せいめい》と性《せい》」の教育《きょういく》

2021年3月30日　初版第1刷発行

編著者―――――近藤洋子
発行者―――――小原芳明
発行所―――――玉川大学出版部
〒194-8610　東京都町田市玉川学園6-1-1
TEL 042-739-8935　FAX 042-739-8940
http://www.tamagawa.jp/up/
振替　00180-7-26665
装　丁―――――yd, umao
印刷・製本―――創栄図書印刷株式会社

乱丁・落丁本はお取り替えいたします。

ISBN 978-4-472-40597-6 C3037